Le Désaccord Veyrat-Raymond

(1841-1843)

❖ ❖ ❖

LE « PRIVILÈGE-RAYMOND »

ET

le Développement de la Presse Savoyarde

Réponse à M. l'Avocat Louis RAYMOND

PAR

Alfred BERTHIER

Docteur ès Lettres
Membre Agrégé de l'Académie de Savoie
Membre Effectif de l'Académie du Duché d'Aoste (Italie)
Lauréat de la Société Nationale d'Encouragement au Bien.

LIBRAIRIE ANCIENNE HONORÉ CHAMPION, ÉDITEUR

ÉDOUARD CHAMPION

PARIS — 5, Quai Malaquais, 5 — PARIS

1922

UN ÉPISODE DE LA VIE DU POÈTE JEAN-PIERRE VEYRAT

DU MÊME AUTEUR

PROSE

Autour des grands Romantiques. — *Le Poète Savoyard Jean-Pierre Veyrat* (1810-1844). — Étude biographique et littéraire. — Nombreux documents rares ou inédits. — Deux portraits. 1 volume in-8º de xxxv-342 p. — Prix : 16 francs.
Éditeur : CHAMPION, *Paris*, 1921.

Lyon .... libr. VITTE, 3, place Bellecour.
Chambéry ...... libr. DARDEL, sous les Portiques.
Genève .... libr. JACQUEMOUD, 20, Corraterie.
Turin .... libr. fratelli BOCCA, 3, via Carlo-Alberto.

Xavier de Maistre. — Étude biographique et littéraire. — Nombreux documents rares ou inédits. — Deux portraits. 1 volume in-8º de xxvii-381 p. — Prix : 16 fr. 50.
Éditeur : VITTE, *Lyon*, 1921.

POÉSIE (pseudonyme : Loïs DHOR).

Pro Patriâ!... poème dramatique en un acte. — 48 p. in-8º. Prix : 1 fr. 25.
Lyon, VITTE.

Les Voix de la Délivrance, — poème symphonique : — Les Clochers de chez nous. — Les Mères. — Les Soldats. — La Voix de la France. — Le Peuple. — Les Alliés et les Amis. — Les Vieillards. — Le Cantique des Clochers.
(Honoré d'une lettre élogieuse de S. É. le Cardinal Luçon, Archevêque de Reims-la-Martyre). — 17 p. grand in-8º.
Lyon, PAQUET, 1917. — *Épuisé*.

Les Voix de la Délivrance. — *Ode à la Victoire*. — Dédiée à la Société Chorale *Concordia-Argentina* de Strasbourg et aux Sociétés Chorales d'Aix-les-Bains et d'Annecy. — *Musique de Louis Bonnel:* Chœur à 4 voix d'hommes. Accompagnement de piano ou d'orgue, grand orchestre ou harmonie. Exécutée pour la première fois à Aix-les-Bains, le 16 juillet 1922, par une masse chorale et instrumentale de 350 musiciens.
Paris, Henry LEMOINE, 1922.

Le Désaccord Veyrat-Raymond

(1841-1843)

❖ ❖ ❖

LE « PRIVILÈGE-RAYMOND »

ET

le Développement de la Presse Savoyarde

Réponse à M. l'Avocat Louis RAYMOND

PAR

Alfred BERTHIER

Docteur ès Lettres
Membre Agrégé de l'Académie de Savoie
Membre Effectif de l'Académie du Duché d'Aoste (Italie)
Lauréat de la Société Nationale d'Encouragement au Bien.

LIBRAIRIE ANCIENNE HONORÉ CHAMPION. ÉDITEUR
Édouard CHAMPION
PARIS — 5, Quai Malaquais, 5 — PARIS

1922

A LA MÉMOIRE

DE MON CHER ET DÉVOUÉ COUSIN

LE COMTE SIGNORIS DI BURONZO

ET DE LA COMTESSE SIGNORIS

NÉE MAMY

ALFRED BERTHIER.

AVANT-PROPOS

Annonçant une plaquette de 123 pages in-8°, intitulée : *Les Débuts de la Presse en Savoie — Le Différend Raymond-Veyrat — Réponse à M. A. Berthier, — par Louis Raymond, avocat,* — un journal de Chambéry, *la Savoie,* publiait les lignes suivantes, le 25 février 1922 :

« Comme toutes les histoires, l'histoire de la Presse en Savoie a des coins demeurés obscurs jusqu'à ce jour. La genèse et les tâtonnements des débuts sont, en toute chose, très difficiles à établir savamment, et les thèses que l'on construit, soit par principes et déductions, soit basées sur des documents plus ou moins authentiques, deviennent des hypothèses devant la réalité des faits ou d'autres documents.

Et l'authenticité de cette documentation est si difficile à contrôler, en cette occurrence, qu'elle a donné lieu à la publication de deux livres : l'un de M. l'abbé Berthier, l'autre de Me Raymond, avocat.

Celui-ci ne serait qu'une réfutation de celui-là. Et Me Raymond, à l'aide de documents inédits, semble y apporter la justification de l'un de ses ancêtres.

Nous souhaitons que ce différend, entre hommes de grand honneur et de haut jugement, soit bientôt tranché. »

— De toute évidence, notre Étude biographique et littéraire sur *le Poète Savoyard Jean-Pierre Veyrat* n'est pas, et ne pouvait pas être, .une Histoire de la Presse en Savoie. Elle ne contient que neuf pages relatives au désaccord Veyrat-Raymond. Il ne s'agit donc nullement d'un livre qui s'opposerait à un livre.

Toutefois, sur les débuts de la Presse en Savoie, nous possédons de fort curieux renseignements. Ils n'ont pu trouver place dans notre précédent ouvrage, mais il serait cruel d'en frustrer plus longtemps nos lecteurs.

Nous avons parlé de J.-P. Veyrat journaliste à Paris : « Le journalisme de l'époque était tel que Balzac l'a caractérisé dans ses *Illusions perdues.* Veyrat fut peut-être successivement Rubempré, Lousteau, Blondet. »

Que devint-il dans sa patrie?... Il y devint le rénovateur de la Presse Savoyarde. Dans quelles conditions?... Nous le verrons au cours de cette Étude, narration d'un drame obscur, auquel se serait intéressé l'auteur de la *Comédie Humaine*, et qu'il aurait fait figurer dans ses *Scènes de la Vie de Province*.

Dans notre livre, nous avons donné une idée des pénibles démêlés de J.-P. Veyrat avec le professeur de mathématiques Raymond, directeur-propriétaire du journal où l'infortuné épuisa ses dernières forces. M. l'avocat Louis Raymond nous adresse à ce sujet des reproches irrités dont l'outrance a frappé tous les observateurs, et dont nous serons obligé d'examiner nous-même, fond et forme, la valeur et l'à-propos.

Toutefois, il ne s'agit nullement ici d'une affaire *personnelle* qui pourrait laisser le grand public indifférent. Si nous avions été seul en cause, nous aurions, avec grand plaisir, gardé le silence. Les appréciations savoyardes très autorisées, — on en trouvera un certain nombre en *Appendice*, — qui ont été émises sur notre ouvrage (attendu avec impatience, *enlevé* presque entièrement en quinze jours par des lecteurs savoyards, lyonnais, parisiens, dauphinois et piémontais) nous dispensaient largement de relever les traits qu'a tenu à nous décocher une critique aussi sommaire et incompétente qu'intéressée et partiale.

Il s'agit en réalité de plusieurs points importants de l'*Histoire politique et littéraire* de notre Patrie, sur lesquels ont été commises des erreurs de la plus haute gravité, — notamment en ce qui concerne les débuts de la Presse en Savoie, la nature du Gouvernement de la Savoie après le départ de l'excellent marquis d'Oncieu, la censure des journaux et le Clergé, la portée et l'opportunité de la campagne de journaliste de notre *Donoso Cortès*, le nombre et la valeur des sympathies et antipathies dont a été l'objet l'ancien *Homme Rouge*, son véritable caractère et la sincérité de sa « conversion ».

Cette discussion présente un *intérêt général* que reconnaîtront les érudits et les admirateurs si nombreux du *Lamartine des Alpes*.

Dans notre livre, nous avons équitablement établi le bilan des faiblesses et des mérites de J.-P. Veyrat. On trouvera ici la même impartialité : nous n'écrivons ni le panégyrique d'un membre de notre famille ni un plaidoyer *pro domo*.

C'est uniquement animé par un sentiment de justice envers un grand calomnié que nous reprenons la plume, et par un sentiment de piété filiale envers notre Patrie, — notre Patrie humiliée dans la systématique dépréciation de celui qu'elle a toujours regardé comme le plus sincère, le plus affectueux et le plus grand de ses poètes.

Ce poète s'est trouvé être un poète *lyrique*, — un poète dont le « moi » anime l'œuvre entière, un poète dont l'œuvre fait corps avec le caractère et la vie. Impossible ici de séparer le poète de l'homme. Les traits qui visent celui-ci atteignent fatalement celui-là. S'imaginant avoir rapetissé l'homme, M. l'avocat Louis Raymond est logique avec lui-même lorsqu'il écrit : « Nous n'avons point touché à l'œuvre poétique de Veyrat dont la valeur, comme poète, reste entière, mais *le Lamartine des Alpes sort néanmoins bien diminué de cette aventure.* »

En revanche, le bouclier qui défend le poète lyrique défend aussi l'homme avec lequel il se confond. Ce ne sont point du reste des arguments d'ordre littéraire que nous allons présenter en faveur de Jean-Pierre Veyrat.

Un de nos compatriotes écrivait dans le *Supplément* de la royaliste *Gazette de France*, le 2 février 1841, en parlant de l'auteur de *la Coupe de l'Exil* :

« Non, poète, ton œuvre n'est pas l'œuvre d'un jour ; elle subsistera tant que cette terre aura des hommes aux sentiments généreux, tant que les cœurs seront susceptibles d'émotions, tant que les yeux auront des larmes, tant que la belle poésie sera capable d'enthousiasmer. Non, elle ne mourra pas ! *Tes pleurs sont nos pleurs ; tes soupirs, nos soupirs ; elle ne t'appartient plus ; elle est à notre bonne Savoie qui en est fière.*

Nous la transmettrons à nos neveux : elle vivra d'une vie immortelle, et, dès aujourd'hui monument de gloire pour notre patrie si loyale et si chère, elle portera ton nom à la postérité la plus reculée.

Poète, nous prions le Seigneur d'accroître le nombre de tes jours, de te rendre l'abondance de vie que le monde, nous dis-tu, t'a fait perdre, et d'ajouter aux rayons de lumière dont il a inondé ton intelligence, la grâce qui renouvelle, la paix du cœur qui console de tous les maux. »

— Le grand cœur de notre chère Savoie aurait-il battu à l'unisson du cœur d'un « être suspect », d'un petit homme, comme la rancune et la vanité blessée voudraient nous le faire croire?

— Non, jamais, répond l'impartiale Savoie intellectuelle et religieuse sans distinction de clans politiques, réunissant ici partisans de la monarchie absolue, partisans de la monarchie constitutionnelle et républicains modérés.

A cette acclamation immense, un murmure de doute ou de dénégation répond : il s'élève d'un groupe minuscule composé des extrémistes rouges avec lesquels J.-P. Veyrat avait brisé, des bénéficiaires d'un « précieux privilège » qu'il avait contrariés, et d'un grand-vizir transalpin, étouffeur émérite de la Presse Savoyarde, incapable d'articuler le moindre grief positif contre J.-P. Veyrat, mais atteint de la phobie de l'*Homme Rouge*, injuste envers le Clergé et l'ensemble de nos écrivains nationaux, furieux de l'initiative de notre *Donoso Cortès*.

Non, le grand cœur de notre Savoie n'a point battu à l'unisson du cœur d'un poète lyrique qui aurait été un petit homme, un « être suspect » : elle n'a pas commis une erreur aussi stupéfiante, elle n'a pas subi un affront aussi prodigieux. Elle a d'instinct fait justice du verdict d'ennemis trop visiblement *intéressés* à noircir leur victime, et les voyant à la fois juges et parties en ce procès, elle n'a tenu aucun compte de leur avis.

Mais il nous paraît utile d'examiner en détail là valeur des griefs qu'ils font à Jean-Pierre Veyrat.

Le *Lamartine des Alpes* a commis des erreurs et des fautes d'ordre politique et passionnel qui présentent de grandes analogies avec celles de son maître bourguignon Alphonse de Lamartine : il ne s'agit nullement de les dissimuler ni de les excuser ; mais il est interdit de les exagérer à plaisir pour le besoin d'une cause.

Nous n'avons point à solliciter l'indulgence du jury en faveur de J.-P. Veyrat. Le *rénovateur de la Presse Savoyarde* va sortir de ce débat la tête très haute, non pas « diminué », mais grandi, bénéficiant non seulement d'un verdict de complet acquittement, mais encore des excuses que l'on doit aux victimes d'une erreur évidente, excuses que lui présentait déjà de son vivant le poète Eugène Dessaix :

> ... C'est à nous d'expier ta cruelle agonie,
> D'effacer à jamais trois ans de calomnie
> Et d'éteindre les maux que ton cœur a soufferts...

— S'il ne s'était agi que de relever d'impertinentes et inconsistantes objections, nous ne nous serions pas donné la peine de prendre la plume. Que nos lecteurs veuillent bien considérer comme un simple *amusement* de notre part la partie *polémique* de cette Réponse, — quel que soit l'agacement, trop visible peut-être çà et là, qu'aient pu nous causer certains oublis, certaines ignorances, certaines insinuations, certain ton d'insupportable outrecuidance.

La *polémique* sera rapidement oubliée ; les *vérités historiques* demeureront. Et ce sera tant mieux.

Il nous reste à remercier *la Savoie* de nous avoir invité si aimablement à porter la lumière dans des « coins demeurés obscurs jusqu'à ce jour.», et à mettre le grand public en état de décider, pièces en mains, où se trouve la « thèse » et où se trouve l' « hypothèse »...

Alfred BERTHIER.

« ..... M. Berthier, qui possède sans doute
toute la finesse, la sensibilité et l'érudition
nécessaires pour être un excellent critique
littéraire, n'a malheureusement pas compris
que littérature et histoire étaient deux choses
bien différentes...

Un historien, avant toute chose, doit
savoir lire. M. Berthier ne sait pas — à
moins qu'il ne sache trop bien.....

Plus personne maintenant, après nos
révélations, ne croira à l'injustice de l'arrêt
populaire prononcé en 1844 et confirmé en
1848...

Et sans doute le projet grandiose qu'il
caresse en secret de faire élever à Veyrat une
fontaine des Chimères en éprouvera-t-il plus
de difficultés encore à se réaliser que n'en
rencontra naguère celui plus modeste de
Puget, Ferraris et Micoud... »

L. RAYMOND : *Différend Raymond-Veyrat*, pp. 105 et 123.

Le Poète Jean-Pierre VEYRAT

après son retour d'exil.

Le Désaccord Veyrat-Raymond
(1841-1843)

> *Admonere voluimus, non mordere ; prodesse, non lædere...*
> ÉRASME.

> *Le but de la dispute ou de la discussion ne doit pas être la victoire, mais l'amélioration.*
> JOUBERT.

> *Je n'écris point pour disputer ; je respecte tout ce qui est respectable... Je ne hais que la haine. Mais je dis ce qui est...*
> J. DE MAISTRE.

I

I. — Nous nous sommes empressé de parcourir avec un vif intérêt une plaquette de 123 pages, — *Les Débuts de la Presse en Savoie — Le Différend Raymond-Veyrat — Réponse à M. A. Berthier* (1). — que M. Louis Raymond, avocat, vient de publier en réponse à neuf pages de notre Étude biographique et littéraire : *Autour des grands Romantiques. — Le Poète Savoyard Jean-Pierre Veyrat (1810-1844)* (2).

A première vue, par l'impressionnante enfilade des pièces d'archives qui en constituent la partie matérielle, cette publication s'annonce comme un solide assemblage d'arguments *anti-veyratistes*, comme un redoutable pavé qui doit écraser, une fois pour toutes, sous sa masse grise, un mort récalcitrant.

(1) Chambéry, Dardel, février 1922.
(2) Paris, Champion, mars 1921 (il s'agit des pp. 172 à 180 de cet ouvrage).

Et nous nous apprêtions à remanier, non seulement les neuf pages de notre Étude relatives à ce fameux *Différend*, mais encore celles qui ont trait à la *conversion* de l'auteur de *la Coupe de l'Exil*, — conversion de nouveau contestée... pour le besoin d'une cause.

On n'a jamais trop de documents. M. l'avocat Raymond avouera lui-même que certains lui ont échappé, qu'il eût été fort aise de consulter. Nombre d'historiens ont ainsi, sans fausse honte, revisé leurs jugements, après découverte de nouvelles pièces inédites.

Nous avons donc examiné les « inédits » produits par M. Raymond, disposé à nous rallier à ses conclusions, si elles découlaient logiquement de leurs prémisses, enchanté de bénéficier des « révélations » qu'il nous annonçait.

Hélas ! pourquoi faut-il que, sauf de rares et misérables points *secondaires*, emphatiquement qualifiés essentiels et fondamentaux (nous les relèverons avec un soin minutieux), nous ayons été si cruellement déçu dans notre attente ?

Plus d'un lecteur attentif, s'en tenant froidement aux *documents* présentés, abstraction faite des *commentaires* tendancieux dont ils s'adornent, a même remarqué, non sans quelque surprise ni quelque « douce et imperceptible ironie » que, sur plus d'une question essentielle, ils vont à l'encontre même de la thèse qu'ils prétendent soutenir (1).

(1) M. Raymond a parfois une façon de présenter les choses qui prête au malentendu. Après avoir reproduit une observation de Pillet relative à la conversion de *Raphaël de Montmayeur*, le héros principal des *Fruits de la Science* de J.-P. Veyrat, il écrit, par exemple, p. 25 : « *Les Fruits de la Science* n'étaient qu'une partie d'un roman resté inachevé dont le titre était *Raphaël de Montmayeur*. Le manuscrit est aux archives Veyrat (Acad. de Savoie). » — Sans doute ce manuscrit est à l'Académie de Savoie, comme certaines pièces reproduites par M. Raymond sont aux Archives sardes de Turin. Mais c'était le devoir de M. Raymond de dire que ce manuscrit n'avait jamais été étudié comme il l'a été par nous, et que le récit de la conversion de *Raphaël* a été *reproduit textuellement par nous pour la première fois*. Ailleurs, p. 29, il donne simplement comme référence : « Archives Veyrat. » Entendons-nous : il y a à l'Académie de Savoie un *dossier* Veyrat que nous avons fait connaître. Mais ce dossier n'appartient plus aux *Archives Veyrat*. Il existe sur J.-P. V. *d'autres documents* originaux fort intéressants qui ne figurent pas dans le dossier susdit : ils sont en *notre exclusive possession*, et ceux-là seuls peuvent désormais être dits appartenir aux *Archives Veyrat*. Voici les *abréviations* dont nous ferons usage :

A. B. = *Le Poète savoyard J.-P. Veyrat*, par Alfred Berthier (nos lecteurs, pour plus de détails, voudront bien se référer à cet ouvrage et à la Bibliographie qui le précède). — C. R. = *Notice biographique sur G.-M. Raymond*, 1839, par le chanoine Rendu (Mémoires Acad. de Sav., p. 177-207, t. IX). — L. R. = *Le Différend Raymond-Veyrat*, par M. Louis Raymond. — A. S. T. = *Archives de Turin, fonds sarde*.

II. — Y compris l'art subtil d'éliminer de son exposé les témoignages embarrassants, de montrer les choses sous un jour incomplet favorable à ses idées, de susciter au moins le doute lorsqu'il se heurte à la certitude, de rapprocher de ses constructions trop ténues et aériennes de solides moellons qui ont l'air de les étayer et qui, en réalité, sont étrangers à la question, de triompher bruyamment sur un *détail* en glissant sur l'*essentiel*, de faire vibrer la note pathétique ou même lugubre là où le seul document devrait figurer, M. Louis Raymond possède sans conteste toutes les qualités d'un excellent avocat.

Seulement... Seulement... il n'a pas compris que plaidoyer et histoire font deux.

Il ne nous cache pas les liens d'étroite parenté qui l'unissent aux premiers directeurs du *Courrier des Alpes*, le journal où *le Poète mourant* usa ses dernières forces. Il nous déclare avoir pris la plume pour venger les siens. Il eût atteint plus sûrement son but, croyons-nous, dans un *mémoire historique*, analogue à ceux que publie l'*Académie de Savoie*, méthodique, calme, sans attaques personnelles à l'adresse des vivants. Il a préféré un plaidoyer *pro domo*, qui rappelle le pamphlet et la vendetta, agressif, discourtois, lourdement pédantesque, et qui, par lui-même, ne mérite pas les honneurs d'une rectification. Toutefois, le sentiment dont il se prévaut ne saurait nous laisser insensible.

Aussi n'est-ce point uniquement pour mettre nos lecteurs au courant d'une question peu connue, encore moins pour nous procurer le trop facile plaisir de souligner les exagérations criantes, rectifier les erreurs étonnantes et combler les lamentables lacunes de M. l'avocat Louis Raymond, que nous prenons la peine de tracer ces lignes ; — mais encore pour couper court à l'interprétation pessimiste, outrancière et fausse de certaines de nos expressions qui, isolées de leur contexte, ne correspondent plus à notre pensée.

Nous ne sommes animé d'un esprit de système contre personne.

« ... Nous avons pu... constater, écrit M. Raymond, p. 13... que le *ressentiment inexplicable* manifesté par cet écrivain à l'égard de

---

— L. P. = *Documents inédits sur J.-P. Veyrat*, 1887, 41 p. in-8°, par Louis Pillet. — C. B. = *J.-P. Veyrat, journaliste*, 42 p. in-12, par Claudius Bouvier. — A. V. = Archives Veyrat, et non Archives de l'Académie de Savoie. — Nous regrettons que les hors-d'œuvre de M. L. Raymond nous empêchent d'adopter l'*ordre de succession* des différents points de son étude. Nous avons groupé ses arguments suivant leur *ordre d'importance*, ne laissant d'ailleurs sans réponse *aucune* des objections qui nous sont faites, de si minime importance soient-elles.

Claude-Melchior Raymond, ne s'arrêtait pas à sa seule personnalité mais *s'étendait à toute sa famille*, puisque, sauf les mentions forcées de son nom à propos du Journal de Savoie et de la fondation de la Société Royale Académique, son père Georges-Marie Raymond, dont on sait cependant la place immense dans le mouvement intellectuel en Savoie au début du XIXe siècle, ne figure aucunement dans l'énumération que nous donne cet auteur des Savoyards marquants de cette époque. »

— C'est ne rien comprendre à la critique littéraire.

Nous avons mentionné dans notre Étude les écrivains savoyards dont les travaux, en littérature historique ou poétique, *se rapprochaient* de ceux de Jean-Pierre Veyrat. C'est ainsi que nous nous sommes empressé de citer les « Lettres de l'Ermite de Saint-Saturnin », « spirituelle satire des mœurs du temps », disions-nous. Mais les autres travaux de G.-M. Raymond étaient d'un ordre trop différent. Animé des intentions hostiles que l'on nous prête, nous n'aurions pas manqué d'utiliser les renseignements consignés dans la *Notice historique* du chanoine Rendu : « *L'Ermite* parut dès 1818, en morceaux détachés, dans le *Journal de Savoie*... Ici, M. Raymond quitte les hauteurs de la science pour venir se familiariser avec les lecteurs gens du monde... En 1833, l'auteur, encouragé par le premier succès, voulut faire un Recueil des différents discours de l'Ermite, et *l'ouvrage ne trouva plus que de la froideur dans ce public* dont il avait reçu les applaudissements. Quinze ans s'étaient écoulés entre ces deux publications, mais pour les annales des lettres, ces quinze ans étaient plus d'un siècle. »
— Sans doute, mais pareille mésaventure n'est jamais arrivée à un La Bruyère.

Vraiment, dans notre Étude sur le Poète J.-P. Veyrat, nous n'avions pas à narrer l'histoire de la famille Raymond, si respectable et glorieuse soit-elle.

Nous n'avions même pas à esquisser *l'ensemble* de la vie et du caractère du professeur de mathématiques Raymond, l'adversaire de Veyrat. Nous devions nous borner à noter, comme nous l'avons fait, l'impression qu'il a produite sur le poète, en qualité de directeur-propriétaire du *Courrier des Alpes*, durant cette période très circonscrite qui s'étend du 3 janvier 1843 au 7 octobre de la même année, à caractériser le retentissement des faits et gestes d'un *honnête bourgeois* mécontent sur la vibrante sensibilité d'un artiste. Dans les pages précédentes, nous avions soigneusement portraituré Veyrat malade, hyperesthésique, et donc porté à s'exagérer de bonne foi la rigueur des indéniables taquineries dont il fut l'objet et dont il souffrit cruellement. En quoi pareille méthode serait-elle blâmable au point de vue psychologique? Personne ne peut nous reprocher de n'avoir pas *décentré* notre sujet au bénéfice de Raymond, simple acteur passager dans un drame très étendu.

Des lecteurs sans préventions, qui savent lire... et même écrire, nous l'ont certifié : à parcourir *l'ensemble* de notre Étude, on voit *le propriétaire-bourreau...* le terrible *chat qui joue avec le rat...* se réduire, par l'effet d'une juste perspective, aux dimensions peu agréables (qu'y pouvons-nous?...), mais rassurantes tout de même, on l'avouera, d'un *honnête bourgeois* aux prises avec un adversaire *hérissé et intraitable*, d'un directeur de journal *bien pensant* irrité des leçons de tactique que prétend lui imposer un *néo-converti* de *la bonne cause*, d'un homme positif associé à un poète idéaliste, d'un *propriétaire* exaspéré d'avoir signé un traité en bonne et due forme qui lui enlève une partie de son indépendance et même de son gain... En soi, cela n'est pas bien terrible... Et si le très honnête Raymond, dans la très modeste direction du *Courrier des Alpes*, n'a pas déployé la maîtrise d'un Buloz, cet autre Savoyard, à la direction autrement compliquée de la *Revue des Deux Mondes*, nous n'y avons certainement été pour rien...

Raymond eut la malchance d'avoir en face de lui un malheureux et un malade : *res sacra miser...* S'il ne se sentait pas assez d'abnégation pour le ménager, son *devoir élémentaire* était de ne pas signer de traité d'alliance avec lui.

Et nous mettions les choses au point : « Veyrat ripostait *naturellement... Il donnait à entendre* que l'homme à *la feuille sèche* était un *minus habens...* Il y a ainsi des *talents réels*, mais de nature différente, qui, incapables de s'apprécier, ne savent que se dénigrer mutuellement... » Veyrat, ayant jugé bon de s'indigner d'un trait lancé dans le *Courrier* à l'adresse de quelques « marquises *de vieille roche* » et « comtesses *de fraîche date* », nous avons souri : « C'est beaucoup de bruit pour une simple plaisanterie parue dans un journal *bien pensant.* » Et nous abondions même avec excès dans le sens de Raymond, en notant que l'œuvre de polémique littéraire et philosophique de Veyrat, achevée au *Courrier* dès le 23 mars 1843, « eût été mieux à sa place dans une revue que dans un journal », puisque les copieux articles de Veyrat n'ont à aucun moment compromis la prospérité du *Courrier*, et, au contraire, y ont ouvert la voie aux articles d'un genre analogue de deux de ses amis : Périllat et le comte Marin.

« ... Ce manque de mesure caractéristique du poète, dit aimablement Me Louis Raymond dans un sens ambigu, n'a déteint heureusement que sur le *vocabulaire* de son *manager (!)*, qui, pour tout le reste, pratique *avec maîtrise* l'art des *compensations...* » Cet « art » est particulièrement nécessaire en critique littéraire et psychologique où les affirmations *massives* ne sont guère de mise.

Much ado about nothing !... dirait le grand Will. Le lecteur de sang-froid interprète exactement notre texte, car il n'a pas l'idée de l'isoler de son contexte, — contexte qui éclaire et nuance le texte.

Et il sourit, certes, avec quelque mélancolie, mais il ne s'indigne pas à la scène des algarades.

O hommes malheureux et éphémères, cette vie d'épreuves ne suffit donc pas à votre soif de souffrance, que vous cherchiez avec tant d'ardeur à la rendre plus dure encore par vos misérables disputes ! *O curvæ ad terras animæ et cælestium inanes !...*

Le lecteur de sang-froid se garde aussi de fermer les yeux, — comme les ferme, hélas ! M. l'avocat Louis Raymond, — sur la note loyale où M. Alfred Berthier déclare n'avoir écrit l'exposé de cet incident que « *d'après un Mémoire rédigé par Jean-Pierre Veyrat* » en personne, et conservé ès « *Archives de l'Académie de Savoie* »... Nous n'avons pas insisté sur ce point comme le regretté Claudius Bouvier qui, en sa qualité d'ancien rédacteur au *Courrier des Alpes*, était tenu plus que nous à grossir le calibre de ses points sur les *i*. Mais que M. Raymond se rassure : les lecteurs auxquels nous nous adressons savent *lire*.

Quant à proclamer Raymond innocent et irréprochable en cette affaire (encore qu'il ne faille pas exagérer ses torts comme on exagère à souhait ceux de Jean-Pierre Veyrat), nous le pouvons moins que jamais. Les lecteurs de la Réponse elle-même de M. l'avocat Louis Raymond *protesteraient*. Nous ne sommes plus libre aujourd'hui de faire le silence sur des documents et des actes portés par un autre que nous à la connaissance du grand public, et dont chacun peut juger la qualité. *Nous le regrettons vivement*, et serions sincèrement reconnaissant au Chaix-d'Est-Ange ou au Lachaud qui daignerait nous démontrer, non par des injures, mais par des *arguments*, l'inanité des reproches attristés qui ont été adressés à l'adversaire du poète Jean-Pierre Veyrat par d'autres que nous, notamment l'*Union des Provinces* et l'*Abeille Savoisienne*. Il s'agit, non de simples vocables que l'on peut changer à volonté, pour ce plaisir de faire plaisir que nous désirerions si sincèrement éprouver, — de simples vocables auxquels on peut donner un sens plus ou moins péjoratif ou humoristique suivant ses goûts ou ses préjugés, — mais *d'actes déterminés* que nos lecteurs qualifieront comme ils l'entendront. Ce sont les faits, et eux seuls, qui louent ou qui blâment. Il ne convient pas de s'hypnotiser sur l'expression.

Nous ne demandons pas mieux que Raymond sorte indemne de l'aventure, mais nous ne pouvons permettre que l'on charge Veyrat de fautes qu'il n'a point commises.

La connaissance que nous avions du fameux « privilège Raymond » dont nous allons parler, a été pour quelque chose dans notre ironie un peu âpre à l'adresse de l'adversaire du poète Jean-Pierre Veyrat.

II

On aurait dû le remarquer : l'historien d'une âme de poète, qui a cru, non sans raison, devoir recueillir les derniers bourdonnements, — importuns peut-être, mais inoffensifs et qui n'empêchaient personne de dormir, — d'une frêle mouche romantique affolée par l'approche de l'hiver meurtrier... s'est abstenu, nous ne disons pas de lancer, mais de *soulever* un bien gros et dangereux pavé.

Il a stoïquement résisté à la tentation de faire au moins soupçonner à ses lecteurs que cette querelle pénible, — plus encore que dans la divergence des idées et l'incompatibilité des humeurs, — eut ses causes cachées et vulgaires dans une question d'intérêts platement matériels. « Querelle de boutique » : l'expression est de Bouvier qui ne l'applique pas au cas précis visé par nous, mais qui *savait*, — et qui savait aussi ce que parler veut dire.

Nous n'avons jamais soulevé la question de certain « privilège », très légitime dans son principe, mais devenu intolérablement obstructif, menacé involontairement par l'ardent prosélyte Veyrat, et âprement défendu par le positif journaliste Raymond. — « Privilège » qu'un intelligent ministre piémontais voulait abolir ou du moins restreindre, *servatis servandis de jure*, pour renouveler l'atmosphère intellectuelle et donner de l'air à la Presse de Savoie. — « Privilège » à coup sûr « précieux » pour Raymond son bénéficiaire et son partisan convaincu, moins « précieux » pour notre Savoie privée de lectures intéressantes. — « Privilège » qui, interdisant la création de tout autre organe que le *Journal de Savoie*, préservait cette *Feuille Sèche* (ainsi

l'appelaient les contemporains désespérés) de toute désagréable
concurrence, mais l'empêchait aussi de s'enrichir des bienfaits d'une
nécessaire émulation. — Nous nous sommes retenu de murmurer que,
dans la personne du *Poète mourant*, ce n'était pas uniquement l'ancien
Homme Rouge, ni l'imparfait converti, que Raymond irritait et
affligeait par les manifestations de son « antipathie native », — mais
encore le publiciste averti, au courant de toutes les questions actuelles
les plus palpitantes, littéraires et sociologiques, l'auteur universellement acclamé de *la Coupe de l'Exil* et de l'éloquent *Récit* qui précède
ce magnifique poème, l'écrivain qui, objet de sympathies ferventes
et de préjugés tenaces, suscitait chez tous un intérêt également
passionné, l'ouvrier intelligent, actif, qui avait, en dépit de S. E. le
Gouverneur de la Savoie, obtenu tous les encouragements et toutes
les autorisations nécessaires pour créer un organe nouveau, qui avait,
du premier coup, réuni des actionnaires et des collaborateurs distingués pour sa *Revue des Alpes*..... bref, le *concurrent* professionnel, le
concurrent importun...

Dans le rajeunissement devenu *impérieux* de la Presse Savoyarde,
l'honnête Raymond, terne écrivain, figure effacée, qui a toujours
passé inaperçue entre celle du fondateur du *Journal de Savoie* et celle
du Raymond son successeur au *Courrier* (— ô humiliation !... son
propre journal, le *Courrier*, en vint même à attribuer à un autre
qu'à lui son incontestable paternité, ou mieux compaternité !) joua,
somme toute, — avec le plus légitime des égoïsmes, — le rôle d'*empê-
cheur*, tandis que ce Veyrat, sur lequel on s'acharne, fut un *créateur*,
un *initiateur*, un *rénovateur !*...

Il nous est, du reste, impossible de croire que la feuille littéraire
projetée par Veyrat eût jamais accaparé l'attention publique, au
point de menacer le « pain » de personne. *Feuille Sèche !* ce surnom
populaire en dit long sur l'avidité de lecture des Savoyards du temps,
pour la satisfaction de laquelle deux périodiques n'eussent pas été
de trop. Chacun des rédacteurs de ces feuilles eût reçu sans difficulté
sa part du *gâteau de Savoie*, juste rétribution de son labeur.

Ce rôle de *créateur*, de *rénovateur*, d'*initiateur*, joué par Veyrat
malgré les entraves qui paralysèrent ses mouvements, la Savoie ne
l'oublia point. En 1848, un groupe de jeunes littérateurs, pardonnant
au Poète de s'être rallié aux doctrines « maistriennes », voulut réaliser
son vœu suprême. Il créa une revue, à laquelle il donna, par manière
d'hommage public de reconnaissance, le titre d'*Abeille savoisienne*, —
souvenir de cette *Abeille, revue savoisienne* que Jean-Pierre Veyrat
avait été empêché de fonder, mais dont il avait conçu le plan.

« Pauvre *Courrier des Alpes*, bourdonna l'*Abeille savoisienne*.....
tu t'es trop hâté de fuir les bras qui de la plaine t'ont porté sur la
montagne... tu as trop promptement oublié ce brave lutteur, ce
philosophe pacifique, ce littérateur élégant, ce poète sans rival dans
nos contrées, qui t'a fait faire *le grand pas*, le pas des ténèbres à la
lumière, le pas du misérable in-8º au splendide in-folio ; oui, celui-là,
tu l'as trop vite oublié !... »

Mais tous ne l'avaient pas oublié, et c'était *justice !...* La Presse
savoyarde contemporaine ne l'oubliera pas non plus. Elle ne fera pas
chorus contre un malheureux publiciste plein de talent et d'esprit
d'initiative, qui, *le premier*, trouva le moyen de desserrer le licol
d'une inintelligente censure et de doter notre Savoie d'un organe
intéressant.

C'est volontairement que nous n'avions pas soulevé cette question
de « privilège » et de « concurrence » : elle nous était connue, *familière*,
et nous n'étions pas seul à la connaître. M. l'avocat Louis Raymond
a jugé utile à sa cause de l'exposer avant nous. Naturellement, il la
montre sous un jour favorable à l'adversaire de J.-P. Veyrat. Après
notre stricte mise au point, ses lecteurs, attentifs aux *documents*
qu'il leur présente, ne pourront pas se rallier aux conclusions *anti-
veyratistes* qu'il s'est efforcé d'en tirer. Il risque ainsi d'avoir été le
plus énergique artisan de sa propre infortune. De ce chef du moins,
il n'aura aucun reproche à nous adresser. Nous fûmes muet sur le
« privilège Raymond ». Ayant d'ailleurs suffisamment caractérisé
l'initiative et surtout le *genre de talent* de Veyrat publiciste (objet de
notre Étude) nous ne voulions pas encombrer notre livre de détails
d'un intérêt historique purement régional ou familial, ni procurer un
plaisir, même posthume aux vieilles barbes de 1848 ennemies du
Courrier des Alpes, ni causer volontairement le moindre chagrin à
personne. Nous avons mal été récompensé de notre discrétion et de
notre générosité, mais nous ne les regrettons pas. Nos compatriotes
apprécieront.

— Non, vraiment, nous n'avons aucun parti-pris d'hostilité à
l'égard d'un patronyme que nous respectons, et qui se défendait
fort bien tout seul et sans tapage...

III

« … Nous n'avons point touché, déclare Me L. Raymond, p. 119-120, à l'œuvre *poétique* de Veyrat (— erreur : nous relèverons comme elle le mérite une appréciation inconsidérée de M. L. Raymond relative à l'œuvre *poétique* de Veyrat), dont la valeur comme poète reste entière, mais *le Lamartine des Alpes* sort néanmoins *bien diminué de cette aventure* (— d'aucuns ont déjà dit : *bien grandi!…*). Que son *panégyriste* (— on n'appelle point panégyriste un critique qui fait le juste discernement des qualités *et des défauts* de l'auteur qu'il étudie) n'en fasse *reproche* qu'à lui-même (— c'est un *éloge* et non un *reproche* qui nous sera adressé : puisse M. l'avocat L. Raymond n'avoir pas à se « reprocher » lui-même l'épilogue d'une « aventure » que lui seul a cherchée…) ; il est souvent *dangereux de soulever le voile* qui sépare l'œuvre d'un écrivain de sa vie (— un critique impartial ne redoute pas un pareil « danger » : si « danger » il y a, tant pis pour son héros et tant mieux pour lui ; sa curiosité psychologique n'en sera que plus avivée) ; il l'est toujours, lorsqu'on découvre *derrière ce voile des obscurités troublantes* (— le plus grand plaisir d'un chercheur est d'y porter la lumière), de vouloir *coûte que coûte* leur donner une apparence de clarté en *assombrissant tout ce qui se trouve à l'entour* (— nous allons voir qui brandit un pareil éteignoir). Il est imprudent de n'ouvrir qu'*une seule oreille*, lorsqu'il y a *deux personnes qui parlent…* »

— Ces lignes contiennent autant d'erreurs que de mots, et la Réponse entière de M. l'avocat Louis Raymond demanderait un commentaire rectificatif juxtalinéaire, dans le genre de celui que nous avons consacré à l'*Homme Rouge* de J.-P. Veyrat.

Les paroles de Raymond?… mais nous les avons *entendues et écoutées de nos deux oreilles,* et même, si l'on nous pardonne l'expression, *de nos deux yeux!…* Nous n'avons pas eu besoin de les aller chercher dans les vieux papiers (— dont nous verrons la valeur !) de l'irréconciliable ennemi du poète Jean-Pierre Veyrat. Où donc les avons-nous trouvées, ces *paroles de Raymond?…* Nous les avons trouvées inscrites, nettes et claires, sur l'incomparable rouleau enregistreur de sa propre activité. Elles appartiennent désormais au domaine *historique*, et sont justiciables d'une impartiale critique, si les droits les plus élémentaires de la critique ne sont pas un vain mot. Il s'est donné la peine, pour l'édification de la postérité, de les traduire lui-même dans la série stéréotypée de ses faits et gestes.

D'une oreille nous avons écouté la voix dolente et gémissante de Veyrat ; de l'autre une voix cassante et courroucée qui n'était point celle d'un poète, et dont la Réponse de M. l'avocat Louis Raymond a renouvelé le désagréable écho. La cause profonde du Différend nous était familière ; mais, détournant un instant la tête, nous avions étendu un respectueux manteau sur l'affligeant schéma d'une affaire que l'objet particulier de notre Étude ne nous *obligeait* pas à traiter. Ce geste, *ce n'est pas en faveur de l'infortuné Veyrat* que nous avions jugé charitable de le faire... Depuis que cette vieille question du « privilège Raymond », — dont nos anciens parlaient en baissant la voix et en secouant la tête, — est sortie, grâce à notre honorable contradicteur, des « obscurités troublantes » où nous l'avions laissé sommeiller, les admirateurs du *Lamartine des Alpes* sont dans une indicible allégresse.

Ils ont prévu tout de suite que, — semblable au Phénix de la Fable, — cette noble Muse savoisienne allait s'envoler, ses ailes d'azur intactes, du bûcher fuligineux où l'on espérait la voir griller.

C'est pour elle une bonne fortune inespérée, d'autant plus précieuse qu'elle n'en sera point redevable à son « panégyriste ».

La Savoie s'en réjouira. Elle était demeurée fidèle à son *Lamartine*, en dépit des calomnies qui pesaient sur sa mémoire. Quelle sera sa fierté, quand elle constatera *de visu* que la prétendue *dissonance* relevée entre le caractère et les œuvres du plus grand de ses poètes lyriques est une pure invention de la jalousie et de la haine. Elle sera reconnaissante à M. Raymond de ses « révélations », si involontaires soient-elles, et probablement aussi à M. Berthier de ses notes bien désintéressées de critique et d'exégèse historiques.

Cette question du « privilège Raymond », nous ne la connaissions pas dans *certains détails et particularités* qu'il a plu à M. Raymond de nous exposer ; mais nous la possédions dans sa substance et ses lignes essentielles. Nous pouvons en dessiner la charpente et en tracer le schéma :

1º De par un privilège royal, le journal de Raymond (ironiquement surnommé *la Feuille Sèche)* est *le seul* qui puisse être imprimé en Savoie. Cela dure depuis 1816.

2º En 1841, Jean-Pierre Veyrat, revenu d'exil, converti aux doctrines de Joseph de Maistre, jouissant d'une grande gloire littéraire, obtient du roi Charles-Albert l'autorisation d'imprimer en Savoie une revue importante, et trouve les encouragements, les fonds et les collaborations nécessaires à sa création. — De ce fait se trouve menacée l'intégralité du « privilège Raymond ».

3º Raymond, au courant du projet de Veyrat, crie à la violation de son « privilège ». Le ministre des Affaires Étrangères de Sardaigne, à qui ressortit cette question de presse savoyarde, lui répond que des *indemnités* lui seront accordées, proportionnelles au préjudice que pourra porter à son journal la revue de Veyrat ; — mais que son « privilège », à lui Raymond, est révocable et ne saurait empêcher la création d'une feuille nouvelle ni entraver pour toujours le nécessaire développement de la Presse de Savoie.

4º Le même ministre, dans le dessein de concilier les intérêts des deux parties, invite Raymond à s'entendre avec Veyrat pour la fondation d'un organe important qui absorberait le *Journal de Savoie* et la *Revue* de Veyrat, — la *Feuille Sèche* étant, de notoriété publique et privée, ridiculement insuffisante à satisfaire les besoins intellectuels des Savoyards. En cas de mauvaise volonté, le fameux et fragile « privilège Raymond » risque d'être pulvérisé.

5º Raymond consent alors à traiter avec Veyrat, pour sauver du moins la moitié de son « privilège » en le partageant avec lui.

6º Trois mois seulement après la conclusion de ce traité, Veyrat, — qui se plaint amèrement des taquineries et usurpations de pouvoir de Raymond, — est obligé de s'exiler d'une feuille améliorée et agrandie par sa seule initiative et ses seules démarches. Et Raymond se trouve avoir, en fait, récupéré son « privilège » dans toute sa fructueuse intégralité.

Si le ministre en question avait été, comme on l'affirme, un Machiavel, il serait glorieux tout de même pour un honnête Savoyard de lui avoir si prestement damé le pion. Un Paul de Gondi, amoureux de l'art pour l'art, s'avouerait désarmé en présence d'une pareille *maestria*. Mais il ne faut point préjuger.

Is fecit cui prodest : selon ce vieil axiome de droit, celui-là est *présumé* avoir été l'auteur d'une action, auquel cette action a été utile, et non pas celui auquel la même action a été nuisible. Ici, quelle est celle des deux parties qui a bénéficié et de l'initiative de Veyrat et de son départ du journal?... Sans doute, il ne s'agit encore que d'une simple présomption, et il nous sera nécessaire d'entrer dans les particularités concrètes du cas. Mais cette présomption est nettement *en faveur de Jean-Pierre Veyrat.*

Tout pesé et soupesé, nous jugeons *impossible* que la Réponse de notre contradicteur infirme une partie quelconque de notre schéma. Voici en effet les caractéristiques du plaidoyer *pro domo* de M. l'avocat Louis Raymond :

1º Une grande partie en est constituée par de purs hors-d'œuvre. Ces ingénieuses arabesques n'ont pas à figurer dans notre schéma... Elles l'orneront, si l'on veut... extérieurement... Elles prouveront surtout le besoin de notre contradicteur d'esquiver la question fondamentale et de s'échapper par la tangente.

2º Une autre partie est constituée par des affirmations gratuites ou erronées de toute évidence.

3º Une autre partie (la mieux venue) comprend tout simplement des documents copiés mot à mot qui, comme par un hasard heureux, se trouvent prouver catégoriquement et confirmer éloquemment la rigoureuse exactitude de notre schéma.

4º Une autre partie est faite de commentaires illogiques aux textes ci-dessus mentionnés.

5º Une autre partie utilise des documents atrocement mutilés et tronqués, qui, rétablis dans leur intégrité, sont tous en faveur de J.-P. Veyrat.

Nous fournirons, bien entendu, les preuves irréfragables de ce que nous avançons. Nous répondrons à *tous* les reproches et objections de notre contradicteur.

Mais, dès maintenant, nos lecteurs, même les moins familiarisés avec la question, peuvent s'assurer que leur cher Jean-Pierre Veyrat ne se présente pas à eux dans l'attitude du *Gladiateur blessé.*

IV

I. — Nous nous sommes occupé de personnages publics, appartenant à l'Histoire ou à la Chronique de Savoie ou de France, et qu'aucun « privilège » ne saurait exempter des jugements de la postérité : Jean-Pierre Veyrat, Sœur Marie-Félicité, Charles-Albert, Louis-Philippe, Mazzini, Ramorino, Chateaubriand, Lamartine, Hugo,

Barthélemy, Solar de La Marguerite, Avet, Moreau, Berthaud, Mgr Charvaz, Mgr Billiet... etc... etc... et, — durant neuf pages — Raymond. Nous avons laissé en paix les vivants, et particulièrement M. l'avocat Louis Raymond.

Mais celui-ci n'est point resté cantonné comme nous dans l'aire du Passé historique (1).

Il s'en prend nommément à M. Alfred Berthier, — et même. à M. l'abbé Alfred Berthier, comme si nous nous étions jamais prévalu de notre titre ecclésiastique pour recommander nos modestes travaux, — et comme si notre titre ecclésiastique avait à figurer ici, puisqu'il s'agit d'une de ces mille questions obscures livrées aux libres discussions des érudits.

Nous ne suivrons pas M. Louis Raymond sur le terrain des polémiques personnelles. Nous lui pardonnons ses coups de boutoir et enregistrons simplement ses menaces de « ruades » de je ne sais quels « mulets de Maurienne ». Si nous avons parlé de la finesse bien connue, — et bien nécessaire, — de nos compatriotes mauriennais, jamais nous ne leur avons manqué de respect ni de sympathie, bien au contraire. Un calme et clair plaidoyer aurait valu tous les coups de boutoir du monde, et mieux encore un lucide et méthodique exposé.

« Un demi-siècle plus tôt, s'écrie Maître Raymond, toutes manches déployées, dans son exorde, l'auteur n'eût certes ni songé à se faire de son œuvre *un tremplin pour franchir les portes de l'Académie de Savoie*, à laquelle est si indissolublement attaché le nom des *Raymond*, ni *solliciter* pour elle une récompense de la *Société d'Encouragement au Bien...* »

— Doucement... Tout le monde a observé que jadis Jean-Pierre Veyrat et ses amis n'ont pas été privés des justes récompenses ni arrêtés au seuil de l'indépendante *Académie de Savoie*, — fondée par

---

(1) M. l'avocat L. Raymond ne mériterait-il pas de voir à son tour des parents du prévenu Solar de La Marguerite inculpé gratuitement de « mensonge » et de « machiavélisme », et des parents du prévenu Jean-Pierre Veyrat protégé d'icelui, du « triste Veyrat » sommairement exécuté (ils sont nombreux en Savoie, en France, en Afrique et en Belgique) s'en prendre à lui *personnellement*, et lui renvoyer, à lui panégyriste de son honorable famille, le nom de « manager » qu'il se permet d'adresser au désintéressé biographe du plus grand poète de la Savoie?... Tout ouvrage historique peut et doit être discuté : c'est le seul moyen d'arriver à faire la lumière sur certaines questions obscures. Mais, de grâce. pas d'attaques personnelles ; que la discussion soit rigoureusement maintenue dans *le plan du passé*. M. l'avocat Louis Raymond aura été le premier en Savoie, — et en Piémont, — à oublier les lois les plus élémentaires de la *perspective historique*.

le général comte de Mouxy de Loche, le sénateur de Vignet, le professeur G.-M. Raymond, et le chanoine Billiet, le futur cardinal (1), — pour n'avoir pas été favorisés de certains gracieux sourires.

Nous laissons à d'autres, avec la technique des gros mots, l'art du « tremplin » et celui des « sollicitations ».

La *Société Nationale d'Encouragement au Bien* nous a fait le grand honneur de couronner notre *Jean-Pierre Veyrat*, après en avoir examiné la valeur. M. l'avocat L. Raymond *veut* ignorer les conditions normales d'un *concours* littéraire.

Ces deux suppositions gratuites et qui visent à être blessantes donnent le *la* de *Toute la Lyre* de M. L. Raymond.

Voici son *trait final*, sa *caude-venin :*

« ... Et sans doute le projet grandiose qu'il caresse en secret de faire élever à Veyrat une *fontaine des Chimères* en éprouvera-t-il plus de difficultés encore à se réaliser que n'en rencontra naguère *celui plus modeste* (sic) de Puget, Ferraris et Micoud... »

Fort bien ; mais pourquoi se réjouit-on de l'échec d'un pareil projet, si jamais il fut le nôtre?... La réalisation matérielle de notre expressif Symbole n'eût-elle pas été l'éloquente *réfutation* de la sombre pensée que l'on nous prête : « Grandir Veyrat, en lui donnant l'auréole du martyr, et asseoir sa statue sur le cadavre de son *bourreau* Raymond? »

Chaque promeneur, passant devant cette bénie Fontaine, se fût dit avec raison ce que se disent les lecteurs de notre Étude : « Ce malheureux poète Jean-Pierre Veyrat eut jadis, étant déjà gravement malade, de pénibles démêlés avec le directeur-propriétaire du *Courrier des Alpes*... Mais s'il défaille là-haut sur sa funèbre stèle, c'est qu'il

(1) Tous membres de plusieurs sociétés savantes étrangères, les fondateurs de l'*Académie de Savoie*, n'ont pas eu besoin, en 1819, d'emprunter à Turin (de Loche était membre de l'*Académie des Sciences* de cette ville) ni à Toulouse (G.-M. Raymond était en particulier lauréat des *Jeux Floraux)* ni ailleurs (A. Billiet, était membre de plus de vingt Sociétés savantes) l'idée d'une institution dont notre saint François de Sales avait donné un modèle dès 1606 à Annecy. Aussi, la devise de l'*Académie de Savoie* est-elle celle de l'*Académie Florimontane : Flores Fructusque perennes*. De l'aveu même des Académiciens de l'époque, c'est le comte de Loche, — et non tel autre, — qui fut l'ouvrier le plus actif de la fondation : « ... M. Marin prend la parole, dit que la Société doit à M. le comte de Loche, son fondateur, un témoignage particulier de considération, d'intérêt et de reconnaissance pour le zèle qu'il a mis à la création d'une institution, aux travaux et au succès de laquelle il a lui-même si puissamment contribué ; il propose en conséquence de faire exécuter le portrait de son président pour en orner la salle de ses Assemblées. A la séance suivante, la proposition est votée à l'unanimité des voix, moins celle du président, qui seul y oppose une vive résistance. » (Délibération de l'Acad. de S., 20 juin 1828 : *Hist. Acad. de S.*, par L. Pillet, p. 15).

a tout d'abord été la victime de ses folles Illusions... Ah ! défions-nous des *Chimères :* ce sont elles nos vrais *bourreaux !* »

« L'histoire de Veyrat, écrit Cl. Bouvier, est celle d'un écrivain dont le talent a été fauché dans sa fleur, et d'un homme qui, en quelques années, a touché *le fond de la souffrance.* Ses malheurs n'ont pas eu tous la même source. *Les uns lui viennent d'autrui* (— incontestablement). *Il a été l'auteur des plus cruels.* » — Nous n'avons pas dit autre chose.

Nos lecteurs se le rappellent : après avoir mentionné, *cum grano salis,* la *Fontaine des Éléphants* de Chambéry, symbole du génie positif et de la nostalgie du grand Aventurier de Boigne favori des Rajahs, nous avons écrit ces lignes très claires que notre contradicteur se garde bien de citer intégralement :

« Si l'on voulait symboliquement représenter par la sculpture le sensible, le téméraire, le frémissant, l'*irréaliste* poète, tel qu'il s'est montré avant et durant son exil, on pourrait lui élever un monument qui contrasterait de tout point avec celui du général de Boigne : *la Fontaine des Chimères.*

Quatre Chimères, les yeux étincelants, la griffe levée en une crispation terrible, précipitant leur immobile élan, lanceraient par leurs gueules armées de crocs formidables les jets retentissants d'une onde pulvérisée jusqu'à une hauteur prodigieuse... Mais elles supporteraient une colonne funéraire ornée de cyprès, immortelles, romarins décoratifs, et surmontée de la statue de Jean-Pierre Veyrat dans l'attitude défaillante du *Poète mourant...*

Une Chimère, si brillante, si prestigieuse, si poétique soit-elle, ne saurait en effet engendrer que la désillusion et la mort... »

II. — M. l'avocat Louis Raymond, qui ne se penche jamais que sur le dossier des innocents, nous blâme aussi de nous être, un court instant, intéressé à celui du « triste Veyrat », d'avoir témoigné quelque pitié et quelque sympathie, — non point au Veyrat révolutionnaire que nous avons si sévèrement condamné, — mais au Veyrat malheureux, malade, moribond, persécuté, revenu dans la « patrie de son intelligence » et dans la « patrie de son cœur ».

Il ne se retient pas cependant d'écrire, p. 23-24, avec une amusante et perfide gravité : « ... *Au point de vue social* nous estimons... que l'exhumation des théories sanguinaires de *l'Homme Rouge* et leur exposition sous les yeux du lecteur ne *va* (sic) point *sans danger ;* aussi nous étonnons-nous de voir la plume *ecclésiastique* du dernier biographe de Veyrat faire un accueil aussi *bienveillant (!!!)* à cette partie de son œuvre, et en donner d'aussi généreuses citations. Nous ne croyons pas que le Veyrat révolutionnaire, qui certes était plus risible que redoutable, jouisse encore à l'heure actuelle d'une notoriété quelconque dans les milieux extrémistes, mais nous ne pouvons cependant nous empêcher de faire un *troublant rapprochement:* c'est que c'est justement à Lyon, où *l'Homme Rouge* jeta à pleines mains sa semence de haine, de révolte et d'incrédulité, que se trouve aujourd'hui de toute la France le plus important foyer du *bolchevisme,* cette criminelle caricature de la Liberté. » Et en note : « Le *bolchevisme russe,* tentant de submerger le monde, semble avoir été prophétisé par Veyrat dans les vers suivants :

> Et la liberté sainte, éclatant météore,
> Partira du *Kremlin*..... »

A quelle espèce de jury s'imagine s'adresser M. l'avocat L. Raymond?... Devrait-on jamais s'abaisser jusqu'à de pareils « procédés », serait-on même anxieux au sujet du succès de sa cause?... Des lecteurs qui connaissent leur Louis Veuillot ont, malgré eux, songé au *Maître Aspic* de ses *Libres Penseurs.* A notre humble avis, pareil rapprochement est excessif, mais moins excessif encore que celui dont nous sommes ici l'objet et contre lequel, malgré notre modération, nous tenons à protester, non sans indignation. Ce sera le châtiment de M. l'avocat Louis Raymond de l'avoir, même de loin, suggéré.

Toutes les têtes *pensantes,* nous ont félicité de *l'à-propos* de notre implacable condamnation du révolutionnaire *Homme Rouge,* du commentaire rectificatif qui accompagne nos citations, de notre démonstration basée sur un *cas concret et vécu,* des graves dangers qu'engendre, au point de vue individuel et social, la superstition d'une indéfinie Liberté. Les vrais disciples de Joseph de Maistre sont avec nous, ils relisent avec plaisir notre ouvrage, et ils en recommandent autour d'eux l' « utile et intéressante lecture ». Ils jugent que l'inquiétude de M. l'avocat Louis Raymond est bien *injustifiée,* bien *déplacée,* et même... *bien affectée...* Tant pis pour lui.

M. l'avocat Louis Raymond écrit encore, p. 115 : « M. Berthier use très souvent d'expressions *exagérées (!) ; cela n'a rien d'étonnant lorsqu'on vit constamment comme lui,* avec un être aussi irrémédiablement dépourvu du sentiment de la pondération qu'était Veyrat. Mais ce manque de mesure caractéristique du poète n'a déteint heureusement que sur le *vocabulaire* de son *manager...* » Nous nous refusons de répliquer que le « manager » remercie l' « impresario ».

On estimera que ce ne sont pas seulement quelques « expressions »
qui sont « exagérées » chez M. l'avocat Louis Raymond, mais encore
ses *pensées*, lamentablement dépourvues de cette « mesure caractéristique » d'un critique judicieux. Quant à nous, personne ne nous
a accusé d'avoir usé d'un « vocabulaire » inexact, ni d' « expressions
exagérées », quand, très objectivement, nous avons jugé J.-P. Veyrat
et ses œuvres, notamment l'*Homme Rouge* et les *Italiennes*. Ce n'est
pas la seule fois que cet imprudent épilogue sur les mots et s'es-
saye ridiculement à manier la férule du pédant qu'hier il recevait
sur les doigts.

Enfin, nous sommes loin, très loin de « vivre constamment » avec
J.-P. Veyrat : nous vivons en tête-à-tête quotidien avec ces grands
maîtres du réalisme éclectique, de l'anatomie et de la dissection
psychologiques, de l'ordre et de la pondération, que sont les écrivains de nos trois littératures classiques, — sans parler des écrivains
de notre magnifique littérature chrétienne trop oubliée.

III. — Il faut rapprocher des lignes précédentes, si opportunément
antibolcheviques, celles-ci, si opportunément *religieuses*, p. 13-14 :

« ... Que ce soit justement un ministre de cette *Religion* qu'il
(Raymond) aimait par-dessus tout, qu'il avait défendue au péril de sa
vie, qui le premier s'attaque à la mémoire de cet homme de bien, et
surtout avec de tels moyens, cela dépasse l'imagination... »

— Ce qui « dépasse » surtout « l'imagination », c'est la prétention
de faire gober au public... qu'un « ministre de la Religion » se soit
jamais « attaqué à la mémoire de cet homme de bien », ou d'un
« homme de bien » quelconque, même ne partageant pas ses idées...

Nous avons *dû* raconter brièvement les tracasseries où *la Religion*
n'avait rien à voir, et dont le poète, *religieux* lui aussi, de *la Coupe
de l'Exil* et de la *Station poétique à l'Abbaye de Haute-Combe*, eut
jadis cruellement à souffrir. Mais jamais nous n'avons porté un jugement général sur la vie de Raymond, « homme de bien », nous n'en
doutons pas, et jamais nous n'avons piétiné une tombe, fosse commune
ou mausolée somptueux. Nous n'avions certes pas à couvrir du pavil-
lon de *la Religion* une misérable « querelle de boutique ». Enfin,
nous l'assurons à nos lecteurs, jamais l'adversaire de Veyrat ne
fut dans le cas de « défendre » cette bénie « Religion », « au péril
de sa vie », ni même de sa quotidienne tranquillité.

Pathos et confusion ! Confusion et pathos, voulus, calculés, pour
diminuer l'autorité du biographe de l'infortuné Jean-Pierre Veyrat !

C'est perdre son temps et sa peine, son encre et son fiel. De pareils procédés sont jugés déjà. Et ils nuisent à la cause même qu'ils étaient destinés à défendre.

IV. — Quant à notre pitié et à notre sympathie pour un *Enfant Prodigue* persécuté, elles ne sont point notre exclusif apanage.

M. l'abbé Alfred Berthier est très fier et très rassuré de se trouver ici aux côtés de Mgr Martinet, de Mgr Billiet, de Mgr Charvaz, de Mgr Rendu, du Chanoine Dépommier (1), Supérieur du Grand-Séminaire de Chambéry, de l'ensemble du Clergé savoyard qui n'a jamais figuré parmi les Barbares de la Prose et de la Politique persécuteurs d'un Poète infortuné et moribond.

— « Venez... passer quelques jours avec moi à Pignerol... » écrivait Mgr Charvaz au « triste Veyrat »... « Embrassez pour moi le cher et aimable chevalier Rendu... »

Nous avons *dû* parler avec une certaine *délicatesse* d'une particularité de la vie de Veyrat, mais jamais nous n'avons tu ni excusé ses faiblesses et ses erreurs. *Personne,* — nous disons : *personne,* — n'a fait sur lui tant de précises *révélations,* et *infiniment* moins que tout autre, malgré ses prétentieux *Euréka,* M. l'avocat Louis Raymond.

V

Ni de près ni de loin, nous ne sommes apparenté à l'auteur de *la Coupe de l'Exil.* Nous avons écrit sa biographie parce que, selon la remarque de Sainte-Beuve, sa vie est intimement mêlée à son œuvre. Le seul amour des Lettres françaises et savoyardes nous a guidé, et le désir de ramener l'attention des historiens de notre Littérature sur un poète injustement méconnu.

Un certain *courage* nous a été nécessaire. Parlant de l'ostracisme qui pesait sur Veyrat, Bouvier écrivait : « Cet ostracisme est *déplorable.* Mais la *sagesse* commande aujourd'hui de *respecter* les arrêts *injustes* dont on ne souffre pas soi-même. A quoi bon récriminer?

---

(1) Le bon chanoine Dépommier signait bien « Dépommier », avec un bel accent aigu sur l'*e :* il tenait au nom de ses pères. Du reste, en signant Depommier, de façon à suggérer De Pommier, il eût craint, sans doute, de faire songer à un certain M. de la Souche, dont s'est égayé Molière. Modestie et bon sens vont de pair.

Pour obtenir la revision du procès de Veyrat, il faudrait peut-être démontrer que ce réfractaire obstiné n'a *pas provoqué* l'aversion dont il pâtit, ni *bravé* les rigueurs auxquelles il succomba. C'est une *dispute* longue et vaine après cinquante ans d'indifférence et d'abandon. Nous n'y entrerons pas. »

« M. Berthier s'est cru de taille à entreprendre cette *dispute*, s'écrie Me Raymond, p. 123. Le moins qu'on en puisse dire est qu'il l'a entreprise bien maladroitement. »

— « Bien maladroitement », c'est possible ; mais enfin nous l'avons « entreprise », et c'est déjà bien beau, puisque c'est en faveur de la victime d'un « ostracisme déplorable ». Au surplus, Dieu nous préserve de cette lâche « sagesse » qui « commande aujourd'hui de respecter les arrêts injustes dont on ne souffre pas soi-même ».

On nous a compris : nous sommes très touché et encouragé par les nombreux témoignages de satisfaction, de sympathie et de reconnaissance qui nous sont parvenus de tous les points de la Savoie, du Lyonnais et du Dauphiné.

Enfin notre *témérité* a eu comme résultat l'exhumation de pièces inédites, dont la valeur probante n'est point celle que s'imagine M. L. Raymond, mais qui, même à notre point de vue, ne sont point sans intérêt.

On s'est étonné seulement que leurs détenteurs, qui les croyaient si opérantes, aient si longtemps tardé à les produire au jour.

Les jugements, plus ou moins sévères, portés sur Raymond en cette affaire datent de bien loin.

Aux yeux des juristes de l'époque, ni Veyrat ni Raymond n'eurent tort, mais les âmes sensibles s'apitoyaient sur l'infortuné Veyrat.

En 1844, l'*Union des Provinces*, de Lyon, parlait des « mesquines tracasseries » qui « étouffèrent la voix » de Veyrat.

En 1848, les apologies de Veyrat se multiplièrent, et les attaques contre le *Courrier des Alpes*.

En 1894, l'impartial et érudit Claudius Bouvier publiait les quarante-deux pages de son *J.-P. Veyrat journaliste*. Et cette brochure, suggestive, souvent mordante, — dont les neuf pages de notre Étude relatives au *différend* ne sont évidemment qu'un « continuel et impudent démarquage » (nous avions puisé aux mêmes sources que Bouvier et avions eu avec lui de longs entretiens), — cette brochure, disons-nous, contenait, avec des *Vérités* qui, on le verra bien, ne sont pas du goût de M. l'avocat Louis Raymond, des « exagérations » et une « erreur », qui devaient fatalement *déteindre* sur les lecteurs de Bouvier !...

Bouvier avait écrit : « Le bureau de rédaction (du *Courrier)* avait d'abord été établi au domicile de Veyrat, rue des Remparts, 7 *bis.* Vers la fin de mars, il est transféré au Verney. C'était une promenade *fatigante* pour le rédacteur *malade.* »

En réalité, le transfert du bureau avait été décidé par l'imprimeur Puthod, pour faciliter les communications entre typographes et rédacteurs du *Courrier.*

« Cl. Bouvier s'y trompa, écrit M. L. Raymond, p. 49, et le présenta sous ce jour (comme une tracasserie méchante de Raymond) à ses lecteurs ; M. Berthier crut, *naturellement,* devoir renchérir... »

Avouez que le lecteur au courant de *l'indéniable gravité de la maladie* du pauvre Veyrat, pouvait *sans exagération,* très *naturellement,* et sans susciter des cris de paon, qualifier de « corvée réellement dangereuse » la « promenade fatigante » de Bouvier !... L'expression n'est que *trop exacte.*

C'est Puthod et non pas Raymond qui transféra le bureau de rédaction au *Verney,* soit !... Mais, au dire de Veyrat, cela n'empêcha pas Raymond de profiter dudit transfert pour ennuyer gravement ledit Veyrat : « Lorsque le bureau de rédaction fut transféré de mon domicile où il était tout d'abord, gémit-il dans son *Mémoire,* au Verney où il est maintenant, *M. Raymond s'opposa à ce que M. Berthoud mon sous-rédacteur vint chez moi soumettre son travail à mon approbation, les jours où ma santé m'interdisait de sortir.* La distance de chez moi au Verney est grande pour un *malade.* Je demandai qu'il me fût permis d'emporter les journaux nécessaires à mon travail, cela me fut absolument interdit par M. Raymond. Je lui alléguai *mon état de souffrance,* il répondit que *cela ne le regardait pas :* je lui objectai que mon traité ne m'obligeait point à faire mon travail dans un lieu désigné, et que je pouvais le faire par conséquent où bon me semblerait. Tout fut peine perdue, et je ne pus jamais emporter chez moi un seul journal du bureau de la rédaction. Cette règle du reste n'était établie *que pour moi seul.* M. Raymond emporte chaque jour chez lui, en ville et à la campagne, toutes les feuilles qui lui conviennent. Le sous-rédacteur en fait autant... Deux clefs du bureau de rédaction furent commandées : M. Raymond en confia une à M. Berthoud et garda l'autre pour lui, si bien que *moi, rédacteur en chef,* je ne pus jamais entrer à ce bureau qu'aux heures où il plaisait à ces Messieurs de s'y trouver... »

Vu l'état de la question, il était *prudent,* il était *urgent de mettre en garde* contre une erreur possible les biographes éventuels de Jean-Pierre Veyrat.

Or, *les premiers intéressés à le faire, n'en ont rien fait*. Qu'ils s'en prennent donc à *leur propre négligence* des lignes désagréables, qu'ils interprètent du reste inexactement et amplifient au mégaphone d'une anachronique susceptibilité...

Il nous était *impossible* dans un ouvrage de critique littéraire relatif à l'histoire intégrale du Romantisme français, ouvrage déjà passablement touffu par lui-même, de nous arrêter encore à ces minuties d'un intérêt purement régional. Il est facile de se rendre compte que nous n'avons jamais visé à raconter les Débuts de la Presse en Savoie, ni à dirimer au point de vue juridique, une question depuis longtemps jugée *insoluble*. Que M. l'avocat Louis Raymond s'applique à le faire, libre à lui. Quant à nous, ce n'était point notre affaire.

Ce n'était pas à nous à chercher dans l'arsenal Raymond des armes pour défendre Raymond.

Ce n'était point dans les papiers Raymond que nous pouvions espérer trouver un calme jugement sur Veyrat.

Au point de vue justice, il n'y avait rien à dire, vu l'attitude des tribunaux de l'époque.

Au point de vue charité ou humanité, tout le monde pouvait et peut encore conclure.

Au point de vue psychologique, il fallait enregistrer les actions et réactions de l'âme d'un poète lyrique durant ces démêlés.

C'est ce que nous avons fait. *Nec plus nec minus.*

VI

I. — Quelle est, au juste, la valeur probante des documents Raymond?... — La valeur probante des documents Raymond est radicalement *nulle*. M. l'avocat Louis Raymond a *osé* annoncer à ses lecteurs que ces documents contenaient des « révélations », et que ces « révélations » seraient l'irrévocable condamnation du prévenu Jean-Pierre Veyrat.

Naïve prétention !

Promesse illusoire !

Épouvantail à moineaux !...

Ces fameux « documents », il y a beau temps qu'ils se sont avérés *inopérants*.

Ce sont tout simplement des notules et remarques écrites par *l'avocat* Raymond soutenant jadis la cause de son frère le directeur-propriétaire du *Courrier* contre Jean-Pierre Veyrat, des lettres et remarques émanant de l'intéressé lui-même en lutte avec son rédacteur principal.

Me Gotteland était l'avoué de Veyrat. — *Pro* — *Contra*. Les tribunaux du temps qui ont, à loisir, sans passion, lu, relu, touché, palpé, tourné et retourné le dossier *complet* de cette affaire (que ne possède pas M. L. Raymond), — qui ont examiné sous toutes leurs faces, en long, en large, en diagonale et par transparence, et les arguments Raymond et les arguments Veyrat, se sont trouvés dans une impossibilité ignorée de M. L. Raymond : *dans l'impossibilité de rendre une sentence.*

M. Louis Raymond tire son glaive et exécute ; mais Thémis lui répond avec une désespérante sérénité :

Les *morts* que vous tuez se portent assez bien.

La scrupuleuse Thémis demeura pensive, perplexe, muette, et finit par sommeiller, la tête sur ce dossier dont pas une bribe ne lui avait échappé. Et elle fit bien. Il vaut mieux dormir que de commettre une injustice. Aucun juge ne put déclarer que les arguments de J.-P. Veyrat étaient sans valeur. L'inextricable nœud gordien des *pro* et des *contra* ne fut jamais *dénoué*. Il ne fut pas non plus *tranché*. L'affaire fut *arrangée*, d'après décision royale, par une *combinaison* qui séparait les combattants, sans donner tort à personne, mais qui sauvegardait la précieuse collaboration de Veyrat au *Courrier*.

Les raisons invoquées par Veyrat contre Raymond étaient sérieuses : « ... M. Raymond, écrivait-il à Solar dans son Mémoire, chercherait vainement à nier qu'il s'est emparé de ma fonction de rédacteur en chef, et à établir qu'il n'a fait qu'occuper une position que j'aurais volontairement désertée ; le volume de l'instance (documents et actes de procédure) intentée contre lui démontrerait le contraire par ses propres allégations, et le témoignage de Berthoud, le sous-rédacteur, et de tous les employés de l'imprimerie en justifierait au besoin. Si V. E. le désire, je lui adresserai le volume, et M. l'avocat général pourra entendre les témoignages indiqués... »

Oui, ces raisons étaient sérieuses, si sérieuses que, désireux aussi de tirer Raymond du guêpier où il s'était fourré, le comte Avet, ministre de la Justice, d'accord avec le comte Solar, ministre des Affaires étrangères (représenté par M. L. Raymond sous des couleurs odieuses) jugea prudent de supplier à deux reprises J.-P. Veyrat de se désister de toute instance judiciaire contre Raymond. A quoi bon cette prière, si les raisons de Veyrat étaient sans fondement ? « ... J'ai promis en votre nom, et par forme de transaction, que *vous vous désisteriez de toute instance judiciaire sans aucune réclamation*... Je vous invite... à m'écrire officiellement que *vous vous abstiendrez de toute ultérieure poursuite judiciaire*, du moment où vous avez l'assurance que les intentions bienfaisantes du gouvernement concernant l'allocation de 1.500 francs en votre faveur seront exécutées... »

Au verso de cette lettre, Veyrat écrivit : « Lettre honorable » ; mais il ne retira pas sa procédure contre Raymond, — procédure du reste sans objet maintenant.

Le *différend* fut donc *infiniment plus complexe* qu'il ne plaît à M. l'avocat L. Raymond de le présenter au lecteur bénévole.

De ces *bribes* du dossier complet de l'affaire, de ces *documents Raymond*, aucune condamnation à l'adresse de J.-P. Veyrat n'est sortie, ne sort et ne pourra jamais sortir, en dépit de tous les commentaires.

C'est l'évidence même.

II. — Les pièces turinoises ne nous apprennent rien non plus de substantiellement nouveau. M. L. Raymond cite les rapports pessimistes envoyés à Turin sur l'ancien *Homme Rouge* par deux gouverneurs de la Savoie, le comte Casazza et surtout son successeur, le marquis de La Planargia. Ces rapports portent uniquement sur la *réputation* que J.-P. Veyrat s'était faite pendant son exil ; mais ne contiennent pas l'ombre d'une accusation nouvelle *précise, positive* à son adresse ; on y cherche en vain la mention d'une *faute* déterminée dont il se serait rendu coupable *après son retour dans sa patrie.*

Le comte piémontais Casazza del Valmonte avait succédé à l'excellent marquis savoyard d'Oncieu, homme pondéré, pacificateur de cette bagarre de janvier 1832 où fut compromis J.-P. Veyrat. D'Oncieu fut le *seul* gouverneur *savoyard* de la Savoie pendant les trente-quatre ans que dura le régime absolu. Le comte de Maugny, Savoyard, ne fut gouverneur de la Savoie que sous le régime constitutionnel. Envoyés pour *serrer la vis du pressoir savoyard*, del Valmonte et de La Planargia furent chez nous d'une rare impopularité ; il faut être aveuglé par l'esprit de système, ou dans une ignorance complète de notre histoire, pour écrire que ces Messieurs furent sur une question quelconque les « interprètes de l'immense majorité de la population chambérienne ». Le gouvernement sarde dut se rendre à l'évidence en 1848. Ils étaient redevables de leur vice-royauté à Jean-Pierre Veyrat lui-même et aux émeutiers de 1832 : aussi leur *reconnaissance* envers eux fut-elle indéfectible. Nous ne suspectons ni leur intégrité ni leur dévoûment : mais ils incarnaient un régime absurde, vexatoire et humiliant pour la Savoie. Le Clergé seul échappait à leur juridiction universelle, ne relevant que de l'officialité épiscopale. Son indépendance irritait ces hauts personnages. Quand Solar de La Marguerite, désireux de soustraire le *Courrier des Alpes* à la censure étroite et mesquine du gouverneur La Planargia, demanda que la revision en fût confiée à son ami le chanoine Chevray, La Planargia protesta au nom de son autorité politique et ne craignit pas d'écrire ces lignes, si lumineusement caractéristiques, que M. l'avocat Louis Raymond a soigneusement *amputées* dans le résumé qu'il nous donne de la lettre d'où nous les extrayons :

« ... Les Ecclésiastiques de Savoie ne voyent les questions politiques qu'à travers *le prisme évangélique*, et font souvent abstraction des *maximes pratiques* admises par le Gouvernement, ce qui me ferait craindre qu'on permît ou tolérât des choses qui seraient considérées ailleurs comme condamnables.

Puis, un prêtre reviseur qui prévariquerait serait déféré à la Juridiction Ecclésiastique et non à celle des Tribunaux ordinaires ; sa responsabilité sous ce rapport n'offrirait pas autant de garanties. Ajoutez à cela, Monsieur le Comte, que *le Clergé dans ce Duché exerce déjà une haute suprématie*, et si on lui accordait cette autorité, ce serait lui donner un *nouveau moyen d'influence*, et ce serait en même temps fournir un nouvel aliment aux *récriminations du public contre le système envahisseur dont on l'accuse tant* (— le *système envahisseur* du Gouvernement militaire piémontais de Savoie provoquait des *récriminations* autrement sérieuses et universelles auxquelles M. le marquis de La Planargia aurait bien dû songer, au lieu de se faire l'écho des plaintes injustes d'une *minorité* anticléricale et révolutionnaire (1)...). Quelle que soit au reste la déférence qu'aura le reviseur prêtre pour vos instructions et pour mon autorité, cette faculté une fois accordée à titre d'attribution à une personne indépendante de l'autorité politique, il pourra se faire que cette personne s'autorise de cela pour s'affranchir de tout contrôle de la part du

_____

(1) Un successeur de La Planargia, le Gouverneur Olivieri, écouta aussi les avis des révolutionnaires, relativement aux bandes des *Voraces* (1848), et s'aperçut *trop tard* qu'il avait été berné : il mourut de chagrin et de honte. Le 25 mars de la même année, C.-M. Raymond, ayant écrit dans le *Courrier des Alpes* que la Savoie ne désirait pas être réunie à la France, une foule excitée se précipita dans son domicile et le saccagea : la garde nationale avait reçu de S. E. le Gouverneur *l'ordre de ne pas intervenir !!! — Eurêka !...* s'écrierait notre contradicteur !

Gouvernement à qui est dévolue la suprême inspection des affaires politiques et sur lequel repose toute la responsabilité (1). »

Respectueux de l'autorité politique, le Clergé Savoyard peut se glorifier de n'avoir jamais été pour rien dans le régime de contrainte et d'obstruction qui pesait alors sur notre patrie, et dont il eut lui-même à souffrir. Il était navré de la pauvreté de la bonne Presse bâillonnée par une ombrageuse et tâtillonne censure politique.

Nous avons dit nous-même que, si J.-P. Veyrat, de retour dans sa patrie, trouva d'ardents défenseurs, il s'y heurta aussi à des préventions tenaces, et qu'il ne réussit jamais à se délivrer du boulet sonore que son passé lui avait solidement rivé au pied. La valeur de ses amis compensait *largement* celle de ses ennemis. Parmi les premiers nous avons cité en particulier les excellents comtes Solar de La Marguerite et Avet, tout dévoué à la Savoie, son pays natal. Ils ne tinrent *aucun compte* des rapports des Casazza et des La Planargia sur Veyrat. Il faut leur en être reconnaissant, car l'opinion de personnages haut titrés et revêtus d'une charge aussi considérable que celle de gouverneur de la Savoie, — seraient-ils d'ailleurs bouchés à l'émeri, — exerce toujours une influence considérable sur les badauds.

J.-P. Veyrat avait obtenu la grâce de son retour et l'autorisation de fonder une revue importante, sans avoir jamais passé par les Fourches Caudines des vice-rois de Savoie. De là, le dépit de leur orgueil blessé.

Du reste, leur prévention à son égard était assez naturelle depuis son esclandre de 1832 et surtout le redoutable *complot de Chambéry* de 1833, longuement raconté par nous, où son nom avait été prononcé.

Enfin, il n'était pas lui-même sans prêter flanc à la critique : nous l'avons dit et redit.

Après avoir cité une poésie enthousiaste du jeune Gaspard Mermillod, le futur évêque de Fribourg et Genève, qui le transformait en personnage de *Vitrail de cathédrale :*

> ... Le Seigneur t'a choisi pour chanter sa victoire,
> Il posa sous tes doigts le luth des Séraphins ;
> *Archange* d'ici-bas, oh ! célèbre sa gloire,
> Tes accents couvriront les blasphèmes humains.

(1) A. S. T. (17 décembre 1842).

> La haine te poursuit jusque dans ta patrie,
> Le serpent s'est dressé vers l'aigle radieux ;
> Poète, des méchants brave la calomnie :
> Ils rampent sur la terre et tu voles *aux cieux !*...

nous nous sommes empressé, avec un diamant très coupant, d'écrire cette suscription au bas dudit *vitrail :* « L' « archange d'ici-bas » était loin de jouir du bonheur céleste, et les « serpents » savoyards mordaient cruellement un « aigle » qui ne « volait » pas toujours « aux cieux »... On n'a pas le droit, tout de même, pour se donner l'air d'un monsieur qui fait des « révélations », de cacher ce que *nous seul* avons « révélé », avec pièces officielles à l'appui. publiées par nous pour la première fois.

III. — M. l'avocat Louis Raymond reproduit donc, avec une humble, très humble complaisance, les sévères appréciations portées sur le téméraire trouble-sommeil Jean-Pierre Veyrat qui voulait développer la Presse savoyarde, par Leurs Excellences qui n'avaient, elles, qu'à se féliciter de *la Feuille Sèche.*

« ... Ce M. Veyrat... est le même qui était en 1831 (*sic*) et en 1832 (*re-sic*) rédacteur de *l'Homme Rouge* qui s'imprimait alors à *Lyon.* Cet écrivain, après avoir professé pendant son séjour en France des opinions démagogiques, est *tout à coup*, et depuis quelques années, revenu à des principes monarchiques et religieux... CASAZZA (1). »

Nous ne reprocherons pas à Son Excellence Casazza del Valmonte d'avoir ignoré que *l'Homme Rouge* ressuscita à *Paris*, ni même que la conversion de J.-P. Veyrat fut *progressive* et non pas subite. Mais nous sommes surpris de voir Son Excellence ignorer qu'en 1831 J.-P. Veyrat était encore en Savoie, que la bagarre de Chambéry, cause de son exil, est de 1832, et que le premier numéro de *l'Homme Rouge* ne parut qu'en avril 1833 !... Ce n'était pas la peine d'être grand Chef de la Police pour être si mal renseigné. Ces erreurs grossières dévotieusement reproduites par M. l'avocat Louis Raymond, sans le moindre esprit critique, montrent tout de suite le cas qu'il faut faire des fameux « rapports » de ces Messieurs.

« ... *Je croyais que comme Gouverneur et représentant du Roi en Savoie j'avais quelques droits* (— c'est absolument le ton d'un potentat qui, ayant une fois jugé qu'on a empiété sur son *autorité*, va désor-

(1) A. S. T. et L. R., p. 33.

mais se buter et demeurer sourd aux explications les plus raison-
nables) à un *préavis* sur l'opportunité *ou non* (sic) de la création du
journal susdit ; cependant, *je ne sache pas que ni mon prédécesseur
ni moi aient été consultés* à cet égard, et surtout sur *les qualités morales
et politiques des rédacteurs* (— « des rédacteurs », dit-il, et non pas *du*
rédacteur Jean-Pierre Veyrat : quel pluriel délicieux !)... Au surplus,
je ne dois pas vous laisser ignorer que, d'après les nombreux récits
que j'entends de toutes parts, et qui émanent de sources dignes de
foi, *les rédacteurs* (— encore un pluriel délicieux !...) du *Courrier des
Alpes* sont *incapables* (— l'incapacité, maintenant : tous incapables
en crac...) de remplir la tâche qu'ils se sont imposée et qu'ils ont
annoncée ; elle est, *de l'avis de tout le monde* (comment? même de
ceux qui ont patronné le journal et qui constituent l'élite du monde
intellectuel savoyard et piémontais?), *au-dessus de leurs forces*, et
conséquemment (!) cette feuille ne pourra se soutenir (ce « conséquemment » digne de Pandore, et cette prédiction de Cassandre obstinée
à déprécier nos écrivains, n'empêchèrent pas « cette feuille » de « se
soutenir », même en plein différend Raymond-Veyrat !...) ».

Ainsi M. l'avocat Louis Raymond n'a *pas eu un seul mot de protestation* contre tout ce qui précède, et qui est cependant blessant pour
l'adversaire de Veyrat aussi bien que pour les autres rédacteurs du
Courrier !... Cette étrange ataraxie est expliquée par le *finale* de la
précédente symphonie, *finale* qui atteint, il est vrai, le seul Jean-
Pierre Veyrat, mais qui n'empêchera pas le lecteur de reprendre
da capo la symphonie en question, *veramente bellissima :*

« M. Veyrat ne jouit ici d'*aucune considération* et n'inspire de
confiance à personne (sans *considération* et sans *confiance*, comment
J.-P. Veyrat eût-il trouvé des encouragements, des collaborateurs et
des fonds pour la revue qu'il avait projetée?) DE LA PLANARGIA (1). »

« ... Il n'est pas rare... que des personnes hautement placées et
bien intentionnées se laissent dominer d'un *faux amour de la patrie*
et plus habituées à *traiter les* (sic) *ouvrages classiques* que les affaires
sociales, et entraînées par l'amour seul des *sciences que S. M. se
plait à protéger*, aient involontairement induit en erreur le roi ; il
ne faut donc pas s'étonner que ces mêmes personnes jugent le résultat
du *Courrier des Alpes* différemment *que celui que* j'avais pronos-
tiqué. — *Plusieurs* personnes respectables, hautement placées à
Chambéry, sont de mon avis, et la rédaction même des premiers

(1) La Planargia à Solar, 6 janvier 1843. — A. S. T. et L. R., p. 69.

numéros qui ont paru, en fournit la preuve. Les *contestations* qui se
sont déjà élevées, même *avant* la publication du Journal, et qui sont
aujourd'hui *pendantes devant le Tribunal, jointes* à la mauvaise réputation dont jouit M. Veyrat, tant sous le rapport de la *moralité* que
sous celui de la *politique* (aucun fait *positif actuel* n'est allégué contre
Veyrat ; il ne s'agit que de la « réputation » que lui a faite son *passé ;*
au point de vue *politique*, il est *évident* que Veyrat fut *irréprochable*,
à partir de son retour d'exil : ce qui infirme singulièrement la valeur
de l'appréciation symétrique de La Planargia relative à la *moralité*
de l'ancien *Homme Rouge)* sont des motifs pour lesquels on ne peut
pas espérer le résultat que S. M. s'est proposé en autorisant la publication. — Nous sommes ici voisins de deux pays où les journaux
s'amusent à observer les moindres actions des États de S. M. et
souvent ils connaissent mieux les choses que nous. (— Évidemment,
en France où J.-P. Veyrat avait fait du tapage avec ses *Italiennes*
et son *Homme Rouge*, et où les journaux avancés étaient hostiles
à la monarchie, sarde ou autre, il y avait danger que le passé révolutionnaire du journaliste fût rappelé : mais les idées justes ont
une valeur objective, indépendante de celui qui les émet : puis,
J.-P. Veyrat voulait justement, par le moyen de la Presse, réparer
le mal qu'il avait naguère pu faire en France, et, en réalité, les bons
journaux de Paris et de Lyon, — *Univers, Union des Provinces,
Institut Catholique*, — accueillirent ses articles avec bienveillance ;
quant aux feuilles rouges, elles ne purent se vanter de la désertion,
injurieuse pour elles, de leur ancien rédacteur). Dans cette considération, les personnes étrangères ou nationales ne peuvent qu'ac-
cueillir, *sinon avec malveillance*, du moins *avec froideur*, soit *les discussions politiques, soit celles religieuses et morales* écrites par une
personne *connue pour manquer de ces trois qualités et qui par cela
n'inspire aucune confiance.* (— Or, en dépit de ce charabia, *la Coupe
de l'Exil* et le *Récit* qui précède ce poème contiennent des idées et
même des « discussions politiques, religieuses et morales » ; et bien
loin d'être « accueillis avec froideur », ils avaient obtenu et obte-
naient toujours un succès inouï, en Savoie et en France ; quant à la
« confiance », nous le répétons, l'élite intellectuelle savoyarde et
piémontaise (et lyonnaise pour ne citer que M. l'avocat A. Rivet,
directeur de l'*Institut catholique)* la manifesta, large et enthousiaste
à J.-P. Veyrat, soit à propos de son projet de Revue, soit à propos de
ses articles au *Courrier.* Ce sont là des *réalités*, et ce serait *trahir la
vérité* que de les oublier, pour ne prêter l'oreille qu'aux rapports
d'une seule autorité étrangère, prudente certes, mais prévenue et

injuste envers J.-P. Veyrat !) C'est précisément parce que j'avais,
dès le principe, compris qu'un *manège* et une *ambition politique* mal
fondée (— on voit qu'en plus des pitoyables griefs ci-dessus mentionnés, S. E. a encore la *phobie* d'on ne sait quel *manège et ambition
politique !...)* avaient été la cause principale de la faveur accordée
au sieur Veyrat, que j'ai fait connaître avec franchise mon opinion
à cet égard, *pensant que vous l'auriez portée, Monsieur le Comte* (Solar
de La Marguerite) *à la connaissance de S. M. que je ne tromperai
jamais pour tout ce qui dépendra de moi...* (— Ceux qui savent *lire*
conviendront avec nous que cette *leçon de dévoûment au Roi,* donnée
par S. E. La Planargia à S. E. Solar protecteur de J.-P. Veyrat,
suppose entre ces deux personnages une animosité *politique,* — animosité *politique* dont J.-P. Veyrat, en mal mais aussi en bien, ressentit
les effets...) — ... il me peine trop d'avoir la *responsabilité d'une chose*
(— l'amélioration de l'aride *Journal de Savoie !) que je ne crois adaptée
au pays ni par elle-même, ni par les personnes qui y prennent part* (— cet
exceptionnel transalpin avait une bien piètre idée de la capacité
crânienne des lecteurs et des écrivains autochtones de Savoie : on
voit qu'ici il ne vise plus le seul Veyrat !) ... Je voudrais m'être
trompé, et voir les intentions du roi couronnées d'un bon succès,
et alors je conviendrais également que *les utopistes* et *les fanatiques
lettrés* (— sans commentaires), avaient jugé la chose mieux que *moi...*

DE LA PLANARGIA (1). »

On comprend mieux maintenant l'horreur des Savoyards, avant
comme après la Révolution, pour ce *gouvernement militaire* à la prussienne, dont un Joseph de Maistre avait supplié le roi de Sardaigne
de les délivrer.

A dater du 23 mars 1843, la rupture entre Veyrat et Raymond
était complète. J.-P. Veyrat, ne pouvant insérer dans le *Courrier*
des articles remarquables, dont un certain nombre existe encore
à l'état de manuscrits, songea à fonder *l'Abeille, revue savoisienne
de la Littérature, de l'Industrie et des Arts.* Consulté à nouveau, M. le
marquis de La Planargia, répondit :

« ... Mon opinion relativement au postulant n'a pas changé, c'est-
à-dire que *je n'ai pas de confiance dans la manière de voir de cet écrivain, ni sur la stabilité de ses nouveaux principes* (— en fait, l'ancien
Homme Rouge demeura inébranlablement fidèle à ses « nouveaux

---

(1) La Planargia à Solar, 12 janvier 1843. — A. S. T. et L. R., p. 70-71.

principes »)... — ... *tout en appréciant l'intention qui anime M. Vey-*
rat (— on dirait que S. E. se radoucit...), je vous ferai observer que
je ne vois pas trop quelle sera l'*utilité* de cette nouvelle feuille, car
les *journaux* et *autres ouvrages* admis dans les États de S. M. *soumis*
à l'examen de la censure, ne renferment jamais ou du moins rarement
des articles condamnables et auxquels il soit nécessaire d'opposer
une polémique ; il n'y aurait donc que *les journaux et ouvrages qui*
se publient à l'étranger qui peuvent entrer *en fraude* chez nous qui
présenteraient quelque danger (— or, ces publications étrangères
entrant *en fraude* chez nous étaient très nombreuses, et, en l'absence
de feuilles intéressantes capables de les concurrencer, elles faisaient
beaucoup de mal : Jean-Pierre Veyrat qui, jadis, en avait été la victime la plus célèbre, voulait justement en neutraliser les effets per-
nicieux) ; mais *contre ceux-ci je crois que la plume de M. Veyrat et*
celles de ses collaborateurs, quelle que soit la valeur qu'on leur attache,
seraient impuissantes (— ainsi, le très dévoué marquis de La Planargia désarme en présence du « danger », ou du moins, pour y parer,
ne trouve rien de mieux que de déclarer dédaigneusement « impuissantes » les plumes allobroges en général, car il ne parle pas ici du
seul J.-P. Veyrat !... Nous irons le dire au Roi...). — Au reste, le
postulant a un moyen bien simple de satisfaire son désir en matière
de *controverse* (— il ne voit que *polémique* et *controverse...*), sans
établir pour cela un nouveau journal : c'est d'ajouter comme les
journaux étrangers, au *Courrier des Alpes,* tous les huit ou quinze
jours, une feuille supplémentaire qui sera exclusivement consacrée
aux articles qu'il se propose de faire paraître dans l'*Abeille* (— l'idée
en soi était bonne, mais irréalisable, vu la brouille de Veyrat et de
Raymond), car en *Savoie* (— oyez, oyez, bons Savoyards !) *un journal*
qui traiterait exclusivement de littérature et de sciences aurait, je pense,
peu d'abonnés (— cette piètre idée de la curiosité littéraire et scientifique des Savoyards est très flatteuse pour eux : on est en droit de
transcrire ces lignes avec moult respect et dévotion, parce qu'elles
ont *l'air* d'atteindre le seul trouble-sommeil Jean-Pierre Veyrat...),
et ne pourrait se soutenir longtemps, à moins qu'il ne fût *subven-*
tionné (— *a priori,* il ne faut pas songer à une *subvention* du gouvernement : en avant, les *impedimenta* intellectuels, au nom de la *san-*
tissima virtù dell' economia ben intesa, comme si la Savoie ne four-
nissait pas au trésor sarde son sérieux contingent d'impôts !)...

De La Planargia (1). »

(1) La Planargia au comte Lazari, 25 avril 1843. — A. S. T. et L. R., p. 99.

Tels sont les terribles « rapports » du terrible La Planargia. Encore une fois, ils ne contiennent pas *l'ombre* d'un grief positif, précis, visant la conduite actuelle de l'ancien *Homme Rouge*...

Il a semblé à notre fierté nationale qu'on aurait dû faire sonner moins haut le témoignage de ce massif serviteur de la monarchie, qui, prudent et dévoué à sa manière à la cause du roi, était non seulement plus royaliste que le roi lui-même, mais que son ministre absolutiste Solar (ce qui n'est pas peu dire !) ; de cet autocrate tout bouffi de suffisance et de morgue, vexé de ce que Jean-Pierre Veyrat fût arrivé à ses fins en se passant de lui ; — de ce contempteur convaincu des « utopistes » et « fanatiques lettrés », et même des « sciences que S. M. se plaît à protéger » ; — de ce psychologue hors ligne qui avait le front de soutenir que la *Feuille Sèche* était seule à la mesure intellectuelle des fiers Allobroges, et que l'entreprise si intéressante, mais *bien modeste* encore, du *Courrier des Alpes*, n'était « adaptée au pays ni par elle-même ni par les personnes qui y prennent part » (notez qu'il ne s'agissait pas d'une liberté absolue et dangereuse de la Presse, mais de l'amélioration d'un journal *bien pensant!*) ; — qui jugeait les Savoyards *incapables* de rien écrire qui pût égaler les productions de l'étranger, et englobait dans la même dédaigneuse dépréciation lecteurs et écrivains de chez nous, Raymond compris, Raymond qui avait l'incontestable mérite d'écrire correctement ce français qu'il écorchait, lui, de si belle manière...

Son Excellence n'était point partisan de « ces libertés justes et honnêtes qui empêchent les peuples d'en convoiter de coupables », libertés recommandées par le génie et le bon sens d'un Joseph de Maistre.

Le Savoyard, — *testa dura, mà per la ragione,* — admirera ce paladin de l'Étouffoir, ce chevalier émérite de l'Éteignoir en Savoie, dans le domaine même de la *bonne cause.* Le témoignage *antiveyratiste* d'un pareil personnage sera récusé, parce que, avant tout, c'est un témoignage *antisavoyard.* Il est interdit de faire fond sur lui au point de vue moral, puisque aucune faute réelle n'y est mentionnée à la charge de J.-P. Veyrat ; et, au point de vue intellectuel, il est *honorable* pour le poète, ainsi préservé des approbations compromettantes d'un ennemi des lettres, des sciences et des arts.

Mais de ce témoignage ressort aussi une vérité qu'il importe de souligner. Nous avons noté qu'une vague rumeur, semée par d'invisibles et prudents ou mieux lâches ennemis, jaloux de la bienveillance royale dont il était l'objet (mais qui ne l'enrichit jamais, heureusement), tendait à faire planer sur l'ancien *Homme Rouge* le soupçon d'avoir dénoncé d'anciens coreligionnaires.

Certes, J.-P. Veyrat abominait ces *clients* qui acceptent avec force courbettes et protestations de dévoûment la sportule du *patron*, quittes à blesser sournoisement la main qui la leur tend : gens odieux et *dénonçables*. On sait avec quelle crânerie, lui, il afficha toujours ses opinions. Qu'au cours d'une conversation, il n'ait pu s'empêcher d'en stigmatiser quelques-uns, c'est fort possible et fort *bien fait*...
« ... Pour beaucoup de ses compatriotes, écrit M. L. Raymond, p. 27, la faveur royale qui lui était venue si subitement et si inexplicablement, semblait avoir été le prix de quelque basse complaisance. Il n'existe *pas*, à ce sujet, il est vrai, *une seule précision*, ce n'est qu'une *supposition* contre laquelle, faute de preuves, on a raison de s'élever ; mais il est certain que cette suspicion existait et que même encore aujourd'hui elle subsiste dans certains esprits. »

Eh bien ! les rapports si hostiles à J.-P. Veyrat de MM. les *grands-vizirs* du Duché de Savoie prouvent au moins une chose : c'est qu'il n'appartint jamais à leur odieuse et intolérable police.

Voilà ce que « révèlent » les « révélations » de M. l'avocat Raymond.
— « Le diable porte pierres. » On sera étonné du nombre de « pierres » que l'inimitié, qui les lançait en guise de projectiles, a accumulées sans le savoir au pied du monument de piété nationale élevé en l'honneur de J.-P. Veyrat... afin d'en orner le soubassement.

VII

Nous en arrivons au reproche que nous adresse notre contradicteur d'avoir donné le *prénom* de *C. M.* (Claude-Melchior) au lieu de *J. M.* (Jacques-Marie) au Raymond qui eut des démêlés avec J.-P. Veyrat, — reproche naturellement sassé et ressassé, p. 12 :

« ... Aussi lorsqu'il y a quelques mois, nous fut signalée, de diverses parts, la publication d'un ouvrage nouveau sur Jean-Pierre Veyrat, qui contenait, nous disait-on, des attaques contre *Claude-Melchior Raymond*, puisque tel était le nom du Journaliste, nous sommes-nous tout d'abord contenté de *sourire*. Nous savions, en effet, que ce n'était point Claude-Melchior Raymond, l'*Avocat* (— avec une majuscule), mais bien son frère, le *professeur* (— avec une minuscule) Jacques-Marie, qui seul avait eu des rapports avec Veyrat. Nous pensions, par suite, avec quelque vraisemblance, qu'un écrivain qui commettait *à la base (!)* une *telle confusion* (— confusion évidemment scandaleuse, puisqu'elle concerne, non pas les personnes, mais les prénoms !) *n'avait ni compulsé un seul document ni ouvert un seul ouvrage ayant trait à la question* (— des mots ! des mots ! et encore des mots : nous allons aussitôt le prouver par d'irréfutables *documents).* »

— *Avec nombre de chroniqueurs savoyards* et avec l'aide du *Courrier des Alpes* lui-même, nous avons confondu deux glorieux *prénoms*, mais jamais au grand jamais les *personnes*, et les *personnes* seules importent dans ce débat. Tous les rabâchages emphatiques du monde ne pourront nous convaincre sur ce point d'erreur *de base*, d'erreur *essentielle* et *fondamentale.*

M. l'avocat Louis Raymond emploie volontiers des métaphores belliqueuses (cette maudite guerre a exercé une influence considérable sur la *littérature* française). Il nous parle, p. 116, des « méthodes de *camouflage* qui rendirent de si grands services sur le front ! » Nous ne savons si la grossière « méthode de camouflage » qui consiste à écrire *au minium* et en caractères *gigantesques :* erreur *à la base...* sur une erreur purement *prénominale* rendra « de si grands services » à l'apologiste de l'adversaire de J.-P. Veyrat. En tout cas, il aurait dû songer que ce n'est pas en peinturlurant de fallacieux canons sur les carcasses croulantes de ses mauvais bateaux, que le « colosse russe » a empêché le petit Jap de lui administrer une maîtresse défaite navale.

« M. Berthier, avoue, p. 106, M. L. Raymond, n'est point le seul qui ait considéré Claude-Melchior Raymond comme le fondateur du *Courrier*, et le *Courrier* lui-même, le fait est *assez piquant* (— le fait est... *unique* dans les annales du journalisme), imprima cette erreur. Le véritable fondateur, — l'adversaire de Veyrat, — J.-M. Raymond, qui était encore vivant, ne fit aucune protestation publique ; il était pour cela bien trop modeste... » Et il cite comme étant tombés dans la même erreur Bonjean, Gondran, Tardy... « Mais lorsqu'il s'agit d'incriminer quelqu'un, il n'est plus permis de se tromper... »

— Le regretté Claudius Bouvier, avec lequel, — naturellement, — nous nous étions entretenu de cette affaire (c'est même, grâce à son intervention passablement énergique que nous avons pu dépouiller à loisir le dossier Veyrat sur lequel il avait des droits, dossier un instant introuvable aux Archives de l'Académie de Savoie), nous avait donné, sur *le professeur de mathématiques Raymond, fondateur* ou mieux *co-fondateur* (avec J.-P. Veyrat) du *Courrier*, nombre de renseignements très circonstanciés, très concrets, même au point de vue physique, tels que son érudition et son humour savaient les prodiguer. Que l'erreur en ce qui nous concerne ait été purement *prénominale*, l'examen de notre texte lui-même *ne permet pas* d'en douter un instant. Comment aurions-nous pu parler de style « terne, glacial », à propos du Raymond qui succéda au *Courrier* à l'adversaire de Veyrat, journaliste universellement connu par son style *enflammé...* au souffle ardent duquel l'ancienne *Feuille Sèche* cessa d'être *sèche...* mais pour *prendre feu...* qui fit succéder au morne battement de *la Cloche de bois* de J.-M. Raymond, les envolées bruyantes du satirique *Carillon* (1)... et dont Pillet écrit : « ... Ses articles sortaient ordinairement d'un seul jet de son cerveau, et sa plume *de feu* ne cessait de courir jusqu'à ce que la matière fût épuisée... » ? Comment, à supposer réelle notre hostilité à l'égard dudit Raymond, n'aurions-nous pas poursuivi avec délices la citation de l'impartial Pillet : « Cette méthode avait pourtant donné naissance chez M. Raymond à un *défaut* (— oui, et un *très grave* défaut !) que nous ne pouvons passer sous silence : ce défaut consistait à *ne pas savoir s'arrêter à propos...* »

Certes, en voilà des *documents*, et qui, ceux-là, *prouvent* quelque chose... en faveur d' « un écrivain qui commettait *à la base (!)* une telle confusion... » et qui « n'avait ni compulsé un seul *document* ni ouvert un seul *ouvrage* ayant trait à la question »... Ils prouvent son érudition et aussi sa générosité.

Ainsi, quand, *par générosité pure envers les Raymond*, nous avons fait silence sur le « *privilège Raymond* » ; quand, *par générosité pure envers les Raymond*, nous avons fait silence sur les *très graves défauts* de l'avocat-journaliste qui plaida contre Jean-Pierre Veyrat ; quand nous nous en sommes tenu au *minimum* de critiques réclamé par

(1) Parlant de C.-M. Raymond, L. Pillet écrit dans son *Histoire de l'Académie de Savoie*, p. 119-120 : « Nous reconnaissons qu'on ne saurait porter trop de *respect aux hommes investis de la confiance du souverain et des représentants du pays*, et que les attaques *trop violentes* dirigées contre eux, en supposant encore qu'ils aient tort, ne peuvent que porter *atteinte à ce principe d'autorité si nécessaire à toute forme de gouvernement*. Quelques articles improvisés dans le *Courrier des Alpes*, et surtout dans un journal satirique, *le Carillon*, n'ont *pas toujours su respecter ces sages limites*. Ces réserves ne doivent pas nous empêcher de reconnaître le talent de M. Raymond (C.-M.) comme écrivain politique... » — On peut ajouter que l'adversaire de Veyrat fut toujours le ponctuel gazetier du régime *absolutiste*, tandis que son successeur au *Courrier* avec lequel, en dépit de toute vraisemblance, on nous accuse avec emphase de l'avoir personnellement confondu, « intimement convaincu de la supériorité des institutions *représentatives*, acceptant ces institutions comme un généreux octroi de la part du monarque... s'appliqua d'abord à en développer la théorie, en y employant ce luxe de pensées, cet éclat d'expressions qui lui étaient propres... Mais les instants où l'on put s'occuper de théorie passèrent bien vite ; une autre arène s'ouvrit, arène brûlante... » — L. Pillet, *ibid.*

l'objet de notre Étude, on nous accuse d'avoir cédé à un « ressentiment inexplicable... s'étendant à *toute la famille* » Raymond. Nous n'avons besoin de la *reconnaissance* de personne, mais nous sommes en droit d'exiger la *justice* de tout le monde. Nos compatriotes apprécieront.

Revenons à C.-M. Raymond. A supposer que notre hostilité contre lui ait été réelle, et que nous l'ayons personnellement confondu avec l'adversaire de J.-P. Veyrat, comment n'aurions-nous pas noté avec Pillet, en déplorant ce cruel retour des choses, que, tel un « triste Veyrat », il eut, lui aussi, dans cette ingrate carrière de journaliste, « à supporter *bien des dégoûts*, à endurer *bien des amertumes* », et que « malgré les convictions profondes qui le soutenaient, malgré ses triomphes, *son cœur s'ulcéra*, et sa constitution physique si forte, si puissante, s'ébranla au point de le conduire à *une fin prématurée* (1). »

C'est bien *exclusivement* du *véritable* adversaire du poète Jean-Pierre Veyrat que nous nous sommes occupé. Les traits relevés dans le portrait de ce terne et positif journaliste *ne peuvent pas*, de toute évidence, s'appliquer au portrait de son brillant et bouillant successeur au *Courrier*. Dans ces conditions que chacun peut vérifier, — en dépit de tous les *tam-tams*, — on n'a pas le droit de parler d'*erreur à la base*, d'erreur fondamentale : il ne s'agit que d'une pauvre confusion de prénoms (éparse du reste dans l'atmosphère et presque universelle), — erreur *prénominale*, vénielle, insignifiante.

— De plus, nulle part nous n'avons dit que Raymond avait « fait appel » à J.-P. Veyrat comme à « une compétence de son choix » (2)...
— « Veyrat *résolut* de le faire *verdir* (le *Journal de Savoie)* », avons-nous écrit (3)... « Résolut » : l'initiative vint donc de J.-P. Veyrat...

Il n'est pas difficile d'exorciser les horrifiques phantasmes issus d'une imagination oublieuse de la réalité. Il suffit de faire appel à la lumière, à l'évidence.

---

(1) Louis Pillet : *Histoire de l'Académie de Savoie*, Chambéry, 1892 ; — notice sur C.-M. Raymond, p. 116-121. Pillet utilise et cite parfois mot à mot Léon Ménabréa, *Mém. Acad. de Sav.*, II, 2e Série, p. LV.
(2) L. R., p. 107.
(3) A. B., p. 172.

VIII

En présence d'un fait aussi visible, on s'est étonné que M. l'avocat Louis Raymond, au lieu de présenter à ses lecteurs le portrait, et, s'il y tenait, l'oraison funèbre de *l'adversaire de Veyrat*, leur ait présenté, au seuil de sa *Réponse*, le portrait et l'oraison funèbre d'un *autre* Raymond qui n'avait rien à voir en ce débat.

« Le 1er avril 1854, une édition spéciale du *Courrier des Alpes* annonçait aux habitants de Chambéry et de la Savoie la mort inattendue de l'homme qui depuis huit années était l'âme même de ce journal. Le surlendemain, une foule immense, qui n'avait pas assez de place pour se dérouler de la maison mortuaire jusqu'à l'église de Lémenc, accompagnait son cercueil... etc... etc... »

Nous ne savons comment apprécier l'à-propos de ce pathétique dans la discussion d'un point d'histoire ; mais nous savons bien que ce morceau a été aussitôt qualifié de *hors-d'œuvre*, et, pour son malheur, de *hors-d'œuvre d'avocat*, destiné à jeter un glorieux reflet sur la figure très terne et effacée de l'adversaire de Veyrat.

Nous trouvons ensuite dans cette *Réponse* un éloge de Raymond *père*, accompagné d'un extrait de son testament. Dans ce testament, G.-M. Raymond recommandait en particulier « ... la résignation dans les peines... » et l'exercice du « précepte de la Charité chrétienne en venant au secours des infortunés dans toutes les occasions... »

Qui fut plus « infortuné » que l'infortuné poète de *la Coupe de l'Exil* et plus digne de bénéficier de cette « charité chrétienne »?... Il nous a toujours semblé que Jean-Pierre Veyrat aurait trouvé auprès du vieux G.-M. Raymond, — qui avait dû, étant Secrétaire général du Département du Mont-Blanc, coudoyer en toute patience et politesse des collègues et collaborateurs autrement révolutionnaires et impénitents que l'ancien *Homme Rouge*, qui savait quelle amère et complexe chose est parfois cette vie d'épreuves où nous nous débattons, — il nous a toujours semblé, disons-nous, que Jean-Pierre Veyrat aurait trouvé auprès du vieux G.-M. Raymond, non seulement les égards que personne ne refuse à un grand malade, mais encore les encouragements et les consolations que les esprits distingués aiment à prodiguer aux poètes et aux artistes malheureux...

Après l'éloge de Raymond *père*, M. l'avocat Louis Raymond revient à l'oraison funèbre du précédent Raymond étranger au débat. Il finit par nous dire un mot de *l'adversaire de Veyrat:* « ... La personnalité *moins accusée* de son frère Jacques-Marie, fondateur du Journal, *s'effaça derrière la sienne*, et c'est à lui seul que l'on attribua la création en 1843 de cette feuille à laquelle il n'appartint en fait que trois ans plus tard... »

Aussitôt, l'oraison funèbre du Raymond étranger au débat reprend de plus belle. Puis, nous en venons à l'esquisse des débuts de la Presse en Savoie et au différend Raymond-Veyrat. Mais, vers la fin de la *Réponse*, nous retrouvons la suite de l'oraison funèbre ci-dessus mentionnée, une reproduction de l'épitaphe du héros... étranger au débat, et une invitation à nous rendre dans le cimetière de Lémenc, « dans ce petit enclos où dorment à l'ombre de l'antique église nombre de « Chambériens notoires de la première moitié du XIXe siècle. » Et en note: « Gabriel Pérouse : *le Vieux Chambéry...* », guide où nous sommes surpris de ne trouver aucune mention d'un *Raymond* quelconque...

On voit le « procédé » : il consiste à provoquer, par des hors-d'œuvre pathétiques, l'émotion — et la distraction — du lecteur... au préjudice de sa froide réflexion sur le cas déterminé dont il s'agit, — au risque de créer ou de prolonger une *confusion* dont on est le premier à se plaindre. C'est si vrai que M. Camille Dijoud, journaliste expérimenté, qui ne veut pas prendre parti dans notre discussion, vient d'écrire dans l'*Écho de Savoie* (5 mars 1922), après avoir lu la brochure de M. l'avocat Louis Raymond, *justement destinée à combattre cette erreur :*

« ... M. Louis Raymond, avocat à Chambéry, s'est institué le défenseur éloquent et irrité d'une mémoire qui lui est chère, la mémoire de *Claude-Melchior* Raymond, directeur du *Courrier des Alpes, avec qui Veyrat eut des démêlés* qui assombrirent les derniers jours de son existence malheureuse et tourmentée... »

Ainsi, après avoir lu la rectification tempêtueuse de M. l'avocat Louis Raymond, M. Camille Dijoud en arrive à commettre la même erreur... *prénominale* que nous, — pourvu, cette fois-ci, que l'erreur ne soit pas... *personnelle*, vu le beau portrait de *Claude-Melchior* Raymond qui orne seul la *Réponse* de M. l'avocat Louis Raymond !... *C'est bien fait.* Pareille confusion, vu l'extrême habileté du démonstrateur, *est plus à craindre que jamais.* Et l'on songe à la remarque du bonhomme La Fontaine :

> Tel, comme dit Merlin, cuide engeigner autrui
>   Qui souvent s'engeigne soi-même.
> J'ai regret que ce mot soit trop vieux aujourd'hui :
> Il m'a toujours semblé d'une énergie extrême.

Parlez-nous de *l'adversaire de Veyrat*, du solide Raymond qui survécut vingt-deux ans au pauvre poète et douze ans au brillant polémiste dont vous nous rebattez les oreilles !...

« La netteté est le vernis des maîtres. La clarté est la bonne foi des philosophes », a dit Vauvenargues.

Nous ne voulons humilier personne, et nous nous privons *volontairement* du *mordant* dont il nous serait facile, comme à tout homme de Savoie et de France, d'agrémenter cette aride discussion.

Un lecteur, nullement hostile à Raymond, caractérisait ainsi cette *Réponse :* « *Un amas d'inexactitudes et d'exagérations, de commentaires pitoyablement tendancieux et illogiques alourdissant des textes innocents, — et placé, avec une habileté qui n'échappe à personne, entre deux tranches d'une oraison funèbre absolument étrangère au différend Raymond-Veyrat.* » Il ne fallait pas confondre histoire avec plaidoyer *pro domo.*

M. l'avocat Louis Raymond ne renonce pas facilement à sa veine funèbre. Voici que, p. 120, il développe d'une voix grave l'argument aussitôt appelé l'*Argument des Deux Cortèges :*

« L'un et l'autre moururent pauvres (— non, pas également pauvres : *le pauvre*, c'est *le Poète)*, mais tandis que toute la ville suivait le cercueil de Cl.-M. Raymond (— étranger au débat), ce fut *presque honteusement*, dans l'aigre bise de novembre, que la dépouille mortelle de J.-P. Veyrat, accompagnée de quelques rares jeunes écrivains, fut *jetée à la fosse commune...* Cependant, le Savoyard *en général* désarme devant la mort... » C'est fort exactement dit : *en général.* Nous avons raconté les funérailles désolées de J.-P. Veyrat, sur lesquelles *tous les écrivains* se sont attendris jusqu'à M. l'avocat Louis Raymond *exclusivement;* mais nous n'avons jamais dit un *seul* mot de la mort de l'adversaire de J.-P. Veyrat. Ici, nous sommes tenté de quitter la plume et de laisser notre contradicteur seul sur la tombe d'un poète infortuné. Nous préférons nous incliner, en répétant la pensée de Pascal qui est vraie pour tous : « Le dernier acte est sanglant, quelque belle que soit la comédie en tout le reste. On jette enfin de la terre sur la tête et en voilà pour jamais. »

IX

Voici de notre part une « affirmation absolument mensongère », que M. l'avocat Louis Raymond imprime en lettres *capitales*, — probablement pour faire croire à une exécution capitale.

Ici encore, il nous sera facile de démontrer par $a + b$, non seulement notre absolue bonne foi, mais encore l'absence radicale de toute erreur *de re*, concernant *la chose, le fait*.

Nous avons écrit (1) : « Nous ne voulons pas nous laisser égarer par notre sympathie pour le malheureux poète, et tenons à ce que le lecteur ait sous les yeux les pièces essentielles de l'affaire Veyrat-Raymond.

A la mort de J.-P. V. un journal de Lyon, l'*Union des Provinces*, lui consacra un éloge funèbre qui finissait en ces termes :

« ... En 1842, Veyrat fonda à Chambéry le *Courrier des Alpes*... Veyrat était désormais plus qu'un poète : c'était un penseur, brillant comme de Maistre, mais un penseur plus profond (?) au dire de quelques-uns... (— le point d'ironique interrogation était de nous, car nous jugeons insoutenable pareille proposition)... Cependant de mesquines tracasseries, qu'il ne servirait à rien de rappeler maintenant, étouffèrent sa voix... »

« Le *Courrier des Alpes* reproduisit cet éloge funèbre, le 26 novembre 1844, mais en le faisant suivre de la rectification suivante signée C. M. R. (C.-M. Raymond) : « Nous ne dirons rien de l'exagération qu'il peut y avoir à comparer, comme philosophe et comme penseur, Veyrat à l'illustre auteur des *Soirées de Saint-Pétersbourg ;* mais nous croyons devoir, dans l'intérêt de la vérité, relever ici deux inexactitudes relatives au *Courrier des Alpes :* la première, c'est que M. Veyrat n'a point été le fondateur de cette feuille, à laquelle il avait été seulement attaché comme l'un (?) des principaux rédacteurs ; la seconde, c'est qu'il est faux que des tracasseries lui aient été suscitées et aient étouffé sa voix ; il a cessé volontairement de prendre part à la rédaction, par suite de l'impossibilité où il était de s'en occuper, à raison de la maladie de poitrine qui le minait depuis plusieurs années et qui s'aggravait de jour en jour. »

(1) A. B., p. 179.

« Ainsi le directeur-propriétaire du *Courrier* eut le dernier mot dans ce grave malentendu, puisque le directeur politique et littéraire n'était plus là pour lui répondre. »

L'addition de la signature provenait d'une confusion bien excusable pour quiconque a dû comme nous manier un nombre considérable de fiches et de notes.

Là-dessus M. L. Raymond écrit, p. 112-113 : « Or, la rectification, qui se trouve en note, au bas de la dernière colonne de la troisième page du *Courrier des Alpes* du 26 novembre 1844, n'est suivie d'aucune signature, ni d'aucunes initiales, ni d'aucune indication quelconque, et M. Berthier, qui va jusqu'à préciser ce que signifie ce C.-M. R. qu'il affirme trouver sous la note en question, fait là une affirmation absolument mensongère, et que l'on appréciera d'autant plus sévèrement qu'il l'a fait précéder d'une attestation formelle d'exactitude et d'impartialité. »

— Or, nous le demandons à tout juge de sang-froid : en quoi l'absence de ladite signature empêche-t-elle ladite note d'être *l'expression fidèle de la pensée de Raymond, seul à la tête du* Courrier *depuis la mort de Veyrat?*... Au point de vue des *idées* qui, seules, intéressent dans le passage en question, l'adjonction de cette signature *inutile* n'ajoute ni ne retranche rien... Parcourez la série des doléances de Raymond, vous y trouverez les idées mêmes que résume cette note :

1º Raymond n'a jamais égalé Veyrat à de Maistre ;

2º Raymond a toujours soutenu que Veyrat n'était pas fondateur du *Courrier ;*

3º Raymond n'a jamais voulu reconnaître à Veyrat son indépendance comme rédacteur politique et littéraire, et ne l'a regardé que comme l'un de ses principaux rédacteurs ;

4º Raymond a toujours dit que c'était la maladie, et non pas ses tracasseries, qui avait étouffé la voix de Veyrat. Si la note en question n'eût pas été l'expression de sa pensée, Raymond, *seul à la tête du Courrier depuis la mort de Veyrat*, ne l'eût point laissé imprimer.

Alors, de quel droit M. l'avocat Louis Raymond ose-t-il parler d' « altérations caractérisées de la vérité... altérations voulues, calculées... »?... Avant d'écrire, il eût mieux fait de réfléchir, de *mesurer la portée de ses paroles*, dont tous comprendront désormais l'exagération et l'inexactitude continuelles.

X

I. — Autre reproche, à propos d'*insignifiantes* omissions typographiques. « Autre fait, s'écrie Mᵉ L. Raymond, p. 111-112 : M. Berthier a cité (p. 180) la lettre du comte Avet qui *solutionne* le différend (— non, le *différend* n'a pas été *solutionné;* la question n'a jamais été *résolue,* mais simplement *arrangée:* quand on a fait du droit, on est tenu de se servir de termes techniques exacts). Il en a eu en mains, comme nous-même, l'original qui est aux Archives de l'Académie de Savoie, dont il a eu communication. La reproduction qu'il donne de cette lettre *n'annonce aucune coupure* (— ce n'est pas vrai : l'omission typographique n'a pas été si complète qu'elle n'ait laissé subsister dans notre texte, un « *de plus* », qui, de toute évidence, indique bel et bien la *coupure involontaire* d'un membre de phrase précédent!). la citation a toute l'apparence (— pour les aveugles, surtout les aveugles volontaires) d'une citation intégrale, cependant elle est incomplète : la lettre a été *amputée de tout ce qui pouvait être considéré comme défavorable à Veyrat* (— or, cette prière qu'Avet adressait à Veyrat : « J'ai promis... que *vous vous désisteriez de toute instance judiciaire* (contre Raymond) *sans aucune réclamation...* » prière involontairement omise, — mais du reste, *répétée intégralement dans une autre partie de notre texte :* « Je vous invite toutefois à m'écrire officiellement pour m'annoncer que *vous vous abstiendrez de toute ultérieure poursuite judiciaire* (contre Raymond) » — cette prière, disons-nous, qu'Avet adressait à Veyrat, loin d'être « défavorable à Veyrat », lui était au contraire *très favorable,* puisqu'elle supposait le caractère sérieux de la plainte formulée par Veyrat contre Raymond et le danger que faisait toujours courir à Raymond l' « instance », la « poursuite judiciaire » de Veyrat... Qui désormais pourra se fier aux affirmations retentissantes de M. l'avocat Louis Raymond?). Pour en juger, le lecteur n'a qu'à se reporter à la citation intégrale que nous en donnons plus haut (p. 91) : les passages imprimés en italiques sont ceux que M. Berthier a supprimés. »

Voyons p. 91 ; en note : « Les passages imprimés en italiques dans notre citation, ne se retrouvent point dans celle qu'en fait M. Berthier (p. 180). Nous reviendrons sur cette étrange mutilation du document. » Cette façon de disposer sa matière permet d'impres-

sionnantes répétitions ; heureusement les répétitions impressionnantes ont tout juste la valeur de la chose répétée, et ici, cette valeur
est *nulle*.

Voici la reproduction intégrale de la lettre confidentielle du comte
Avet à Jean-Pierre Veyrat ; les mots en italiques ont involontairement été omis dans notre texte ; on en verra le peu d'importance :

Turin, 7 octobre 1843.

« Monsieur et honorable compatriote,

Votre affaire avec M. Raymond est une affaire réglée et entendue
avec le Ministre des Affaires étrangères (— Solar de La Marguerite),
qui même par le dernier courrier doit avoir notifié les intentions de
S. M. à cet égard. Vous recevrez exactement et sans plus de difficultés les quinze cents livres annuelles qui vous sont allouées. J'ai
promis en votre nom, et par forme de transaction, *que vous vous
désisteriez de toute instance judiciaire sans aucune réclamation* (— on
voit qu'il s'agit de l'omission d'un passage, très favorable à Jean-
Pierre Veyrat lui-même) ; que de plus (— répétons-le : ce « *de plus* »
indique quelque chose qui *a précédé* et qui a été omis involontairement : « J'ai promis en votre nom, et par forme de transaction que
de plus... » *De plus* que quoi ?... avant il n'y a rien !), que de plus vous
coopéreriez spontanément à la rédaction du journal, sans que M. Raymond puisse exercer aucune coaction pour cet objet ; ainsi, en cas de
maladie, ou pour tout autre motif *légitime* qui vous empêcherait de
payer votre tribut (— on voit que *légitime* est ici, vu le contexte, un
simple pléonasme... vertueux), vous n'éprouverez de sa part aucune
insistance ; c'est une raison de plus pour que vous acquittiez avec
quelque sollicitude une dette qui, par là même qu'elle est volontaire,
engage davantage votre délicatesse et vos sentiments nationaux
(— les « sentiments nationaux » de J.-P. Veyrat, reconnus par Avet
et toute la Savoie, demeureront sa plus belle gloire). Je vous fais
part de tout ceci *très* confidentiellement (— ce *très* n'ajoute rien
au caractère visiblement confidentiel de cette lettre). Je vous invite
toutefois à m'écrire officiellement pour m'annoncer que vous vous
abstiendrez de toute ultérieure poursuite judiciaire (— nous l'avons
dit : on trouve dans notre texte la répétition du passage omis plus
haut ; on peut parler, comme on voit, de « cette étrange mutilation du
document »), du moment où vous avez l'assurance que les intentions
bienfaisantes du gouvernement concernant l'allocation de 1.500 francs
en votre faveur seront exécutées, et que de plus, vous vous empres-

serez, autant que votre santé vous le permettra, de contribuer à la prospérité du journal (— on voit que le comte Avet reconnaît les services de J.-P. Veyrat au *Courrier des Alpes)* par la communication de quelques articles. J'ai besoin de cette déclaration de vous, pour acquitter la promesse que j'ai faite au comte de La Marguerite, pour l'amener au but vers lequel je tendais, celui de vous assurer une *espèce de* pension viagère sur le Journal de Savoie, sous la condition ci-devant énoncée (— sur cette « *espèce de* » M. l'avocat Louis Raymond a fondé de si brillantes espérances, que nous examinerons à part cette importante question ; que nos lecteurs se rassurent : ils ne s'ennuyeront pas). Cette négociation, que j'ai conduite à terme non sans quelque difficulté, vous prouvera que l'intérêt que je vous porte n'est pas resté inactif.

Je suis à la hâte, mais avec les sentiments les plus affectueux,

Votre dévoué compatriote,

AVET. »

... On avait mis des gens au guet,
Qui, voyant sur les eaux de loin certain objet,
Ne purent s'empêcher de dire
Que c'était un puissant navire.
Quelques moments après, l'objet devint brûlot,
Et puis nacelle, et puis ballot,
Enfin bâtons flottants sur l'onde (1).

II. — Nous le répétons : le *différend* ne reçut jamais de solution judiciaire. L'*arrangement* susdit n'est dû qu'à la bienveillance du roi Charles-Albert (qui n'abandonna jamais Veyrat, ni sa veuve ni son fils), du comte Avet (on a vu avec quels sentiments de *confiance,* d'*estime* et d'*affection* il parle à Veyrat) et du comte Solar de La Marguerite, qui, pour tirer Raymond d'embarras, mit de l' « intérêt » à aviser aux « moyens d'*arranger* le différend ».

Le 9 novembre 1844, vers les 3 heures de l'après-midi, le plus grand des poètes de la Savoie avait cessé de souffrir. Il était mort dans un dénûment qui avait ajouté à ses cruelles souffrances. Aucune édition spéciale de ce *Courrier des Alpes* auquel il avait insufflé la vie, n'annonça son décès aux « habitants de Chambéry et de la Savoie ». Sa veuve ne demanda pour lui que le genre d'appareil funèbre dont ses faibles ressources lui permettaient d'acquitter les frais : « Mon malheureux frère n'est plus, écrivait, le 10 novembre 1844,

(1) La Fontaine : *Fables*, IV, x : *le Chameau et les Bâtons flottants.*

à son frère· aîné Claude-Joseph, la *Révérende Mère Marie-Félicité.*
Hier vers les 3 heures après midi, il a rendu les derniers soupirs
entre les bras de deux Pères Capucins... *Comme la bourse du pauvre
défunt était assez épuisée, sa sépulture a été bien modeste (1)...* » Nous
ignorons quel fut le degré de splendeur du service funèbre qui fut
célébré, quelques jours après, en l'église métropolitaine, pour le repos
de son âme. Mme Jean-Pierre Veyrat, malgré sa pauvreté, aurait
pu sans crainte commander des solennités de première classe : car
Monseigneur l'Archevêque, qui avait plus d'une fois visité son mari
sur son lit de souffrances, et le clergé de la métropole, où le défunt
ne comptait que des amis compatissants, n'auraient pas été insen-
sibles à sa douloureuse situation... Elle s'adressa à l'excellent comte
Solar pour le règlement de la succession de son mari. M. l'avocat
Louis Raymond reproduit la lettre qu'écrivit sur ce sujet à Raymond
le comte Solar (2).

« GÊNES, le 16 novembre.

« Monsieur, — D'après l'intérêt que j'avais mis aux moyens d'*arranger* le différend qui existait entre vous et M. Veyrat, je devais penser
que vous seriez le premier à me donner avis de sa mort. J'ai donc
raison d'être surpris que vous ayez négligé de le faire, d'autant
plus qu'à en croire ce qu'on m'a dit au sujet de vos longues discussions,
vous n'auriez pas accompli entièrement les conditions du contrat
que vous aviez passé avec lui, et qu'ainsi vous auriez un compte à
régler avec sa veuve. Il résulterait, en effet, des réclamations de sa
famille qu'il n'a rien ou presque rien reçu des revenus qui lui avaient
été assignés sur le produit de votre journal. Pour éclaircir ces suppositions, je dois donc vous inviter, Monsieur, à me faire connaître
au plus tôt, si M. Veyrat a constamment retiré, comme c'était son
droit, tout le produit des annonces non judiciaires, à quelle somme
il a monté annuellement et pendant tout le temps qui s'est écoulé
depuis votre *arrangement.* Vous voudrez bien m'indiquer aussi
*quelle somme vous lui avez payée pour les premiers tems de sa colla-
boration au journal en qualité de rédacteur en chef* (— remarquez bien
que Solar demande à Raymond, non pas si le traitement correspondant aux premiers tems de la collaboration de Veyrat au journal a été
payé, — il suppose qu'il a été payé, — mais quel en a été le total, le
montant, afin de pouvoir procéder à son calcul), et tenir compte du

(1) A. V.
(2) L. R., p. 92.

produit des annonces depuis le jour de sa mort pour le conserver jusqu'à une détermination ultérieure.

Veuillez agréer. Monsieur, les nouvelles assurances de ma parfaite considération.

Solar de La Marguerite. »

M. l'avocat Louis Raymond avait écrit, p. 92, en commentant la lettre du comte Avet : « ... Le ministre parle... d'une *espèce de pension viagère sur le Journal de Savoie*, et comme il ne spécifie nullement quelle caisse doit la payer, on pourrait supposer que cela incombait à celle du *Courrier des Alpes*, continuateur du *Journal de Savoie*. Une telle interprétation cependant serait difficilement acceptable, car la décision royale eût alors aggravé encore la situation du Directeur-Propriétaire. Mais nous possédons une pièce qui nous permet d'affirmer que c'était bien *l'État* qui désormais allait payer cette rente au poète. » — Cette « pièce » est justement la lettre de Solar à Raymond ci-dessus reproduite, sur laquelle, p. 93, il raisonne de cette manière :

« Était-il vrai que Raymond n'eût pas intégralement réglé à Veyrat ce qu'il lui devait, c'est peu croyable étant donné son caractère, mais qu'il restât ou non à régler un compte avec les héritiers du poète, ce qui est intéressant dans cette lettre, c'est l'indication par le ministre lui-même des bases sur lesquelles ce compte devait être établi : d'une part il revendique pour Veyrat le produit des annonces non judiciaires jusqu'à sa mort, — ce qui est fort légitime, — et fait des réserves pour ce même produit depuis lors, — ce qui l'est beaucoup moins — ; d'autre part, il demande *si le traitement* correspondant *aux premiers tems* de la collaboration de Veyrat au journal *a été payé*, et ne parle point de la continuation de ce traitement depuis la cessation de cette collaboration. C'est *donc* bien que Raymond n'en avait plus la charge. »

Ce « donc » laisse... rêveur... Dans sa lettre à Veyrat, Avet avait écrit : « ... but vers lequel je tendais, celui de vous assurer *une espèce de pension viagère sur le Journal de Savoie*, sous la condition ci-devant énoncée », — c'est-à-dire de renoncer à « toute poursuite judiciaire » contre le directeur-propriétaire du *Courrier*, et de « contribuer à la prospérité du journal par la communication de quelques articles. » Avet était ministre de la Justice : il devait savoir ce que parler veut dire...

Nous n'insisterons pas davantage sur ce point. Que ladite *espèce de pension viagère sur le Journal de Savoie* ait été réellement *une espèce de pension viagère sur l'État*, nous l'admettons. Il n'en reste pas moins que l'*arrangement* en question demeure un *arrangement*, et ne saurait, ni peu ni prou, être confondu avec une *sentence* décidant qui, de Raymond ou de Veyrat, avait *raison* ou avait *tort*. C'est l'évidence même. Personne ne saurait la nier. Personne? mais si !... Qui donc? M. l'avocat Louis Raymond. Après avoir intrépidement conclu d'après la lettre seule de Solar, interprétée à sa manière, que c'était l'*État* et non le *Courrier* qui avait à payer Veyrat, il nous sert cette autre conclusion qui, celle-là, n'est pas même discutable, tant elle est visiblement paralogique ou sophistiquée, p. 93 : « ... On ne pouvait plus clairement reconnaître en haut lieu que du Directeur-Propriétaire et du Rédacteur en chef, c'était le premier qui avait *raison* » !!! et p. 95 : « ... après qu'il eut été, *de par la volonté du roi*, exclu de la rédaction du *Courrier*... » !!! — « *Exclu* de la rédaction du *Courrier*... *de par la volonté du roi*... », ce Jean-Pierre Veyrat, auquel d'accord avec le roi et Solar, le ministre de la Justice parlait de ses « sentiments *nationaux* », et qu'il priait de « contribuer à la *prospérité* du journal, par la communication de quelques *articles* » !!! Il faut dire : « ... Après qu'il eut été (Veyrat), *de par la volonté du roi* », enfin mis à l'abri de toute... « coaction » de la part de son ennemi Raymond, tout étant maintenu comme rédacteur au *Courrier !!!*

« De pareils procédés sont indignes d'un *écrivain* sérieux », dogmatisait M. l'avocat Louis Raymond, après les misérables *chicanes*, sassées et ressassées dans son factum, dont, sans peine, nous avons fait justice. Nous demandons à nos lecteurs si les « procédés » auxquels recourt M. Louis Raymond sont vraiment « dignes d'un *avocat* sérieux »...

De par le roi ! nous allons voir maintenant comment il se permet d'interpréter un des plus beaux gestes de ce *roi* chevaleresque, du nom duquel il se prévaut ici sans aucun droit.

XI

Le vers se sent toujours des bassesses du cœur,

a dit l'auteur de l'*Art poétique*.

A parcourir l'œuvre de Jean-Pierre Veyrat, minutieusement étudiée par nous, on trouve de la passion et de l'outrance romantiques, mais jamais de ces « bassesses du cœur » dont parle le vieux Boileau. Il importe de le noter à la décharge d'un malheureux poète, auquel on n'a rien pardonné de ce que l'on pardonne à ses grands frères romantiques et dont parfois même on leur fait gloire.

Cet infortuné a eu des larmes pour d'autres infortunes que les siennes ; la souffrance d'autrui ne l'a jamais trouvé insensible. Il écrit, par exemple,

A une Victime de la Calomnie.

Aimer, prier, souffrir, c'était ta destinée.
A peine encor venue à ta vingtième année,
    Tu n'as pas eu sur ton chemin
D'épine qui ne t'ait blessée au fond de l'âme,
Et pas une douleur, ô pauvre jeune femme,
    Qui ne t'ait prise par la main.

. . . .

C'est que la calomnie est semblable à la foudre ;
Elle choisit souvent pour le réduire en poudre
    Le plus limpide diamant :
Vertu, génie, amour, beauté, rêve céleste,
Joyaux aimés du ciel, voilà ce qu'il en reste...
    La cendre d'un charbon fumant !

. . . .

Heureux ceux que la soif de ta justice altère,
Seigneur ! et les martyrs de ta foi sur la terre ;
    Les esclaves, les opprimés,
Ceux que le monde ingrat traîne à ses gémonies,
Ceux qui boivent à flots le fiel des calomnies
    Et que ta flamme a consumés !

. . . .

Coupe de l'Exil, v.

Il ne fut *jamais* un ingrat. Il a immortalisé les noms de tous ceux qui avaient eu pitié de lui, qui lui avaient fait du bien. Nous n'avons pas mentionné dans notre Étude celui de la bonne comtesse Marin. Elle l'avait accueilli dans son château de Servolex, où un superbe *magnolia* rappela longtemps le souvenir du *Poète Jean-Pierre Veyrat*, à l'heure où la persécution faisait rage. *Le Poète mourant* ne l'oublia pas. Nous lisons dans *la Veille du Poète — Septième Heure —* de la *Station poétique à l'Abbaye de Haute-Combe*, ces touchantes strophes dédiées

A Madame la Comtesse Marin.

Je ne quitterai pas le seuil du sanctuaire
Sans que ta bonté sainte ait entendu mon vœu ;
Sans consacrer ici d'une larme dernière
Un tendre souvenir de mon cœur, ô mon Dieu !

Il est une grande âme à la terre inconnue,
Ange égaré chez nous comme un lis au vallon ;
La souffrance près d'elle est toujours bien venue,
Et son seuil reste ouvert quand souffle l'aquilon.

Sa demeure est auprès de la rive prochaine,
Sur la hauteur que longe un sentier adouci,
Le magnolier des vents y parfume l'haleine ;
Le malheur la connaît, je la connais aussi !...

Bénis cet ange, ô ciel, et sa douce famille ;
Écarte de ses pas la ronce et la douleur ;
Conserve-lui la paix, cette étoile qui brille
Quand a pâli déjà l'étoile du bonheur.

A l'heure où le malheur acharné sur sa trace,
D'une dernière goutte abreuvait l'exilé,
Elle fut pour mon cœur comme la sœur du Tasse,
Et si j'avais pu l'être elle m'eût consolé...

Sa voix charmait en moi l'ennui sourd de la vie ;
A ses accents tout pleins d'une exquise douceur,
Je sentais pénétrer dans mon âme ravie
Je ne sais quels parfums qui montaient de son cœur.

Ainsi quand, poursuivi par la haine et l'outrage,
Charles-Stuart passait, à l'échafaud traîné,
Une héroïque enfant bravant les cris de rage,
Vint offrir une rose au pâle condamné.

Il a magnifiquement chanté *les Larmes de la Reine*, le deuil de sa protectrice Marie-Christine qui avait quitté Rome pour venir pleurer à Haute-Combe près du tombeau de son époux Charles-Félix *(Station poétique — la Veille du Poète — Sixième Heure)* :

Mais un bruit a troublé le repos des ténèbres,
Les tombes ont rendu de sourds gémissements ;
Qui donc veille avec moi sous ces voûtes funèbres?
D'où viennent ces sanglots dans les échos dormants?

Ah ! combien peu de rois ont laissé sur la terre
De ces regrets cachés dont la source est au cœur !
De vrais pleurs quelquefois baignent dans leur poussière,
Leur tombe a donc aussi son culte de douleur !
Voilà l'hymne de gloire : un sanglot ! une larme !
Ils parlent bien plus haut que le marbre ou l'airain...

. . . .

Mais qui donc pleure ainsi?...

. . . .

C'est la fille des rois ! la veuve infortunée !
O Rachel, que tes pleurs sont lents à se sécher !

On disait cependant que la Ville Éternelle
Pour les grands cœurs blessés avait d'intimes voix...

. . . .

O veuve des cités, grande cité des veuves...

. . . .

Et pourtant ni les arts dont elle est souveraine,
Ni de son doux climat l'ineffable langueur,
N'ont pu te retenir, ô noble et sainte Reine !
L'univers était là ! — là n'était pas ton cœur !

. . . .

Et tu voulus marcher encor dans notre voie,
Et tu voulus revoir tout ce qui t'était cher,
Et ta vieille Abbaye, et ta vieille Savoie,
Et nos monts où les rois peuvent vivre au grand air.

Pour ton doux souvenir et ta sainte pensée,
Sois à jamais bénie, ô Reine !...

. . . .

Il y a aussi le sublime poème des *Larmes du Roi* que Veyrat n'a
point versifié, mais dont il a été lui-même l'objet, et qui vivra à
jamais dans le cœur des lecteurs de sa biographie. Nous avons fait
connaître cette *Épitre au Roi de Sardaigne* où il demandait pardon
à Charles-Albert de son passé révolutionnaire et la permission de
rentrer dans sa patrie bien-aimée : déchirante élégie, humble et fière
en même temps.

. . . .

Maintenant, je n'ai plus ni famille ni mère,
La misère est ma sœur et le malheur mon père ;
J'ai les bois pour abri sous le ciel inhumain
Et pour lit de repos les pierres du chemin.

. . . .

Dans l'amer désespoir de mon cœur éperdu,
Je venais contempler mon paradis perdu.
Triste, je m'asseyais sur l'angle d'une pierre,
Et vers les monts lointains soulevant ma paupière,
A tous les souvenirs de mon heureux printemps,
Je penchais mon visage et je rêvais longtemps...

. . . .

Rêves d'ambitions, mirages décevants,
Me rendrez-vous les biens que j'ai jetés aux vents?
Heureux qui n'a jamais secoué ses sandales
Sur l'escalier d'autrui, loin des terres natales,
Et demeurant fidèle au Dieu de ses foyers
N'a jamais déserté l'ombre de ses noyers...

. . . .

Où donc sont les amis de mon adolescence,
Ceux dont mon cœur souffrant a tant pleuré l'absence?
Ceux dont la main guida mes pas encor tremblants?
Mes frères si nombreux? mon père aux cheveux blancs?
Le temps a dépeuplé la maison paternelle,
Hélas ! comme l'hiver le nid de l'hirondelle...

. . . .

Seulement, dans le coin d'une pauvre chaumière,
Souvent sans feu le jour et la nuit sans lumière,
Vivent dans leur amour, sublimes ignorants,
Deux anges que le ciel m'a donnés pour parents...

. . . .

Ma sœur encor enfant ! ma mère déjà vieille !
A ces doux noms mon âme en sursaut se réveille,
Je sens frémir mon sang et se mouiller mes yeux,
Ainsi qu'Abadonna, l'ange exilé des cieux.

. . . .

Sire, vous le pouvez, à mon âme brisée
Reversez l'espérance et sa douce rosée ;
Ne me condamnez pas pour l'erreur d'un moment
A mourir dans l'exil, cet infernal tourment !

. . . .

Le ciel a châtié tous les jours de ma vie ;
Je reviens maintenant, et du temps accompli,
Sire, à Dieu comme à vous je demande l'oubli !

Un jour, si l'avenir vient combler mon attente,
J'expierai mes erreurs par une œuvre éclatante...

. . . .

Sire, voici ma plume : elle vaut une épée.

Jamais ce poème ne laissa lecteur insensible, et nous savons qu'en Savoie et en Piémont il a été honoré de bien des pleurs.

En le parcourant, le chevaleresque Charles-Albert se sentit lui-même la gorge serrée par l'émotion ; les larmes lui vinrent aux yeux ; et il pardonna aussitôt complètement, royalement... Ah ! les belles larmes du Roi !...

Ce sont là, n'est-il pas vrai, de ces nobles sentiments qui honorent notre condition de pauvres hommes, si souvent menés par l'Égoïsme, la Vengeance et l'Orgueil. Ces traits à la Plutarque, trop rares dans les annales de l'Humanité, l'historien s'empresse de les recueillir comme des perles précieuses. Et les âmes éprises de délicatesse, de générosité, de *vraie* poésie, sympathisent profondément avec celles qui les ont fournis.

De pareils sentiments, notre contradicteur les a sans doute éprouvés lui aussi. Pour *juger un poète*, il faut en effet le *comprendre*, et avoir plus ou moins soi-même une âme de poète. L'absence d'un élément en l'espèce aussi essentiel suffirait presque à lui seul pour annihiler la valeur du réquisitoire le plus brillant.

— Nous transcrirons purement et simplement les lignes étranges consacrées par M. l'avocat Louis Raymond à l'humble et fière élégie du poète, et aux larmes, aux belles larmes du Roi, p. 27 :

« Les vers de l'épitre de Veyrat au roi étaient de belle venue ; soit qu'il l'eût voulu, *par habileté supérieure*, soit que le peu de profondeur de sa conversion n'eût *point* ramené en lui des sentiments d'*humilité chrétienne*, il y faisait éclater sa *superbe*, et se posait presque en homme dont on ne peut être que trop heureux d'accepter les services. Veyrat eut toujours la plus haute idée de sa valeur et le vers final de sa supplique :

> Sire, voici ma plume, elle vaut une épée

est caractéristique de son opinion de lui-même.

Est-ce ce *ton orgueilleux*, si éloigné de l'habituelle geignardise des recours en grâce, qui *plut au monarque?* Ne fit-il, plutôt, qu'obéir à un certain sentiment de *vanité*, en songeant qu'il aurait désormais un poète pour chanter ses louanges? Ou, plus humainement encore, ne pensa-t-il qu'à faire disparaître sans retour le *cauchemar* qu'avaient dû être pour lui, si peu dangereux qu'ils fussent (— ô logique !), les appels au meurtre de l'*Homme Rouge* (— mort et enterré depuis quatre ans !)? Nous ne savons ; mais, *quel qu'en fût le motif*, il pardonna, et l'exilé rentra dans sa patrie... »

De par le roi!... voilà comme on traite *le roi!...* Pourrait-on déployer

plus d'ingéniosité pour *démontrer* que les « révélations » que l'on
nous annonce n'ont rien de commun avec la *réalité* des choses et des
mobiles humains?... *De par le roi !* nos lecteurs apprécieront...

C'est que ce roi, généreux envers Jean-Pierre Veyrat et la Presse
Savoyarde, avait manqué à son *devoir* envers Raymond. M. l'avocat
Louis Raymond, p. 101, nous le fait assavoir : « La cause initiale du
différend fut évidemment l'autorisation donnée *par le Roi* à Veyrat
de fonder la *Revue des Alpes :* J.-M. Raymond *jouissant* (— devrait-on
jamais troubler un homme aussi heureux?) pour le *Journal de Savoie,*
d'un privilège *exclusif,* non révoqué, si même il était révocable, aucun
projet de journal n'aurait *dû* être permis. » — *Plaudite, cives !...*

XII

I. — A son retour d'exil, J.-P. Veyrat retrouva intact l'ordre de
choses qu'il avait, à son grand regret, si injustement attaqué en bloc.
L'ensemble était solide, mais tout n'y était pas parfait, surtout
depuis que l'excellent d'Oncieu n'était plus gouverneur de la Savoie.
Sa pensée se reportait au temps de sa naïve et ardente adolescence,
où « les mauvais livres » l'avaient égaré. Il se dit qu'il serait utile
de préserver ses compatriotes des tentations, encore puissantes,
auxquelles il avait jadis succombé.

La censure royale arrêtait toujours à la frontière les publications
qu'elle jugeait, — parfois avec une inintelligente et irritante sévérité, — pernicieuses pour les saines doctrines. On comprend, du reste,
les inquiétudes du *Buon Governo* à l'égard des livres français, dont
les plus fameux, nous l'avons dit, présentaient sous des couleurs
séduisantes l'apologie d'un individualisme excessif, aboutissant
logiquement à la haine de toute contrainte individuelle, religieuse et
sociale. Mais les livres de haute valeur littéraire, impeccables au point
de vue doctrinal, ne manquaient pas non plus en France, qui cependant ne pénétraient que difficilement dans le Duché. Les étrangers
s'étonnaient de la pauvreté de la librairie savoyarde. L'excès est un
défaut en tout.

Les publications autochtones, animées d'un excellent esprit, et
certaines d'une réelle valeur, n'étaient pas assez nombreuses pour
faire contrepoids aux publications étrangères circulant en cachette
avec le redoutable attrait du fruit défendu.

Les écrivains savoyards n'avaient aucun centre de ralliement, aucun foyer à leur disposition pour s'y consulter et s'y entr'aider ; aucun organe important, pour y coordonner et multiplier leurs efforts.

La contrebande du livre et du journal sévissait comme jadis, quand la révolutionnaire *Némésis* avait décidé de la vocation de J.-P. Veyrat. Le colportage des publications dangereuses était intense du côté de Lyon, Grenoble, surtout Genève. Leur placement, était, pour ainsi dire, assuré dans une population bonne et pacifique, mais intelligente et curieuse, qu'excitaient les nouvelles apportées par les émigrants, les baigneurs et touristes français. Les maladroits seuls se laissaient pincer.

Le prestige de l'étranger était toujours énorme en Savoie, ainsi que la malheureuse tendance à déprécier les hommes et les œuvres de chez nous. Nous avons dit que *le Préjugé antisavoyard*, aujourd'hui expirant, consistait, non seulement dans un certain parti-pris de dénigrement des étrangers à notre égard, mais encore des braves Allobroges à l'égard d'eux-mêmes.

Du reste, selon la remarque de Joseph de Maistre, la Révolution n'était point morte : sous une forme larvée, elle était plus virulente que jamais.

Il ne faut pas, — pour se donner un prétexte à nier la singulière *opportunité* de l'œuvre de J.-P. Veyrat, — fermer obstinément les yeux aux réalités historiques.

De la Révolution de 1821, dite des *Trente Jours*, du complot de 1831, de la bagarre de 1832, du nouveau complot de 1833, de l'expédition Mazzini-Ramorino de 1834, — à la Révolution de 1848 qui balaya la royauté démocratique de Louis-Philippe lui-même en France, amena les *Voraces* en Savoie, et hâta l'octroi de ce fameux *Statuto* libéral qui, en dépit des sentiments religieux de Charles-Albert, ouvrit une ère de déplorable persécution religieuse, — entre ces deux points extrêmes, justement vers l'époque du Différend Raymond-Veyrat, *un incendie couvait.*

Cet *incendie*, ni le Savoyard Raymond, ponctuel gazetier de l'absolutisme, ni le Piémontais La Planargia, si dévoué à la monarchie, ne le soupçonnaient.

Eh bien ! cet *incendie* fut deviné par Jean-Pierre Veyrat, l'ancien *Homme Rouge*, l'évadé de *Cosmopolis*, le déserteur du Camp des Barbares, et par l'élite intellectuelle savoyarde et piémontaise, qui applaudit à sa clairvoyance. Allons-nous faire à Veyrat un crime de sa perspicacité, parce qu'elle a un instant troublé les quiètes habitudes d'esprit d'un *honnête bourgeois* qui, dans la suite, sera stupéfait de l'hostilité des révolutionnaires *Voraces* contre son propre frère? Et, oubliant que l'éloquence d'un tribun ou d'un publiciste désireux d'*agir* sur ses contemporains, doit s'apprécier moins au point de vue littéraire qu'au point de vue goût public, allons-nous pédantesquement dédaigner l'éloquence trop lyrique, nous l'avons dit, du *Donoso Cortès de la Savoie?* Ce n'étaient point les somnolents comptes rendus d'homélies de *la Feuille Sèche* qu'il fallait opposer aux entraînantes déclamations, si puissantes sur la foule, des sophistes révolutionnaires, — mais les tirades harmonieuses et sonores de l'ancien habitué des clubs et meetings populaires Jean-Pierre Veyrat. Ce genre d'éloquence, de grandiloquence, doit être apprécié par rapport à l'atmosphère historique particulière où il était destiné à retentir. Il continua à être applaudi, bien après la mort de Veyrat, dans les harangues idéalistes de son maître Lamartine, et celles des ardents républicains de 1848.

Ce sont là des *faits*, dont, malheureusement, certains érudits de fraîche date n'ont pas l'air d'avoir la moindre notion.

Le mazzinisme n'était pas mort. L'activité révolutionnaire du célèbre agitateur demeurait intense. En 1849, après l'assassinat du ministre Rossi et la fuite du Pape, il forma à Rome avec Armelleni et Saffi un triumvirat aux pouvoirs illimités.

Idées subversives et antireligieuses flottaient éparses dans une atmosphère momentanément pacifiée. Le *parti libéral* savoyard se tenait coi, se contentant de répandre de sournoises calomnies contre l'ancien *Homme Rouge*.

Ne trouvant pas en Savoie un champ assez largement ouvert à leur activité, nombre d'hommes de talent s'expatriaient, tentés souvent de mettre leurs plumes au service de la Révolution toujours accueillante. Une meilleure organisation de la vie intellectuelle nationale les eût facilement préservés d'un pareil danger : danger redoutable que Jean-Pierre Veyrat signala très opportunément à son Roi. Écrivant à Charles-Albert une longue lettre dont nous avons cité les extraits les plus caractéristiques (1), J.-P. Veyrat débutait par ces lignes judicieuses que nous n'avons pas jugé *essentiel* de reproduire :

« Sire, c'est une idée qui appartient aux grands Rois et qui, par conséquent, ne pouvait rester indifférente à V. M. que celle du *développement progressif et moral de la pensée humaine sous l'influence*

(1) A. B., p. 170.

immédiate de leur administration (— remarque très juste ; cf. Auguste, Louis XIV etc...) ... *Votre Majesté a beaucoup fait déjà pour féconder la pensée de ses peuples. Les sciences et les arts lui doivent leurs œuvres les plus remarquables* (— Charles-Albert protégeait en effet les sciences et les arts, au grand mécontentement des La Planargia du temps...). »
— M. l'avocat Louis Raymond, p. 28, appelle « habile flatterie » ce qui est en même temps vérité historique, vérité politique, et exorde insinuant : « J.-P. V., dit-il, n'usait pas seulement de la flatterie ; la fin de sa lettre contient *une sorte de menace (! ! !)... »* — Voici la fin de la lettre de J.-P. V. et la « menace » qu'elle contient : « Ce journal aurait en outre l'inappréciable avantage de *fournir aux capacités un moyen naturel et facile de se produire*, et cela n'est pas indifférent si l'on considère que, d'une part, *le prince pourra s'éclairer par lui-même sur les valeurs des capacités les plus élevées du pays*, et, d'autre part, qu'il peut ainsi toujours *rallier à lui des influences de talent qu'il serait quelquefois dangereux de négliger... »*

Tous verront là un lucide conseil de prudence politique, mais pas ombre de « menace ». « A remarquer, ajoute avec mystère, M. L. Raymond, que M. Berthier, qui donne dans son livre un long extrait de ce document *n'a pas jugé à propos de reproduire ces deux passages. »*

« A remarquer » surtout que M. Berthier « n'a pas jugé à propos » (comme certains biographes-panégyristes) de profiter des plus *mesquines* circonstances, pour louer son héros. La clairvoyance de J.-P. Veyrat ne méritait ici que des *éloges.*

Mais qui donc désormais pourra se fier à l'exégèse de M. l'avocat Louis Raymond?

II. — Le *Journal de Savoie*, — qui succédait aux arides bulletins officiels de l'Empire déchu, — fondé en 1816 par G.-M. Raymond, n'était guère lui-même qu'un aride bulletin officiel du *Buon Governo.* Il publiait des traductions, terriblement lourdes et filandreuses, de l'officielle *Gazzetta Piemontese* de Turin (par exemple, un réquisitoire contre les fauteurs de désordre et les doctrines mazziniennes ; l'émouvante narration des derniers instants des conjurés de 1833) (1), donnait des comptes rendus des cérémonies religieuses et des sermons des prédicateurs, et fort peu de nouvelles du mouvement intellectuel et politique de l'étranger. *Chaire utile* certes, mais endormante ; non moins utile, mais peu réjouissant *registre d'écrou, cour criminelle et*

(1) A. B., p. 82-83.

réceptacle des avis de la police, le *Journal de Savoie* présentait la Vertu sous un aspect moins attrayant que morne et lugubre. G.-M. Raymond était trop intelligent pour ne pas le comprendre, qui y publia cet *Ermite de Saint-Saturnin* dont nous avons parlé, et où il est bon de noter un article sur les audiences criminelles, article inspiré par l'affaire célèbre Jansion-Bastide-Fualdès, 1818. *Mais les contemporains étaient plus exigeants que nous.* De son vivant même, ce que M. l'avocat Louis Raymond appelle, p. 123, « le grand tribunal de l'opinion publique », n'avait pas été tendre pour le journaliste : « Pour occuper ses loisirs, écrit Louis Pillet, placide et souriant iconoclaste, — ce Louis Pillet dont on brandit l'opinion contre nous : nous verrons avec quelle justice, — il (G.-M. Raymond) fonda en 1816 le *Journal de Savoie*, feuille hebdomadaire qu'il rédigeait lui-même avec les soins les plus méticuleux. Il en résultait une *froideur de style* et une *prudence souvent exagérées*, qui firent souvent appeler ce journal *la Feuille Sèche* (1)... »

Nous sommes navré de la sévérité du « grand tribunal de l'opinion publique ». Mais *les choses sont les choses*, dit-on en Savoie, et qu'y pouvons-nous? Les témoins refusent de mentir.

En 1839, le professeur de mathématiques Raymond prenait au *Journal de Savoie* la succession de son père, obtenant « les mêmes conditions et prérogatives » octroyées par le roi : une pension annuelle de 1.000 livres, et « le droit d'être le seul qu'on imprime dans la Savoie ».

Le nouveau rédacteur était bien loin d'avoir le talent et les connaissances encyclopédiques de son père.

De plus en plus sans horizon, sans style, sans art, donnant l'impression de n'avoir pas été composé avec une plume, mais avec un canif et des ciseaux, de plus en plus sec et recroquevillé, l'infortuné *Journal de Savoie* mérita de plus en plus son surnom populaire, ou mieux son qualificatif *de nature*, son qualificatif *homérique* de... *Feuille Sèche*. *La Feuille Sèche: la...* c'est-à-dire la Feuille unique en son genre comme aridité. Il n'est pas juste d'en vouloir au biographe de Jean-Pierre Veyrat d'avoir rappelé un *fait* incontestable, mentionné par tous nos historiens. Nous citons ici le témoignage de Pillet, parce qu'on a eu l'imprudente audace de nous l'opposer : « Après la mort de M. Georges-Marie Raymond, écrit donc derechef le très indulgent, très aimable et très souriant iconoclaste Louis Pillet, son fils M. Jacques Raymond continuait la rédaction de ce journal,

(1) L. P. Notice sur G.-M. Raymond : *Hist. de l'Ac. de Sav.*, p. 23.

avec la conscience la plus scrupuleuse, mais avec une *rigidité un peu froide*. Veyrat conçut le projet de développer, de rajeunir cette feuille qu'*on* appelait (— *on :* le bon Pillet ne donne pas simplement *son* opinion personnelle ; il est ici l'intègre secrétaire du « grand tribunal de l'opinion publique »), qu'*on* appelait *ironiquement* (— *ironiquement :* pour éviter toute erreur d'interprétation de la part de quelque manzonien *dottor Azzecca-Garbugli*, il use d'un pléonasme vertueux : *i-ro-nique-ment)*, qu'*on* appelait *ironiquement la* (il dit *la*, pour la deuxième fois : *la*, à propos de la rédaction Raymond père, et *la*, à propos de la rédaction Raymond fils) (1), qu'*on* appelait *ironiquement la Feuille Sèche*, et d'y infuser l'ardeur patriotique qui brûlait son âme (2)... »

Le professeur de mathématiques Raymond sentit lui-même le besoin d' « augmenter l'intérêt du Journal » (3).

Il faut lui rendre cette justice qu'il eut alors la géniale idée, — pour varier le menu de ses malheureux clients, condamnés à un éternel « réchauffé » — de déverser à grand fracas dans les compartiments de sa feuille de tôle, tous les cailloux archéologiques de la *Société Royale Académique de Savoie*, déterrés par d'autres chercheurs que lui.

Nous estimons trop les travaux techniques des anciens académiciens savoyards pour ne pas les juger dignes des honneurs d'une *revue* comme celle que projeta J.-P. Veyrat, plutôt que de l'infortune d'être relégués à l'état de feuilleton « qui tient de la place », dans l'immortelle *Feuille Sèche* du professeur de mathématiques Raymond.

Les austères débuts de la Presse en Savoie ne laissent pas d'avoir des aspects assez réjouissants.

Le méchant public murmurait même que Raymond se déchargeait sur un employé subalterne de la rédaction de son journal.

« ... Le seul travail... que je fasse faire *par un autre*, expliquait Raymond à Solar, le 11 juin 1842... se borne uniquement à extraire un *résumé des nouvelles* de deux des journaux que je reçois, et encore je revois toujours moi-même ces *extraits* avec soin (4)... »

Le reproche n'avait pas sa raison d'être : Raymond était bien

---

(1) Nos lecteurs auraient grand tort de nous traiter ici de *magister* et de *rabâcheur :* « Craindre de passer pour un pédant, dans la profession de l'enseignement, c'est être un fat », a dit Joubert.

(2) L. P. *Doc. in. sur J.-P. V.*, p. 34.

(3) L. R., p. 22.

(4) L. R., p. 43-44. Dans son ensemble, le J. de S. n'est qu'un aride et terne résumé des nouvelles données par des journaux étrangers. Quelques *Variétés* l'agrémentent, qui ne sont pas de Raymond.

libre après tout de charger n'importe quel employé, — même son *chauffeur de poêle*, si bon lui semblait, — d'un travail purement matériel, qui n'avait rien de littéraire, du moment qu'il « revoyait toujours lui-même ces extraits avec soin », et qu'il en prenait toute la responsabilité.

Notant que ces « bruits malveillants n'ont pas laissé que de profiter à Veyrat » dans le traité conclu avec lui, Raymond ajoutait : « ... bien que je ne veuille point supposer qu'ils aient été suscités personnellement par lui-même (1)... »

Et M. l'avocat Louis Raymond écrit, p. 102 : « ... Comme, *avant* sa conclusion (du traité Veyrat-Raymond), Raymond avait senti les effets d'une campagne sournoise et déloyale menée contre lui, *sinon par Veyrat, du moins par ses partisans*, un certain *ressentiment* très compréhensible, était venu *encore aggraver l'antipathie native* qu'il éprouvait contre le poëte... »

Eh bien ! si Raymond avait de pareils sentiments envers Veyrat, il n'avait *pas le droit* de traiter avec lui. Veyrat, de notoriété publique, était un *grand malade :* s'imaginait-il qu'il *guérirait* à le fréquenter? Pour lui, Veyrat était *le diable* en personne : s'imaginait-il pouvoir ruser avec le diable ou le plier à ses quatre volontés?...

Et par quoi « *l'antipathie native* » de Raymond était-elle « *encore aggravée* », même « *avant* la conclusion » de son traité avec Veyrat?... — Nous l'avons vu, le surnom fort significatif et ennuyeux de *Feuille Sèche* avait été appliqué au journal de Raymond par ses propres lecteurs, et *alors que l'infortuné Jean-Pierre Veyrat était encore en exil ! ! !*...

Nous ne voulons pas représenter Raymond plus méchant ni Veyrat plus candide qu'ils n'ont été. Mais, *avec un peu d'humour*, ne peut-on penser ici à la fable de La Fontaine :

> ..... Tu seras châtié de ta témérité.
> — Sire, répond l'agneau, que votre majesté
> Ne se mette pas en colère...
>
> . . . .
>
> Je ne puis troubler sa boisson.
> — Tu la troubles !...
> Et je sais que de moi tu médis l'an passé.
> — Comment l'aurais-je fait si je n'étais pas né?
> Reprit l'agneau ; je tette encor ma mère.
> — Si ce n'est toi, c'est donc ton frère.....

(1) L. R., *ibid.*

Comment Jean-Pierre Veyrat « l'aurait-il fait »? Dans les misères de l'exil, quand les Savoyards « médisaient » de *la Feuille Sèche*, il suçait encore le lait de la légendaire... *Génisse Hydrophobe!* — « C'est donc ton frère... » — Bien sûr, si ce n'est Veyrat, ce sont donc ses « partisans »...

— Ainsi, les « révélations » de M. l'avocat Louis Raymond nous « révèlent » que Jean-Pierre Veyrat, prosateur éloquent et poète somptueux, dut *personnellement* expier, par une injuste « aggrava-tion » de « l'antipathie native » de Raymond, l'*innombrable sourire* de dédain (— pontiòn té cumatòn anérithmon gélasma ; *Prom. Eschyle)* de la Savoie à l'adresse de *la Feuille Sèche*. Car « idées courtes... manque d'idéal, phrases glaciales et ternes... », quant au sens (1), « ne sortent pas de l'imagination du seul M. Berthier », comme l'écrit, p. 110, l'apologiste de l'adversaire de Veyrat, mais d'abord du bon sens et du jugement des lecteurs savoyards, contem-porains de *la Feuille Sèche* elle-même.

III. — Il ne faut pas oublier ces remarques impartiales relatives à la nature du *Journal de Savoie* et au genre de rédaction dont il bénéficia, pour apprécier à leur exacte valeur les reproches adressés, *post eventum*, à Jean-Pierre Veyrat : d'avoir fait de ce journal ce qu'il avait été bien avant lui, mais avec un art, un intérêt, une élo-quence et une originalité qui brillaient par leur absence quand Ray-mond le rédigeait... d'en avoir fait une « *Chaire* », voire une « *Cour criminelle* » (2)... et d'y avoir, — sans le moindre mystère, c'était le secret de tout le monde lettré : roi, princes, ministres, clergé, magis-trature et censure, — reproduit, sans modifications appréciables, de longs extraits du Prospectus de sa *Revue des Alpes*, absorbée dans le *Courrier* du même nom.

Oh ! ce n'était pas un Prospectus au sens vulgaire du mot, et c'était le bien, la propriété de Veyrat qui avait certes le droit de se citer lui-même. Magnifique et courageuse profession de foi *réparatrice*, nationaliste et catholique (dans ce style lyrique en honneur jusqu'en 1848 inclus) de l'ancien *Homme Rouge* désireux de la répandre en Savoie comme en France pour y guérir le mal qu'il avait pu y faire, et qui fut accueillie avec un enthousiasme universel. Impressionnant et éloquent résumé de l'éternelle et victorieuse lutte de l'Église

---

(1) Nous n'avons pas osé employer l'expression scolastique *quoad sensum*, de peur de *scandaliser* des lecteurs incapables de soupçonner l'ellipse de *attinet* ou *pertinet*.
(2) L. R., p. 56.

civilisatrice contre la Barbarie toujours menaçante. *Œuvre* qu'il *fallait* vulgariser largement, pour la plus grande satisfaction d'un public, non seulement excédé par la longue aridité de *la Feuille Sèche*, mais encore scandalisé jadis par le révolutionnaire exilé. Quelques exemplaires seulement en avaient été distribués.

— Le Prospectus en question nous était connu de vieille date. Il faisait *double emploi* avec les articles du *Courrier*, les modifications apportées pour sa vulgarisation étant *insignifiantes*. Or, ces articles du *Courrier*, analysés consciencieusement par nous, suffisaient pour caractériser le *genre* et l'*opportunité* de la polémique de J.-P. Veyrat, objet de notre Étude.

Naturellement, Mᵉ Louis Raymond s'écrie, p. 120 : « M. Berthier n'a *même pas su découvrir (!!!)* à la Bibliothèque municipale de Chambéry (1), ce Prospectus de la *Revue des Alpes* qui lui eût donné *à lui seul* la clef du problème, en lui démontrant, *par sa comparaison* avec les articles donnés au *Courrier par* Veyrat, la déloyauté du rédacteur politique et *la vraie cause de la colère du Directeur-Propriétaire...* »

Fort bien ; comment se fait-il alors que la terrible « *colère du Directeur-Propriétaire* », — à entendre M. l'avocat Louis Raymond lui-même, — se soit manifestée *avant même l'apparition du Courrier* des Alpes *et des articles incriminés de Jean-Pierre Veyrat?* 1⁰ en présence de l'excellent Savoyard, chevalier de Buttet, représenté comme exécuteur des basses œuvres du comte Solar, le 24 mai 1842, lors de la signature du traité qui partageait en deux le « précieux privilège-Raymond », p. 36 ; — 2⁰ le 9 octobre 1842, quand, le directeur-propriétaire refusant de lui communiquer la lettre ministérielle autorisant la création du *Courrier*, Veyrat l'accusa de « chercher à provoquer par tous les moyens » la « chute » de son entreprise, p. 47.

— « Un historien, avant toute chose, doit savoir lire, écrit, p. 105, M. L. Raymond. M. Berthier ne sait pas — à moins qu'il ne sache trop bien... » M. Berthier n'est pas fâché de montrer qu'il sait « lire » la brochure de M. Raymond, beaucoup mieux que M. Raymond n'a su la lire lui-même.

(1) « ... N'a même pas (!) su (!) *découvrir (!)* à la Bibliothèque municipale de Chambéry ce Prospectus... » — Ne croyez pas qu'il s'agisse d'une pièce non encore dépouillée ni cataloguée qu'il y aurait eu quelque mérite à *découvrir*. Il s'agit du flamboyant N⁰ 12439 du catalogue, capable d'attirer l'attention des plus distraits : « *Revue des Alpes*, prospectus de J.-P. Veyrat, Chambéry, Puthod (s. d.), — vers 1847 (!)... » a écrit notre bibliothécaire-archiviste Félix Perpéchon, dont un autre que nous aurait jugé intelligent de relever l'erreur avec des airs de matamore !

« *Les différends* (sic), écrit M. l'avocat Louis Raymond, p. 47, commencèrent *dès le premier jour*, et *avant même* qu'eût paru *le premier numéro* du journal... » !!!

Qui prétend-on berner ici? La « clef du problème », la « vraie cause de la colère du Directeur-Propriétaire », il est interdit désormais de les chercher ailleurs que dans le « privilège-Raymond ».

— Quant à ce Prospectus de la *Revue des Alpes*, qu'il a été mal inspiré de ne pas reproduire au grand complet, pp. 57-66, M. l'avocat Louis Raymond nous fait assavoir qu'il l'a « *retrouvé* dans les Archives de Turin », p. 57.

Torino, Torino !... *o città favorevole ai piaceri!* chantait le bon Guido Gozzano.

Minoïde Minas, « *retrouvant* » 131 fables de Babrios dans la bibliothèque moisie d'un couvent du Mont-Athos, n'a jamais clamé pareil *Euréka!*

C'est que M. l'avocat Louis Raymond s'est imaginé avoir « trouvé » un argument *antiveyratiste* de première force, en « découvrant »... un vrai *Secret de Polichinelle*, — ignoré des juges du temps, — à savoir que les premiers articles du *Courrier* étaient la reproduction du Prospectus de la *Revue des Alpes* engloutie avec armes et bagages dans le journal auquel elle avait donné son nom, « du réchauffé », dit-il, p. 67. A son avis, si le doux Raymond n'a pas « révélé » au ministre Solar de La Marguerite (supposé habitant de la Lune ou de Sirius) cette « petite combinaison pas très honnête », c'est « par délicatesse », p. 77, envers le méchant Veyrat ! ! !

Raymond était trop intelligent tout de même et avait trop le sens du ridicule pour songer à se plaindre d'un « réchauffé » quelconque à un ministre, ami de la Presse Savoyarde, qui lui reprochait justement sa piteuse manière de rédiger son journal (1), — lui dont *la Feuille Sèche* ne s'était alimentée que de « réchauffé », de « rogatons » de quelques journaux étrangers, sommairement passés à la poêle à frire. Raymond était trop intelligent tout de même et avait trop le sens du ridicule pour s'imaginer qu'il pût y avoir un avantage quelconque à « révéler »... ce qui était *sans voiles*... ce que savaient le monde officiel et même le monde instruit non officiel. Le Prospectus

---

(1) Lettre du ministre Solar à Raymond, 6 octobre 1843 : « Je dois vous rappeler, Monsieur, ce que je vous ai déjà dit maintes fois, que, par une considération particulière, et pour prévenir le grave préjudice qu'allait vous causer la publication de la *Revue des Alpes*, et non point à raison du prétendu *privilège* que vous invoquiez, puisque il était révocable, et que *le peu d'intérêt* du *Journal de Savoie* aurait *bien justifié* cette mesure, on pensa à l'idée de fondre les deux feuilles... » — L. R., p. 89-90.

de l'ancien *Homme Rouge* avait été *lu, relu, épluché* par la *censure* et les *ministères*, et ses articles au *Courrier lus, relus, épluchés* par la même *censure* et les mêmes *ministères*. M. l'avocat Louis Raymond n'a visiblement aucune idée de ce Piccolo Mondo Antico parqué, sous une houlette paternelle mais très ferme dans un petit royaume « tiré au cordeau ». Finissons-en avec cet argument échafaudé sur l'oubli des réalités historiques les plus élémentaires, les plus visibles : la reproduction de J.-P. Veyrat fut un *acte de nécessaire et courageuse réparation*, une *vulgarisation* éloquente et opportune, voulue, approuvée, applaudie, par le Roi, les ministres, le clergé, la magistrature, la Savoie tout entière, et les bons journaux de l'étranger.

— M. l'avocat Louis Raymond revient à la charge, p. 115 de son plaidoyer *pro domo*, ajoutant de nouvelles inexactitudes à l'inexactitude criante que nous venons de souligner :

« Veyrat, homme que l'on ne saurait trop imiter (— n'imite pas qui veut le *Donoso Cortès de la Savoie !...*) excellait dans l'art de faire *du neuf avec du vieux* (— quant au prodigieux artiste Raymond, il trouvait le moyen, lui, avec *du neuf*, de faire *de l'antédiluvien !*)... C'est ainsi qu'en changeant quelques vers dans une poésie révolutionnaire (— démocratique, mais non antichrétienne !) d'avant sa conversion, il en faisait un poème à la gloire de *tous les pouvoirs établis* (— or, on le verra, l'ode *Aux Chrétiens du* XIXe *siècle*, qui est une modification de l'ode *Aux Martyrs de la foi démocratique*, ne s'adresse pas à *tous les pouvoirs établis*, mais aux seuls chrétiens demeurés inébranlables dans leur Foi) ; c'est ainsi également que, prenant dans un *vieux roman* un pathétique récit, il en faisait, quelques années après, le *véridique exposé* de sa fameuse *conversion* (or, *Raphaël de Montmayeur* est sans doute un *roman*, mais *autobiographique*, et le récit qu'on y trouve de sa retraite à la Grande-Chartreuse fait *pressentir* sa *conversion !*) ; c'est de cette même façon que dans le *vieux* Prospectus de la *Revue des Alpes*, deux fois publié déjà, il découpait savamment de *beaux* articles (— très *beaux*, en effet, et très opportuns) *tout neufs* (— mais oui, *tout neufs* aux yeux de la grande majorité des lecteurs !) pour ce brave *Courrier des Alpes*, qui eut l'étrange idée de s'en offusquer ! »

Répétons-nous donc nous-même, selon la méthode de notre honorable contradicteur :

Ce *vieux* Prospectus, magnifique article de revue, datait *d'hier;* il n'en avait été distribué que *quelques* exemplaires aux notabilités qui en furent émerveillées et se réjouirent de le voir vulgariser par le journal.

« Ce brave *Courrier des Alpes* » n'avait pas à « s'offusquer » de cette vulgarisation, parce que « ce brave *Courrier des Alpes* », en tout ce qui concernait la partie politique et littéraire, c'était, aux termes du traité comme aux yeux de l'opinion, *M. Jean-Pierre Veyrat en personne*, qui en avait la responsabilité entière.

Enfin, si quelqu'un n'avait pas à « s'offusquer », c'était l'éminent journaliste Raymond lui-même, dont le principal travail avait toujours consisté à « découper », et fort peu « savamment », dans quelques journaux étrangers arrivés en retard, de lamentables lambeaux, des « tacons » vétustes, — pour employer comme Joseph de Maistre ce mot du dialecte savoyard, — qu'il cousait au gros fil blanc sur le dos minable de sa bien-aimée *Feuille Sèche*.

Enfin encore, on trouve inconvenant le ton prétentieux et persifleur sur lequel on se permet de dénigrer un de nos plus distingués prosateurs savoyards. Car il n'est personne chez nous qui ne préfère infiniment tout le « *vieux jeune* » du *Donoso Cortès de la Savoie* à tout le « *jeune vieux* » de cette injuste et incompétente critique. M. l'avocat Louis Raymond se montre ici plus « raymondiste » que Raymond lui-même. En effet, le juste éloge de cette vulgarisation, nous le trouvons dans le propre *Courrier des Alpes*, 21 novembre 1844. Monarque absolu au *Courrier* depuis la mort de son rédacteur politique et littéraire, l'adversaire de Veyrat eut cependant assez de cœur et de respect de l'opinion publique pour ne pas refuser l'insertion de ces lignes équitables : « ... En 1842, il (Veyrat) fut attaché au *Courrier des Alpes* en qualité de rédacteur, et lui donna comme tel quelques articles d'*une portée philosophique et morale vraiment remarquable* » !!!

Qu'on daigne nous pardonner d'*avoir toujours réponse à tout*. Nous sommes navré d'irriter ainsi certains contradicteurs obstinés. Qu'ils considèrent que, si nous avons *réponse à tout*, c'est uniquement parce que leurs objections manquent tout autant de sérieux qu'elles manquent de sérénité. La colère n'est pas scientifique.

En tout, partout et toujours, les témoins refusent de mentir : qu'y pouvons-nous?

IV. — M. l'avocat Louis Raymond nous donne, p. 56, « une idée de la façon dont le Directeur du *Courrier* dut exprimer son sentiment au rédacteur politique lors de *ces fameuses scènes de deux heures:*

« Eh quoi, Monsieur, vous ne craignez point de vous féliciter aujourd'hui, comme d'un fait personnel, de ce que la Croix Blanche de Savoie ne fut jamais ensanglantée par les troubles civils, vous qui, il n'y a pas si longtemps, appeliez de tous vos vœux le jour où le flot populaire broierait dans l'ouragan le trône de notre Roi?

« Comment, vous avez, vous, remarqué avec douleur que dans nos contrées le sentiment patriotique avait perdu de sa pureté, et vous voulez, vous, vous tout seul, maintenir l'existence politique et sociale de notre patrie, et faire revivre la tradition nationale, cette tradition toute monarchique? Mais n'avez-vous pas chanté la République, la République si pure, disiez-vous, si belle, lorsqu'elle guillotine les Rois?

« Vous voulez veiller sur l'austérité des mœurs de vos compatriotes, vous ! Mais les vôtres, les oubliez-vous ! Mlle Besson est-elle votre épouse légitime?

« Ah, vous voulez témoigner pour le christianisme, vous faire l'apôtre de la Religion ! Vivez-vous donc selon ses lois?

« Est-ce bien à vous, avec votre passé — et votre présent — à venir donner de tels conseils aux autres ! Moins de tapage, Monsieur, et un peu plus de sens des réalités, je vous prie. Mon journal, qui m'appartient, et n'appartient qu'à moi, ne l'oubliez pas (— le *Journal de Savoie* avait appartenu au *seul* Raymond ; mais nous ne saurions oublier le sacrifice que fit Veyrat de sa *Revue des Alpes* pour fonder le *Courrier* auquel elle donna son nom), n'est ni une *Chaire*, ni une *Cour criminelle*, et mes lecteurs ne demandent ni *prêche*, ni *réquisitoire* (— naguère, avec le talent de Veyrat en moins, il avait été tout cela !). Faites-moi un autre article — *qui n'ait pas encore servi* (— et quand on fera des articles de ce genre, nous le verrons, on refusera de les insérer !) — et qui ne casse point les vitres (— l'article sur les voyages d'explorations de Dumont-d'Urville ne « cassait point les vitres » : également refusé !)... »

Mais Veyrat avait juré de les casser, il n'en voulut point démordre, et fronçant son front au sceau fatal, s'obstina, tempêta, menaça, tant et si bien que l'article parut... »

— Veyrat avait-il le *droit*, lui qui avait brisé en plein Paris avec son passé révolutionnaire, d'exiger la vulgarisation par le journal de ces courageux articles connus d'une élite seulement?

Nous répondons qu'il n'en avait pas seulement le *droit*, mais bel et bien le *devoir*. Écrivain, c'était pour lui le seul moyen de *réparer* le mal qu'il avait fait comme écrivain. Il n'y a pas à ergoter : la *réparation* est un *devoir de justice stricte*.

Quant aux faiblesses de sa vie privée, elles ne pouvaient l'exempter de l'accomplissement de ce *devoir*.

Guéri dans son *intelligence*, son *cœur* demeurait malade : mais la situation où il se trouvait présentait une complexité que nous examinerons plus loin. Tout en déplorant sa faute, les personnages irréprochables qui furent ses protecteurs et ses amis, ne l'ont jamais écrasé sous d'outrageants et décourageants reproches, et leur autorité dépasse infiniment celle des impitoyables et hargneux Pharisiens qui avaient *intérêt*, — intérêt politique ou intérêt privé, — à lui jeter la pierre :

> Regardez Ariston, regardez Périandre,
> Oronte, Alcidamas, Polydore, Clitandre ;
> Ce titre (de dévots sincères) par aucun ne leur est débattu...
>
> . . . .
>
> Ils trouvent trop d'orgueil dans ces corrections ;
> Et laissant la fierté des paroles aux autres,
> C'est par leurs actions qu'ils reprennent les nôtres.
> L'apparence du mal a chez eux peu d'appui,
> Et leur âme est portée à juger bien d'autrui.
> Point de cabale en eux, point d'intrigues à suivre ;
> On les voit, pour tous soins, se mêler de bien vivre ;
> Jamais contre un pécheur ils n'ont d'acharnement ;
> Ils attachent leur haine au péché seulement (1)...

V. — Revenons au *Journal de Savoie*.

Il se soutenait, — avec une vaillance qu'on ne saurait trop célébrer, — grâce au « précieux privilège » de sa fructueuse unicité (2).

---

(1) *Tartuffe*, I, v. — Le *passage* que nous citons est tout à l'honneur de Molière, mais il ne faudrait pas nous faire dire que nous approuvons l'ensemble de la pièce de laquelle il est extrait. Par les déclarations de son Cléante, Molière s'est efforcé de distinguer la vraie dévotion de la fausse dévotion contre laquelle sa comédie était dirigée. Malheureusement il n'a pas mis en scène, et il ne pouvait pas, comme auteur comique, mettre en scène, parlants et agissants devant nos yeux, ces Aristons, ces Périandres, ces Orontes... qui auraient, *sans ridicules*, représenté et défendu la vraie dévotion. Celle-ci n'est au théâtre incarnée que dans des *grotesques*, et c'est lamentable, vu les conclusions odieuses qu'en tire le gros public. La vérité est que le sujet de *Tartuffe* n'est pas un sujet de comédie. Tout a été dit là-dessus. Aussi n'est-ce point à l'égard de nos pairs que nous prenons pareilles précautions, mais à l'égard de ceux à qui seuls on peut s'adresser, quand très onctueusement on écrit : « ... Bouvier glisse élégamment, M. Berthier emploie une formule ambiguë, et se hâte bien vite... d'excuser en note le pécheur... »
Molière est heureux dans l'au-delà que son malheureux *Tartuffe* soit ici utile à une juste cause. Il n'oublie pas que ce sont deux religieuses savoyardes, comme le rappelle F. Wey, deux Clarisses du Couvent d'Annecy, venues à Paris en février 1673 et logées en sa maison, rue de Richelieu, qui représentèrent la Religion et la Savoie à son lit de mort, le 17 février 1673.

(2) Le prix exorbitant des rares journaux étrangers admis dans le duché après examen de la censure en rendait l'abonnement *impossible* à la majorité des lecteurs.

Il n'occasionnait aucun ennui à S. E. le Gouverneur. Ne paraissant qu'une fois par semaine, « se bornant, comme dit Solar, à une courte analyse des nouvelles politiques, sa revision devenait une tâche qui n'offrait que bien peu de responsabilité à la personne qui en était chargée... »

Bref, tout était tranquille, tout dormait... et la presse... et le reviseur... et même les lecteurs du *Journal de Savoie*...

Jean-Pierre Veyrat se rend compte de l'opportunité et de la nécessité de fonder un organe périodique de quelque envergure.

Il fait part de son projet aux hommes les plus distingués du Royaume : Mgr l'Archevêque de Chambéry, Mgr l'Évêque de Pignerol, le chanoine Rendu, Eugène de Costa, l'abbé Martinet, l'abbé Gondran, l'avocat Replat, Bebert, Léon Ménabréa, Gustave de Cavour, car il veut « grouper dans sa rédaction les intelligences supérieures des deux côtés des Alpes ».

Ce serait la *Revue des Alpes* qui « pourrait paraître toutes les semaines ou seulement tous les quinze jours ».

Jean-Pierre Veyrat est alors dans tout l'éclat de sa gloire. Sa *Coupe de l'Exil* lui a valu le surnom de *Lamartine des Alpes ;* l'éloquent *Récit* qui précède ce poème l'a fait apprécier comme prosateur et comme publiciste.

C'est l'époque la plus heureuse de la troisième partie de sa courte existence, ou plutôt, la moins malheureuse, car sa terrible maladie et l'hostilité de certains de ses compatriotes ne cessèrent de le tourmenter. L'air pur de sa patrie, la joie du succès, les bons soins des docteurs Buchard et Pignal (il les a remerciés dans son *Récit*, associant pour toujours le souvenir de leur dévoûment à celui de ses souffrances) lui avaient procuré un sérieux soulagement.

« Sous le rapport physique comme sous le rapport intellectuel, dit Jules Philippe (1), la nature ne s'était pas montrée avare à son égard. Sa taille était au-dessus de la moyenne ; malgré les signes d'une santé débile, qui se traduisaient par l'amaigrissement et un teint bilieux, sa physionomie avait *quelque chose qui attirait le regard ;* on y reconnaissait au premier coup d'œil, *les marques d'un talent hors ligne.* Son front était large et développé, et des pommettes saillantes donnaient à sa figure une *expression énergique sans être dure ;* sur ses lèvres, minces et serrées, errait sans cesse le sourire malicieux de la satire. Au reste, *son caractère était calme et paisible ;*

(1) *Les Poètes de la Savoie*, pp. 171-172.

sa plume seule était la confidente de ses emportements. *Homme de bonnes manières, sa conversation était des plus agréables et des plus spirituelles.* Il n'est point vrai que Veyrat, comme on a voulu le dire, se soit livré à de coupables excès et que sa vie ait été la proie de passions désordonnées ; il n'eut jamais le goût des plaisirs bruyants qui n'allaient pas à son esprit méditatif ; sa vie, au milieu de ses rêves de bonheur comme au milieu de l'infortune et de la souffrance, fut tout intérieure. »

Les progrès de sa maladie et les contrariétés n'avaient pas encore exacerbé son caractère ni épuisé ses forces.

A son projet de *Revue* tous applaudissent, tous promettent leur patronage, leur collaboration, ou se font inscrire comme actionnaires. Il pouvait à bon droit écrire dans son Prospectus : « L'établissement d'une feuille périodique, qui pût servir de centre, d'appui et d'expression au mouvement intellectuel qui se manifeste de toutes parts dans les provinces du royaume, était un *événement attendu et surtout vivement désiré par toutes les personnes dévouées aux vrais intérêts de leur pays...* — ... aider de toute sa puissance le développement *intellectuel, moral et matériel* du pays, sous le triple aspect *religieux, scientifique, industriel,* tel sera... le but de la *Revue des Alpes* et des hommes qui, *par le talent ou la fortune,* se proposent de concourir à sa fondation. »

Charles-Albert a donné l'autorisation nécessaire ; il s'intéresse vivement à l'entreprise. Le comte Solar de La Marguerite, ministre des Affaires étrangères, est prié par lui d'en « seconder la réussite de tout son possible », « mission qui était dans les attributions exclusives de son ministère».

Tout se ferait légalement, mais en dehors de S. E. le Gouverneur dont on connaissait les idées.

La *Revue* n'aurait même pas à passer par son étroite censure. Elle aurait son reviseur sérieux, compétent, mais sympathique au développement de la Presse Savoyarde : le chanoine Rendu.

Rendu a d'abord refusé ; la besogne qu'on lui assigne est si délicate : censurer des collègues qui ne sont pas des sots, des écrivains savoyards et piémontais, — car il ne s'agit pas uniquement des articles de J.-P. Veyrat ! — Et puis, en plus des articles littéraires, religieux, scientifiques (il est lui-même géologue), il y aura nécessairement des articles politiques, — terrain brûlant que détestent le Clergé et Monseigneur l'Archevêque, — qu'il devra examiner : des heurts sont à craindre avec S. E. le Gouverneur, féru d'une autorité à laquelle le Clergé échappe, grâce au privilège de son immunité. Rien d'hostile à Veyrat, comme on voit, dans cette hésitation. Enfin, Solar le « décide à accepter cette tâche difficile »...

C'est ainsi qu'en l'an de grâce 1841, un groupe d'hommes d'intelligence et de cœur, Savoyards et Piémontais, *conspiraient* patriotiquement, à l'insu d'un *grand-vizir* ombrageux, pour oxygéner l'atmosphère intellectuelle du Royaume, et doter notre pays d'une revue vraiment nationale, digne du plus haut intérêt.

VI. — Pour en finir avec cette question de la revision des journaux, qu'on nous permette de parler ici de ce qui se passa, l'année suivante, à propos du *Courrier des Alpes*, héritier ingrat de la *Revue* du même nom.

Le comte Solar désirant confier la revision du *Courrier* au distingué chanoine Jacques Chevray (1795-1860 ; promoteur métropolitain, en 1840) qu'il connaissait personnellement et qu'il avait pressenti (entre temps, le chanoine Rendu avait été nommé évêque d'Annecy) écrivit, le 12 décembre 1842, au gouverneur La Planargia : « ... Ce journal (le *Journal de Savoie*)... se bornant à une courte analyse des nouvelles politiques, sa revision devenait une tâche qui n'offrait que bien peu de responsabilité à la personne qui en était chargée... Mais le *Courrier des Alpes* devant publier des articles de discussions religieuses, scientifiques et littéraires, devient une publication bien plus importante ; sa revision demandera donc plus de soins et de temps, une connaissance étendue de ces diverses matières, et offrira à résoudre par elle-même les doutes qui pourront se présenter. Comme je suppose, M. le marquis, que vos grandes occupations ne peuvent pas vous permettre de vous charger personnellement de cette revision (— quelles précautions pour ne pas choquer ce Pic de La Mirandole, cette encyclopédie vivante présidant aux destinées de la Savoie intellectuelle !), j'ai pensé que ce soin pourrait être confié à M. le chanoine Chevray, ecclésiastique très respectable et très instruit du Chapitre de Chambéry... Je crois donc devoir vous prier de vouloir bien... lui déléguer la revision de ce nouveau Journal... — ... je lui donnerai... des instructions, au nombre desquelles sera en première ligne celle de recourir à vos lumières et à vos conseils dans les cas pressants et douteux, tout comme de recevoir les directions que les hautes fonctions que vous remplissez vous mettront à même de lui donner utilement (1)... »

(1) A. S. T. — L. R., p. 51.

Mais S. E. La Planargia ne voulait ni du chanoine Chevray ni d'un censeur ecclésiastique quelconque pour reviser la grande feuille politique qui allait succéder au *Journal de Savoie :*

— « ... J'ai de suite jugé que l'extension qu'on allait donner à ce nouveau journal et les matières qu'on se propose d'y traiter, étaient de nature à exiger une *attention sérieuse et suivie*... Je ne dois pas surtout vous dissimuler, Monsieur, le Comte, que *si je n'ai aucune raison pour révoquer en doute la sincérité du changement des sentiments politiques de M. Veyrat* qui est appelé à participer à la rédaction du *Courrier des Alpes*, j'ai néanmoins *peu de confiance* en lui, *ses antécédents* (— *l'Homme Rouge*, *l'Homme Rouge*, mort et enterré depuis avril 1834, se dressera toujours devant S. E. comme un spectre grimaçant !) m'ont fait naître des inquiétudes qui sont *peut-être sans fondement*, et qui, du reste, doivent disparaître devant l'action de la censure... »

Mais, pour être efficace, cette censure ne devait pas être ecclésiastique :

« Pour ce qui concerne la censure, M. le chanoine Chevray... est un homme habile et capable de juger les questions *de Religion et de Morale*... mais il ne serait peut-être pas assez versé dans les choses *politiques* pour les apprécier convenablement... »

Enfin, il expliquait qu'un *ecclésiastique*, ne relevant que de la juridiction *ecclésiastique*, jouissait, par le fait, d'une indépendance trop grande pour être reviseur d'une feuille dépendant de l'autorité *politique* (1).

Solar lui répondit : « ... Tout en comprenant que vous puissiez conserver des doutes sur la sincérité du retour de M. Veyrat aux bons principes, *je ne saurais partager les appréhensions que vous témoignez. Depuis plusieurs années sa conduite* (2) *et ses écrits ont été tout à fait de nature à éloigner une crainte semblable, et le Roi, à qui plusieurs personnages très respectables l'avaient recommandé, en a jugé ainsi lui-même...* Quant à M. le chanoine Chevray, qui m'est connu person-

---

(1) A. S. T. — L. R., p. 51-51 (Lettre du 17 déc. 1842).

(2) La Planargia ayant mis en doute la sincérité des nouveaux « sentiments *politiques* », de l'ancien *Homme Rouge*, Solar lui répond qu'à ce point de vue, — point de vue *politique*, — la *conduite* et les écrits de J.-P. V. (qui, non seulement n'avait pas renoué ses relations avec ses anciens coreligionnaires politiques, mais encore avait à souffrir de leurs attaques) étaient de nature à exclure toute crainte. M. L. Raymond écrit, p. 53, probablement en pensant à une faiblesse de la vie *privée* de J.-P. V. : « Le comte Solar de La Marguerite était *bien mal informé*... ou bien *il ment effrontément*!... » Ce qui est audacieusement brouiller les questions. Un historien doit savoir lire...

nellement, j'ai lieu de placer une parfaite confiance dans le soin et l'attention qu'il mettra à s'acquitter de la revision du nouveau journal (1)... »

Le terrible La Planargia fit comprendre que le chanoine Chevray ne pourrait compter sur sa « bienveillante coopération (2) ». Et, en plein accord avec Monseigneur l'Archevêque, le chanoine Chevray, refusa, — naturellement, — d'accepter la charge de censeur que lui offrait l'amitié de Solar. Comme on voit, pas ombre d'hostilité à l'égard de J.-P. Veyrat dans ce refus uniquement dicté par l'impérieuse nécessité de ne pas froisser l'autorité politique.

— Appréciez maintenant cet admirable commentaire de M. l'avocat Louis Raymond :

P. 69 : « Cette répugnance de la part *des ecclésiastiques* à assumer la tâche de censurer les productions de *Veyrat* (— il ne s'agissait pas du seul *Veyrat*, mais de *tous* les rédacteurs !), champion de *la Religion* (— or, l'unique raison du refus de Chevray et des hésitations de Rendu fut la question *politique!*) est extrêmement *curieuse* (— oui, mais comme expression du caractère ombrageux et intransigeant de l'autorité *politique* du temps !), et laisse *le champ libre à bien des suppositions* (— non : le *champ* n'est certainement pas *libre* ici aux *suppositions malveillantes* à l'égard de J.-P. Veyrat) !... »

P. 53 : « ... Le chanoine Chevray refusa ; et soit que le Clergé de Savoie redoutât de se mettre mal avec le Marquis de La Planargia, *soit qu'il jugeât vraiment trop délicat d'avoir à contrôler un journaliste ayant les antécédents de Veyrat*, l'Archevêque de Chambéry qui pourtant *avait été (! ! !)* parmi les protecteurs du poète, appuya son subordonné... »

Que pensez-vous du deuxième « *soit que* »?

Que pensez-vous de ce subtil « *avait été* », vous qui savez fort bien que Monseigneur l'Archevêque de Chambéry *était toujours* et *devait toujours être* le protecteur et le consolateur du persécuté Jean-Pierre Veyrat, et qu'il alla plusieurs fois en personne réconforter sur son lit de souffrances le poète abandonné?

On aura beau faire : on n'empêchera pas ce prince de l'Église, dont la vertu était à la hauteur du talent, de ce pasteur d'âmes et restaurateur d'églises, de ce promoteur des études parmi son clergé, versé dans toutes les sciences, théologie, histoire, botanique, géologie, physique, météorologie, statistique, écrivain scientifique de première

(1) 19 décembre 1842.
(2) 4 janvier 1843. A. S. T. et L. R,, p. 68.

force, un des fondateurs de l'*Académie de Savoie*, membre de plus de vingt Sociétés savantes de France et de l'Étranger, de ne s'être pas laissé émouvoir plus que de raison par les criailleries et amplifications intéressées de certaines de ses ouailles contre l'ancien *Homme Rouge*, devenu le poète de *la Coupe de l'Exil* et l'auteur des vibrants et judicieux articles du *Courrier des Alpes*. « Je ne rappellerai pas, dit Morand, l'amour qu'il portait particulièrement, à l'exemple du divin Maître, aux pauvres, aux infortunés et aux affligés... Dieu seul sait toutes les ressources dont il a disposé en faveur des malheureux... — ... bon et indulgent pour les autres, il était dur et austère pour lui-même (1)... »

Il faisait *très chaud* dans le cœur de cet homme toujours calme, circonspect, pondéré, observateur, spirituel, auquel *on n'en faisait pas accroire* (2)... et dont la haute figure domine la mêlée des partis politiques. Victor Hugo l'eût salué bien bas, malgré ses préjugés « anticléricaux », lui qui, dans ses *Misérables* (1862), allait être le portraitiste ému de l'évêque Myriel, — pour n'avoir pas repoussé Jean-Pierre Veyrat, ce forçat d'un nouveau genre, plus vrai que son Jean Valjean.

Et tous s'attendriront à voir cette soutane violette, que devait remplacer la pourpre romaine, s'incliner sur les souffrances d'un poète abreuvé d'amertumes et de calomnies, dans cette chambre de misère où sanglotait une pauvre femme et où ne pénétraient plus que de rares amis.

... « ... L'Archevêque de Chambéry qui pourtant *avait été* parmi les protecteurs du poète... »

En vérité, de pareils *commentaires* se passent de *commentaires*... Heureusement, nous avons les *textes*. Et ils se défendent comme de beaux diables contre une fantaisiste exégèse, comme de vrais Jean-Pierre Veyrat rappelant à Raymond certains articles d'un traité dûment signé et paraphé.

On se rappelle du reste le beau passage de la lettre de La Planargia, amputé outrageusement par M. l'avocat Louis Raymond pour le

----

(1) L. Morand : *Personnel ecclésiastique du Diocèse de Chambéry de* 1802 *à* 1893 ; *S. É. Mgr Alexis Billiet*, p. 79-95.

(2) Le docteur Louis Domenget, raconte L. Pillet *(Hist. Acad. Sav.*, p. 137), « exaltait devant le savant cardinal Billiet les qualités merveilleuses de la source sulfureuse de Challes. Le malin prélat lui répondit en badinant : « Monsieur le docteur, vous me permettez bien de ne croire que la moitié de ce que vous me dites. » — « Monseigneur, répondit-il, sans se fâcher, c'est trop d'honneur que vous me faites, tant d'autres n'en croient pas un mot. »

besoin de sa cause : « Les Ecclésiastiques en Savoie ne voyent les questions politiques qu'à travers le prisme *évangélique*... (— ce prisme-là vaut mieux que les lunettes rouges des extrémistes, et même que les opaques lunettes noires qui sont les vôtres, Monsieur le marquis !...) ... — ... le Clergé dans ce Duché exerce déjà une haute suprématie (— c'est la *haute suprématie* des Mazzini et des Ramorino que votre obtuse intransigeance nous prépare !...), et si on lui accordait cette autorité, ce serait lui donner un nouveau moyen d'influence, etc... »

Est-ce clair?

Ici, comme toujours et partout, *les témoins refusent de mentir:* qu'y pouvons-nous?

Revenons au projet de la *Revue des Alpes* qui a reçu un si sympathique accueil.

VII. Jean-Pierre Veyrat est au comble de ses vœux. Certes, comme tout artiste, il aime la gloire, mais il est heureux de pouvoir être *utile*. La revue lui permettra de développer ses talents, de gagner son pain, de réparer ses erreurs, de lutter contre la Révolution et l'impiété, de dissiper, à force de fidélité aux principes exposés dans son *Récit*, les préjugés tenaces qui le font tant souffrir, et de mériter des amitiés nouvelles dont son cœur a besoin.

C'est pour lui l'heure très douce où le Semeur, à travers les profonds labours, lance joyeusement la graine féconde qu'il voit déjà germer et verdir, tandis que l'aurore aux doigts de rose sourit amicalement par-dessus les monts de couleur mauve.

Le comte Solar veut faire mieux encore, — le mieux est parfois l'ennemi du bien : — la *Revue* hebdomadaire ou bi-mensuelle deviendra le grand journal quotidien de la Savoie et du Piémont.

Mais un fâcheux survint alors en la·personne du propriétaire et rédacteur du *Journal de Savoie*, aliàs *Feuille Sèche*.

« Ainsi donc, écrit de son côté, p. 22, M. l'avocat Louis Raymond, au début de 1841, le rédacteur-propriétaire du *Journal de Savoie*, assuré de la bienveillance gouvernementale, et nanti de son précieux privilège qui interdisait toute concurrence, pouvait légitimement croire à la continuation et même à l'augmentation du succès d'une entreprise pour laquelle vingt-cinq années d'existence avaient été autant d'années de réussite.

Mais un fâcheux survint alors en la personne de J.-P. Veyrat, et c'est à ce moment que commença le *différend*. »

VIII. A la première nouvelle de ce projet de *revue* et de l'autorisation accordée à Veyrat, Raymond s'était hâté de crier à la violation de son « précieux privilège ». Et Solar de le rassurer. La feuille de Veyrat, — Solar ne niait pas la *possibilité* de la chose : il ne faut donc pas parler ici de « mensonges », ni de « fourberies », — pouvait devenir journal politique quotidien : « ... Si M. Veyrat devait établir un journal politique quotidien, cette publication, *du même genre que celle pour laquelle vous avez un privilège, et plus étendue encore,* pourrait vous causer un *grand préjudice,* et dès lors il serait juste que M. Veyrat fît avec vous un arrangement dans lequel vous trouveriez une *compensation.* Mais si la publication qu'il doit entreprendre, d'après l'autorisation qu'il a reçue, se borne à une *revue hebdomadaire, presque exclusivement littéraire...* il semble que, naturellement, M. Veyrat n'est plus dans une semblable obligation vis-à-vis de vous, ou que, du moins, le droit que vous pouviez avoir à une *compensation* devient *bien moindre.* La lettre ministérielle du 16 janvier 1816, en accordant à cette époque au *Journal de Savoie* le privilège d'être le seul qui s'y imprimerait, a voulu dire bien certainement *le seul journal politique,* et n'a pas entendu que cette faveur, qui lui était accordée pour aider au succès de cette feuille, dût empêcher qu'on ne pût *jamais* imprimer *d'autre journal,* surtout un journal littéraire, dans la Duché (1)... »

Le projet grandiose de Solar ne put aboutir, vu les dépenses excessives, nécessaires à sa réalisation. Veyrat avait écrit le Prospectus de la *Revue des Alpes,* — *Journal de la Savoie et du Piémont,* — *politique, religieux, littéraire, industriel, de jurisprudence, d'agriculture, et des sciences médicales, physiques, chimiques et naturelles.* Ce Prospectus fut trouvé « ... un peu long... » (sans doute, c'est un magnifique article de revue) par Mgr Charvaz, « dont l'intérêt » était cependant « acquis à cette publication, sauf à trouver le moyen de le lui témoigner (2) ». Paru avec officielle exemption du droit de timbre, *sa distribution fut rapidement suspendue* (3).

Renonçant au journal quotidien, Veyrat reprit son projet de *revue,* tri-hebdomadaire cette fois, et put regrouper les actionnaires de la revue primitivement décidée. Le premier Prospectus n'ayant pas été distribué, il le modifia tout juste pour indiquer les conditions nouvelles d'abonnement de sa *Revue des Alpes,* et en fit « circuler

(1) Solar à Raymond, 18 octobre 1841. L. R., p. 30-31.
(2) Mgr Charvaz à Veyrat, 1er mars 1842. *Archives Acad. Sav.*
(3) A la suite d'une lettre de Solar à La Planargia, 14 mars 1842. A. S. T. et L. R., p. 34.

quelques exemplaires à Chambéry » ; aussitôt Solar « l'invita à suspendre cette publication (1) » jusqu'à nouvel ordre.

Mais Raymond, qui avait eu connaissance du premier Prospectus, avait protesté au nom de son « précieux privilège » contre l'établissement d'une feuille quotidienne qui, de toute évidence, se proposait de traiter de bien d'autres questions que de simple politique, mais qui enfin s'occuperait de politique.

Solar lui répondit qu'il invitait Veyrat à « suspendre » la distribution de son Prospectus, ainsi qu'à « s'entendre » avec lui, Raymond, « sur la manière de concilier leurs intérêts réciproques ». Il lui répétait que son « privilège » lui « assurait des droits à une *compensation des pertes que lui ferait subir une concurrence* », mais ne pouvait enlever pour toujours au gouvernement royal « la faculté d'accorder une autre autorisation du même genre ». « D'après les lois existantes, ces sortes de privilèges sont d'ailleurs *révocables*, quand le Ministre qui les a accordés le juge *convenable*, et il peut naturellement en être le cas, si *la feuille* à laquelle ils se rapportent *ne suffit pas pour satisfaire au désir qui augmente de connaître avec plus d'étendue les matières dont elle s'occupe.* » Raymond était prié de se désister de toute opposition judiciaire, « afin de ne pas *compromettre* par une démarche qui serait sans résultat, le maintien d'une *permission* qu'il avait lui-même (2) ».

Le chevalier de Buttet, premier officier du Ministère des Affaires Étrangères, arriva à Chambéry vers la fin du mois de mai 1842, chargé de négocier un accord entre Raymond et Veyrat, accord sauvegardant les intérêts des deux parties.

Selon le désir de Solar, le *Journal de Savoie*, dont l'insuffisance était notoire, se fondrait avec cette *Revue des Alpes*, publication répondant aux besoins du temps, dont le seul Veyrat avait eu l'initiative et conçu le programme, pour laquelle il avait obtenu les autorisations nécessaires et recruté des collaborateurs et des actionnaires.

Au cas où Raymond ne voudrait pas consentir à cet accord, le Ministre le prévenait qu'il lui refuserait l'autorisation sollicitée (— pour faire pièce à Veyrat) d'élargir les cadres de sa feuille, lui retirerait, avec la permission de paraître sous son format in-8°, les annonces judiciaires et même sa pension de 1.000 livres : libre à lui de porter la question devant les Tribunaux (3)...

(1) Solar à Raymond, 13 mai 1842. L. R., p. 35.
(2) *Ibid.*, p. 35-36.
(3) L. R., p. 36.

C'était la débâcle du « précieux privilège » dans toute sa splendeur...
Cependant, pour un esprit positif et calculateur, la situation était
loin d'être désespérée : Raymond avait à sa disposition un moyen
facile de sauver aussitôt *la moitié* de son « précieux privilège » en
traitant avec Veyrat, encouragé qu'il pouvait y être par l'agréable
perspective de le récupérer en fait, plus ou moins rapidement, *au
grand complet*, vu les possibilités de rupture que présentait son co-
partageant.

Nous exposons objectivement une situation, sans préjuger des
intentions.

« Le piège, comme on voit, était *bien tendu*, écrit, pp. 36-37,
M. l'avocat Louis Raymond (— *bien tendu*, non, si *piège* il y avait,
car il se présentait un moyen trop simple d'y échapper). La mort
dans l'âme, Raymond se rendit à l'audience de l'envoyé du ministre,
le chevalier de Buttet, et s'y rencontra avec Veyrat. *L'entrevue...* »

Ici, qu'on nous permette d'interrompre M. l'avocat Louis Raymond. Évidemment, *une* entrevue est *une* entrevue, au singulier.
Mais prenons bien garde à un *fait :* cette entrevue ne fut pas *la seule !*
Ne donnons pas au lecteur, — nous allions dire : à l'auditeur, — dis-
trait l'impression que ce traité, que bientôt Raymond estimera désas-
treux pour lui, fut *improvisé* en coup de vent, bâclé *dare-dare* sans
entrevues préliminaires.

Raymond avait eu le temps de peser les *pro* et les *contra*. Du reste,
la plus lourde tyrannie ne peut avoir de prise sur la volonté d'un
homme de jugement et de caractère.

Un historien doit savoir *lire*. Lisons donc, épelons lentement,
et relisons ces lignes d'or qui figurent dans le traité Raymond-Veyrat,
et que M. l'avocat Louis Raymond reproduit p. 40 de sa brochure :

« *A-près plu-sieurs entre-vues, M. Ray-mond a fait à M. Vey-rat
des pro-po-si-ti-ons qui ont été ac-cep-tées par ce-lui-ci, et qui ont été
ré-di-gées en trai-té de la ma-ni-è-re sui-van-te...* »

Est-ce clair ?

« *L'entrevue*, écrit donc M. l'avocat Louis Raymond, ne dut point
laisser que d'être *orageuse*. M. de Buttet fit connaître les ordres du
ministre : le *Journal de Savoie* ferait place à une publication plus
moderne et plus étendue dont la rédaction de la partie politique
serait donnée à Veyrat. Un traité fut *rédigé séance tenante* (— *rédigé*,
soit, mais *non improvisé: a-près plu-sieurs entre-vues...*) : ce fut
Raymond qui *l'écrivit, sans doute*, sous la dictée des deux autres.
L'altération visible de son écriture montre assez quel trouble devait
régner dans l'âme du Directeur-Propriétaire (— du *rédacteur*-pro-

priétaire) du *Journal de Savoie* qui se voyait ainsi *indignement dépossédé...* »

Ainsi, Solar n'aurait été qu'un Machiavel et le chevalier de Buttet l'exécuteur de ses basses-œuvres.

Admettons-le pour un instant.

Raymond, à force de brandir son « précieux privilège » a bien pu exaspérer Très-Haut et Très-Puissant Ministre des Affaires Étrangères, et s'être ainsi attiré une attaque brusquée.

Mais qu'y pouvait, juste ciel ! notre infortuné Jean-Pierre Veyrat, qui allait payer pour l'inaccessible Zeus Solar?... On ne saurait cependant lui faire un *crime*, sous prétexte d'atteinte à l'intégralité du « précieux privilège-Raymond », d'avoir voulu, lui écrivain de profession, faire un bon usage de sa plume, et travaillé à doter notre patrie d'un organe intéressant, nationaliste et religieux, dont le besoin était évident, et dont le programme avait aussitôt été accueilli avec faveur par les personnages les plus éclairés du royaume.

IX. Ainsi, Raymond, « après plusieurs entrevues, a fait à M. Veyrat des propositions qui ont été acceptées par celui-ci, et qui ont été rédigées en traité », — à « M. Veyrat », dont il connaissait la *personnalité*, le degré de *popularité*, et le genre de *talent*.

1º Il connaissait le passé révolutionnaire de *l'Homme Rouge*.

2º Il savait que Veyrat était un « grand malade », un condamné à mort ; si bien que, par l'article 4 du traité, il s'engageait à appointer un « sous-rédacteur capable de seconder et de suppléer au besoin M. Veyrat dans la rédaction de la partie politique et littéraire, en cas d'empêchement de sa part ».

3º Il savait que, si le *Lamartine des Alpes* avait de nombreux amis et de fidèles protecteurs, il avait aussi ses ennemis et ses détracteurs, et que les soins qu'il recevait de Mlle Hélène Besson suscitaient des commentaires malveillants.

4º Par le *Récit de la Coupe de l'Exil* et le magnifique article de revue de ce Prospectus retiré de la circulation mais connu de l'élite intellectuelle, il n'ignorait pas le genre de prose du *Donoso Cortès de la Savoie*, si différent du genre de prose en honneur dans sa *Feuille Sèche...* — Par l'article 6 du traité, il s'engageait à laisser pleine liberté à Veyrat et à ses collaborateurs dans le domaine politique et littéraire : « Les articles *littéraires et politiques* que fournira M. Veyrat, qu'ils soient de lui ou qu'ils viennent d'ailleurs, ne seront soumis à *aucun contrôle de la part de M. Raymond* qui, de son côté, conserve la direction et le contrôle de tous les *autres* genres d'articles. »

Raymond savait toutes ces particularités ; elles ne l'empêchaient pas de traiter avec Veyrat, quand il s'agissait pour lui d'éviter la complète pulvérisation de son « précieux privilège ». Et l'on aura l'audace de prétendre qu'il eut dans la suite le *droit* de les reprocher à son naïf co-contractant et infortuné collaborateur ?

Dans sa lettre du 11 juin 1842 au ministre Solar, où il sollicitait quelques modifications au traité du 24 mai, Raymond se bornait à se plaindre des appréciations sévères courant dans le public sur sa pitoyable manière de rédiger son journal, en insinuant qu'elles étaient répandues par Veyrat ou ses « partisans », — de l'excessive indépendance accordée à son collaborateur dans le domaine politique et littéraire. Il reconnaissait le « talent » et le « mérite » de Veyrat écrivain ; « honorait en lui son heureux retour aux bons sentiments et aux bons principes » : « quoique, ajoutait-il, un certain nombre de personnes, même bien pensantes, s'obstinent, mal à propos sans doute, à ne pas vouloir reconnaître comme fort sincère, un change-ment aussi complet, ou du moins à conserver quelques préventions à son égard, il en est *beaucoup*, d'un autre côté, qui lui ont accordé leur bienveillance avec empressement et s'intéressent activement à lui ; c'est à quoi du reste j'applaudis de tout mon cœur, car il n'y a rien là que de juste et de fort raisonnable. » Il concluait que, de lui-même, en l'absence des modifications qu'y pourrait apporter le ministre, il se regardait comme « lié » par les « conventions con-clues (1) ».

C'était avouer, une fois de plus, qu'il n'eut jamais le *droit* d'en user envers J.-P. Veyrat comme il en usa dans la suite.

Nous ignorons quelle réponse fit Solar à ces perfides insinuations ; peut-être fut-elle mortifiante pour Raymond. Taquinerie déplacée ou embarras réel, celui-ci refusa de communiquer à Veyrat la lettre ministérielle qui autorisait purement et simplement la création d'un nouveau journal « sur les bases du traité du 24 mai 1842 (2) ».

— « Monsieur, lui écrivait à ce propos Veyrat, le 9 octobre 1842, votre refus de me faire part de la lettre ministérielle qui autorise la création du *Courrier des Alpes*, entreprise dans laquelle je dois avoir la plus grande part de responsabilité comme rédacteur de la partie politique et littéraire, est un fait que je ne veux pas qualifier, mais

(1) L. R., p. 43-45.
(2) L. R.. p. 45.

qui m'autorise à agir et à m'exprimer rigoureusement dans toutes mes relations avec vous... etc... Il n'est pas juste que j'aie le déboire d'une chute que vous cherchez à provoquer par tous les moyens (1)... »

C'est ce refus inexplicable de Raymond qui engagea Veyrat à lui réclamer le prix de la rédaction d'un nouveau Prospectus : « ... Cette clause sera *surtout* de rigueur, si le Journal annoncé dans le Prospectus *ne paraît pas* (2)... »

Ce « *surtout* » prouve que Raymond pouvait s'entendre sur ce point avec Veyrat, puisque « le Journal annoncé dans le Prospectus » devait « *paraître* ».

X. Solar de La Marguerite avait agi *au mieux* des intérêts de la Presse savoyarde. La Savoie n'oubliera jamais cette noble figure qui rappelle ici celle de ces princes italiens de la Renaissance, protecteurs des sciences, des lettres et des arts, et qui, malgré leur haute naissance, bien loin d'affecter la morgue dédaigneuse de certains bourgeois parvenus, se faisaient au contraire un plaisir et un honneur de secourir et de favoriser les poètes et les artistes malheureux (3).

Solar ne prévit pas que Jean-Pierre Veyrat aurait à pâtir de l'irritation causée à Raymond par une atteinte portée à la sacro-sainte intégralité de son « précieux privilège » et par la comparaison, — hélas ! fatale, — que le public établissait entre le talent du rédacteur de *la Feuille Sèche* et celui du *Lamartine des Alpes*.

Avec de la bonne volonté, du calme et de la patience, tout aurait bien marché : l'un des collaborateurs possédant suffisamment *en coque* les éléments nécessaires que l'autre avait largement *en voiles*, le beau navire aurait pu naviguer.

(1) L. R., p. 47.
(2) *Ibid.*
(3) Nous prions nos amis piémontais de ne pas suivre à l'égard de notre contradicteur l'étrange méthode qu'il n'a pas hésité à adopter à notre égard. Pas de susceptibilité anachronique et pas d'attaques personnelles. Ils savent qu'un pamphlet n'est pas un mémoire historique. Cette façon d'exécuter le prévenu Solar de La Marguerite n'obtient ici aucun crédit. — L'un d'entre eux s'empresse de nous envoyer les éléments d'une « orazione panegirica del nobile conte et patriotta Solaro », qui, d'après lui, suffira à justifier J.-P. Veyrat, « il celebre *l'era* (sic) », protégé de Solar. — « Grazie tante, caro mio... ma sarà per un' altra volta... Ici, le juste éloge du grand Solar serait tout de même un hors-d'œuvre... et les hors-d'œuvre, nous les laissons à qui a *besoin* d'y recourir... »
Qu'ils sourient de cette histoire, eux, les bons *Bougianen*, et se gardent bien de devenir des *Bougiatroppo*. En cas d'excessif agacement, qu'ils aillent rire avec *Gianduja*!... *Ciao! Cerea!...*

Les misérables chicanes qui paralysèrent J.-P. Veyrat désespéraient le bon Solar. Il menaçait les deux belligérants à la fois :

« ... Je vous engage de la manière la plus pressante, *comme j'y invite aussi M. Veyrat*, à aviser enfin aux moyens de *vous entendre, pour concourir ensemble de votre mieux*, à tout ce qui concerne le journal, et je ne dois pas vous cacher que, dans le cas où vous ne vous y prêteriez pas *l'un et l'autre*, et où *vous en particulier*, ne satisferiez pas à l'engagement que vous avez contracté envers M. Veyrat, je me verrais obligé de prendre, à la fin de cette année, quelque *mesure* qui, en mettant fin à ces différends continuels, ne manquerait pas d'être fâcheuse *pour l'un et pour l'autre* (1)... »

On comprend le « réflexe » pour ainsi dire « professionnel » de l'homme délicat, sensible et lettré qui l'incline à défendre un grand malade, un malheureux, un écrivain de talent ; mais il n'y a pas là ombre d'hostilité envers Raymond.

Et cependant, quelles expressions acrimonieuses M. l'avocat Louis Raymond n'emploie-t-il pas en parlant de lui : « ... Cet homme d'État devait jouer en cette affaire un rôle des plus *bizarres!*... p. 28 ; — ... avec une *rouerie tout italienne*... p. 28 ; — le *rusé* ministre inventa une *combinaison* qui fait plus d'honneur à son *habileté* qu'à sa *délicatesse*... p. 29. — ... correspondance... dans laquelle l'homme d'État *jouera* envers les deux journalistes de la *promesse*, du *mensonge* et de la *menace* avec une *habileté des plus machiavéliques!*... p. 30. »

Grossière imagerie d'Épinal dont sourira tout jury de moralistes et d'érudits.

M. l'avocat Louis Raymond va jusqu'à écrire, p. 101 : « Le ministre a-t-il *voulu* le différend? C'est *possible (!), quoique* (ce *quoique* est d'or ; ce *quoique* est ici hautement représentatif de toute une méthode de discussion : jamais, en effet, la plus sérieuse des objections ne met un frein aux intrépides conclusions d'un homme hypnotisé par le but à atteindre), *quoique* l'intention poursuivie ne se comprenne pas... » !!!

Il ne nous reste plus qu'à nous représenter *Solar-Imperator*, lançant ses deux victimes, comme *mirmillon* et *rétiaire*, dans l'arène du *Circus Maximus Camberiensis*.

Ave, Solar, morituri te salutant !...

Ces « néroniennes cruautés », dont, *cum grano salis* (que n'a-t-on inventé le point d'ironie? il serait si utile parfois !) nous parlions à

___

(1) Solar à Raymond, 6 octobre 1843. L. R., p. 90.

propos des démêlés Veyrat-Raymond, c'est ici, plutôt qu'ailleurs, qu'on les découvre.

Si au moins on pouvait soupçonner là dedans une intention d'humour quelconque !...

XI. Nous n'avons pas à revenir sur les taquineries dont se plaignait Veyrat et dont sa faible santé se ressentit gravement : « ... M. Raymond, écrivait-il à Solar, a violé *tous les articles* de notre traité (1). A la première feuille du journal, il a mis un pied sur mon terrain, à la seconde il y a mis l'autre, et enfin il croit avoir réussi à l'envahir tout entier, c'est-à-dire qu'il m'a complètement *expulsé* du journal, sauf ce qu'en pensera Votre Excellence... »

Raymond refusa, par exemple, d'insérer le judicieux article de Veyrat *De l'Industrie* dans le troisième numéro du *Courrier des Alpes*, — refus que ne lui permettait certainement pas le traité signé par lui. A ce propos, M. L. Raymond, p. 87, écrit avec une triomphante allégresse, qui, hélas ! aura été brève comme toutes celles que lui a procurées son coup d'essai : « ... Dès le troisième numéro, *on y supprimait totalement sa prose* (de Veyrat), *sans que le journal en fût autrement gêné... »* !!!

Que dit là-dessus « l'impartial et érudit Cl. Bouvier » (2) ? « Le troisième numéro du journal ne contient *pas d'article original de Veyrat*. Des *nouvelles* de politique étrangère et de *menus faits-divers* le composent, avec une étude de *Raoul Rochette* sur la galerie royale de Turin et un *lundi de Sainte-Beuve.* Grâce à l'incertitude de la propriété littéraire, on pouvait alors arranger, en province, trois pages intéressantes *à l'aide d'une paire de ciseaux* (3) ! ! ! »

(1) Veyrat écrit aussi dans son *Mémoire :* « Excepté les quinze premiers jours où l'inexpérience de M. Raymond et de mon sous-rédacteur laissait à ma charge la *confection entière* du journal, dans toutes ses parties, où j'étais obligé de *passer la plus grande partie de la nuit* à lire les *épreuves* et à tout *disposer* pour le mieux, jamais aucune épreuve du journal ne m'a été soumise avant l'impression. Ce droit cependant m'appartient évidemment. »

M. L. Raymond, p. 87, traite cette assertion de « mensonge », en s'appuyant sur l'autorité de Pillet. Mais Pillet parle de la *rédaction* de J.-P. Veyrat, et non pas de ses aptitudes à la *confection* et *disposition* des différentes parties d'un journal ! — M. L. Raymond affirme que l'ex-rédacteur de *la Feuille Sèche* (pauvre in-8°) savait mieux « confectionner » un journal (in-folio) que l'ex-rédacteur de *l'Homme Rouge.* Dans ce cas, le *devoir* de Raymond était d'aider son collaborateur malade et de ne pas le laisser *passer la plus grande partie de la nuit* à se fatiguer. Raymond, semble-t-il, s'est appliqué dès les premiers jours à *mettre dans l'embarras,* à *décourager* son rédacteur politique et littéraire, pour l'obliger à quitter spontanément le *Courrier.*

(2) L. R., p. 23.

(3) C. B., *J.-P. V. journaliste,* p. 35.

Et voilà l'original rédacteur, fidèle à la tradition de *la Feuille Sèche*, qui se serait arrogé le droit de se plaindre des *ciseaux* qu'employait J.-P. Veyrat pour découper dans ses propres œuvres des articles universellement appréciés et connus seulement de rares privilégiés ! ! !...

XII. De quel droit Raymond se permit-il d'écarter l'article de Veyrat sur l'*Industrie au point de vue politique et social*, où est mise en si vigoureux relief la nécessité du christianisme dans l'industrie, soit du côté des patrons, soit du côté des ouvriers? « ... Solide morceau, dit Cl. Bouvier, p. 36, où l'importance de la révolution économique est mise en lumière en même temps que les effets de la centralisation industrielle sont clairement pressentis. » Veyrat, pour obliger Raymond à respecter l'article 6 du traité, fut obligé de lui intenter un procès, et M. L. Raymond le traite à ce propos, p. 67, de « forcené »!

Raymond ne *comprenait*-il pas l'à-propos de cet article sur les dangers d'une industrie purement païenne? Et s'il le comprenait, pourquoi *refusait*-il de l'insérer?

Veyrat était malade, — ces contrariétés n'étaient pas pour le guérir, — mais ses forces intellectuelles étaient intactes, et il n'avait cessé de fournir des articles pour le *Courrier:* « Dans le trimestre du 1er avril au 1er juillet, gémissait-il, j'avais fourni 16 articles qui furent imprimés dans la feuille, et 12 au moins, tant manuscrits qu'autres, qui restèrent *dans les cartons de M. Raymond.* Ces douze articles et plusieurs autres que j'envoyai pendant le trimestre suivant, sont toujours *en souffrance.* M. Raymond a même déclaré formellement qu'il n'insérerait point un travail de moi assez considérable sur les voyages d'exploration au pôle sud du capitaine Dumont d'Urville, dont je lui fis remettre la première partie, il y a déjà longtemps. Il résulte de là que, si je n'ai pas fourni tous les articles du journal, c'est parce qu'il a plu à M. Raymond de m'en empêcher... »

Nombre de ces articles existent encore.

Obligé d'insérer l'article sur *l'Industrie*, l'ingénieux Raymond le casa tout juste avant les annonces, — « le relégua à la fin du Journal, dit Veyrat, dans l'endroit le moins apparent... pour en atténuer la portée et pour empêcher qu'il ne fût regardé comme l'expression des doctrines du Journal... » — « Il (Raymond) n'estimait plus possible, explique M. L. Raymond, p. 67, de publier en articles de tête des manifestes dont le *ton suraigu* et la *personnalité* de leur auteur étaient une cause de mécontentement parmi les lecteurs (— jamais le *Courrier* ne périclita). En effet, les *exagérations* de Veyrat n'avaient point rencontré cette fois non plus le succès (— comme si les précédents articles n'avaient pas été applaudis par les lecteurs de bonne foi !). Si certains journaux étrangers, *l'Univers* entre autres (— fi donc ! un simple journal catholique parisien !) applaudirent à l'exposé des principes de leur nouveau confrère, *les* Savoyards (— non ! *quelques* Savoyards), *les* Chambériens surtout (— non : *certains* Chambériens) qui savaient ce qu'était l'homme (— comme le savait Raymond quand il traita avec lui !) s'offusquèrent de trouver sous sa plume de journaliste semblables doctrines. Non point sans doute que *le fond* desdites doctrines n'eût pas leur approbation (— encore une généralisation illicite : *certains* Savoyards et *certains* Chambériens révolutionnaires n'approuvaient pas du tout *le fond* desdites doctrines !...), mais *la forme (!)* employée était *par trop outrée*, et le signataire leur paraissait *pour maintes raisons* (— *maintes?* c'est trop dire : on sait le nombre des reproches adressés à Veyrat ; du reste, ces « maintes raisons » n'avaient pas empêché Raymond de l'accepter comme rédacteur principal !) *le moins qualifié* pour les professer ». « Le moins qualifié » ; d'autres diront : *le mieux qualifié*, car, déserteur du camp des Barbares, Veyrat parlait *d'expérience !* Et puis, les idées justes ont une valeur indépendante de la personnalité de celui qui les émet. Ces *très charitables* et *bien pensants* serviteurs de *la Bonne Cause* auraient voulu décourager l'ancien *Homme Rouge* et le condamner à mettre jusqu'à sa mort sa plume au service de la Révolution, qu'ils ne s'y seraient pas pris plus habilement : qu'il ait si solidement résisté à leurs provocations, voilà une preuve de sa « conversion » que nous aurions dû souligner !... « Nous ne savons pas s'il est exact, comme le soutint Veyrat, que l'élément libéral (— *libéral* alors signifiait *révolutionnaire)* fît une démarche auprès de Raymond, pour obtenir de lui le silence du poète, et même s'il le pouvait son expulsion du journal ; mais ce qu'il y a de certain, c'est que *les* autorités locales *(les :* mais quand on fournit la preuve, *les* devient *le* marquis, l'éternel marquis de La Planargia !), qui n'étaient point cependant suspectes de libéralisme (— pas même de « ces libertés justes et honnêtes qui, au dire d'un Joseph de Maistre « point cependant suspect de libéralisme », empêchent les peuples d'en convoiter de coupables » !) ne trouvèrent point non plus ces articles à leur goût et ne le cachèrent point (— or, La Planargia ne s'en prend point aux « articles », mais à la *personnalité* de Veyrat, et à la prétendue incapacité de tous « les rédacteurs du *Courrier des Alpes*, p. 69)... »

Quelle exégèse !...

— Enfin, on cherche vainement où se trouvent ce « ton suraigu », ces « exagérations », cette « forme par trop outrée », signalés dans cet article odieusement relégué à la fin du *Courrier*.

« Veyrat s'y préoccupe de *l'Industrie au point de vue politique et social*. Il prévoit les conséquences du machinisme obligeant au chômage un grand nombre d'ouvriers supplantés par le jeu automatique des rouages ; le danger de ces vastes agglomérations où les vertus sont isolées et les vices mis en commun : « Qui n'a entendu, en frémissant, parler de ces apprentissages où le vice donne la première leçon et jette dans la veine des enfants le poison qui les consumera plus tard? Qui n'a pas vu et quel cœur n'a pas saigné en les voyant, ces pauvres créatures à peine échappées au berceau, que l'on attache à un métier ou à une roue, si jeunes déjà flétries par le vice et par un travail impie, loin des joies de leur âge, consumées dans la fleur, courbées comme des vieillards, et dévorées par les anthropophages de la civilisation matérielle? »

Avec l'industrie, la soif du luxe s'introduit jusque dans les classes pauvres ; la concurrence devenant de plus en plus âpre, le paupérisme est à craindre : « Effrayé des dépenses que nécessiterait sa famille future, l'ouvrier reste dans un célibat honteux et dégradant, et le mariage ne sera bientôt plus possible, tant il en coûtera pour vivre chez les nations civilisées. » L'industrie risque d'être une tyrannique exploitation de la machine humaine par des patrons sans cœur et sans religion, ou un foyer de révolution et d'anarchie. Pour produire des fruits de bonheur et de prospérité, elle aussi, comme la politique et la littérature, doit recourir au catholicisme : « L'industrie doit se développer dans un milieu chrétien... *tant que le travail ne sera pas devenu chrétien* dans son principe et dans sa fonction intime, *il n'y aura que misère, dégradation, servitude, avilissement moral et physique pour l'ouvrier, incertitude, ruine et déshonneur pour le maître (1)...* »

— Nous le demandons à tous les hommes d'œuvres : que pensent-ils du directeur-propriétaire d'un journal conservateur et catholique, qui refuse de répandre des idées aussi justes, aussi opportunes, un avertissement aussi salutaire aux émigrants savoyards nombreux, inexpérimentés, séduits par l'attrait des villes « tentaculaires », des vérités aussi pratiques et essentielles, exprimées en un style aussi précis et éloquent, — et qui, sommé de s'exécuter, les renvoie au terrain vague des réclames payées?

(1) A. B., p. 227.

Pour parler comme M. L. Raymond, M. L. Raymond, hélas !
a donné à son héros toutes les qualités ; à Veyrat, il a donné tous les
défauts : pour rentrer dans ses débours, il a emprunté à Bouvier, à
Pillet et à Berthier les seuls éléments qui, isolés de leurs contextes,
concordent avec sa thèse !

Seulement, *les faits* et *les écrits subsistent :* et ces incorruptibles
témoins ne cesseront de protester.

On a vu les « qualités » déployées par Raymond comme rédacteur
de *la Feuille Sèche* et du troisième numéro du *Courrier* composé à
coups de *ciseaux :* on vient de voir un très édifiant échantillon de ses
« qualités » comme associé de Jean-Pierre Veyrat.

— Quant à nous, jamais nous ne nous sommes montré « plus
veyratiste que Veyrat lui-même (1) ». Nous avons si vigoureusement
souligné ses *défauts* que d'aucuns nous ont trouvé *trop sévère :* c'est
un reproche que personne ne songera à adresser à l'apologiste de
l'adversaire du poète.

« Nous n'avons écrit ni un panégyrique ni un plaidoyer. Nous
avons soigneusement et équitablement établi le bilan des vertus
et des faiblesses... Généreux idéalisme, culte de la famille et de la
patrie, prodigieuse endurance, sincérité dans le repentir, activité
dans la réparation, héroïsme chrétien : c'était d'autant plus notre
devoir de mettre en relief les premières, que la colère des partis
politiques a cherché à les éteindre... Quant aux secondes, — *irréalisme, précipitation de jugement, haines injustes, entraînements passionnels, fanatisme révolutionnaire,* — nous n'avions pas à les dissimuler :
il était seulement nécessaire, en les dégageant de calomnieuses exagérations, de les réduire aux mesures exactes de la vérité, d'en préciser
la nature, les causes et les effets (2). »

Qu'on lise attentivement notre *Jean-Pierre Veyrat*, et la *Réponse*
de notre contradicteur : on verra la distance qui sépare une *étude
biographique et littéraire*, objective et désintéressée, d'un plaidoyer
pro domo doublé d'un *pamphlet*.

XIII. Les articles de J.-P. Veyrat, judicieux, opportuns, conformes
comme style au goût du temps, furent appréciés des hommes les
plus éclairés de Savoie et de Piémont, prônés et même réclamés
comme bonne aubaine par la Presse française bien pensante, — *Univers — Union des Provinces — Institut Catholique*.

(1) L. R., p. 120.
(2) A. B., pp. x-xi.

Qu'importaient les grincements de dents de la minorité révolutionnaire que Raymond était chargé de combattre et non pas d'approuver? Qu'importait le mécontentement du chevalier de l'Éteignoir La Planargia qui avait une si piètre idée de nos écrivains, Raymond compris dans le tas? Que Veyrat eût des détracteurs, — et l'éminent rédacteur de *la Feuille Sèche* était logé à la même enseigne, — auxquels s'opposaient des admirateurs, — et à la même enseigne l'éminent rédacteur de *la Feuille Sèche* n'était plus logé, — Raymond le savait bien, quand il conclut avec lui son fameux traité. Du reste, même en plein différend, le *Courrier* ne périclita jamais. Impossible de parler, comme M. L. Raymond, p. 104, de « collaboration *inexistante et dangereuse* ». Et puis, si elle était « inexistante », comment diable était-elle « dangereuse »? Comprenne qui pourra pareil galimatias !

On aura beau ergoter et subtiliser, on ne pourra retirer l'associé de Jean-Pierre Veyrat du cercle vertueux où pour toujours il s'est solidement retranché.

Oui, il était opportun, il était nécessaire, il était urgent de dessiller les yeux de Démos sur la valeur des brillantes promesses des utopistes, de démasquer les faux prophètes. L'arrivée des *Voraces* en Savoie, quatre ans après la mort de Veyrat, n'en est point la preuve la plus sérieuse. Veyrat avait été en relations avec certains éléments avancés de la Savoie, sur lesquels avaient compté naguère Mazzini et Ramorino, qui devaient encore *agir*, et, tous deux, à des titres divers, contribuer à la défaite de Charles-Albert dans sa lutte contre l'Autriche (1). Était-il lié à leur égard par la loi du secret carbonariste?

> ... Ils m'ont traqué partout comme une bête fauve ;
> *Ils ont mis sur ma bouche un frein qu'ils ont serré ;*
> Puis, ils ont dit : Qu'il parle ! (2).

(1) A l'époque où J.-P. Veyrat prévoyait de nouvelles attaques contre l'ordre et la religion, certains écrivains savoyards en étaient encore aux idées politiques prêchées dans sa *Fiancée du Carbonaro*, avec son grand respect du prêtre en moins. Le 25 mai 1856, le ministre Rattazzi fit jouer au théâtre de Chambéry, malgré l'opposition du syndic, le drame antidynastique et même anticlérical de Joseph Dessaix : *Bonivard ou l'Indépendance*. On se battit aux représentations. Joseph Dessaix avait été surtout victime, comme jadis Veyrat, du romantisme historique et dramatique, hanté par le spectre des « tyrans ». Mais la politique alors inaugurée reniait toutes les traditions que J.-P. Veyrat avait exaltées et défendues dans d'éloquents articles dont seules l'ignorance et la mauvaise foi peuvent nier l'à-propos et la perspicacité.

(2) A. B., p. 160. — S. P., *Veille du Poète, 4e Heure.*

En tout cas, il refusait, malgré leurs persécutions, de les dénoncer personnellement. Mais il connaissait leurs idées et leur tactique, et voulait les contrecarrer au *Courrier des Alpes*. « Ce qu'on appelle à Chambéry le *parti libéral* (encore une fois, cette expression n'avait pas le sens mitigé qu'elle a aujourd'hui ; elle signifiait : *parti révolutionnaire*, plus ou moins genre *Homme Rouge*) avait pris l'alarme à mon premier article, écrit-il à Solar dans son *Mémoire*, et s'était rendu par une espèce de députation chez M. Raymond, pour obtenir de lui mon *silence*, et même, s'il se pouvait mon *expulsion* du journal... Je tiens ce fait de différentes personnes... entre autres de M. l'avocat Ménabréa... »

Nous ne croyons pas à une collusion entre Raymond et le parti dit libéral. Mais, en fait, Raymond, défenseur de l'ordre établi, a eu le courage, pour des raisons personnelles, de se ranger parmi les adversaires du journaliste J.-P. Veyrat. Or, ces adversaires, on ne les trouve ni parmi le clergé, ni parmi des royalistes comme Solar, Ménabréa ou le comte Marin, ni parmi les républicains modérés ou les partisans d'un régime monarchique constitutionnel (on l'a bien vu en 1848), mais parmi les anciens coreligionnaires de *l'Homme Rouge*. Raymond a réduit à l'impuissance l'ardent défenseur d'une cause qui leur était chère à tous deux.

La sanction de cette manière d'agir ne se fit guère attendre. Parlant de l'avocat Raymond, successeur au *Courrier* de l'ennemi de Veyrat, qui s'était lui-même efforcé de dénigrer les articles de notre *Donoso Cortès*, M. Louis Raymond écrit, p. 11, ces lignes que nous ne lisons pas sans tristesse, car rien ne nous indigne comme de voir de petits, très petits hommes, non seulement priver de son salaire, mais encore punir un bon ouvrier : « ... C'était surtout contre les fauteurs de désordre qu'il dépensait sans compter son énergie et son talent, contre les faux prophètes qui leurraient et échauffaient le peuple en faisant miroiter aux yeux crédules les grands mots de tolérance et de liberté, dont ils couvraient leurs criminelles doctrines de haine et de violence (— bref, une vraie campagne à la Jean-Pierre Veyrat !). Pour ceux-là, il était inexorable ; de sa plume aiguë, il les clouait au pilori, et les stigmatisait sans pitié. Aussi quelle passion parmi eux pour tâcher d'abattre ce terrible adversaire (— pareille « passion » de pareils adversaires, J.-P. Veyrat en avait cruellement souffert, qui reposait maintenant sous une croix de bois au cimetière de Chambéry !) : la calomnie, le mensonge, l'insulte, rien, pas même le crime, ne fut épargné. Ce fut principalement contre lui que fut dirigée, en 1848, la fameuse expédition des *Voraces :* suivant en cela la conduite que le Veyrat d'avant la conversion avait prêchée dans le sanguinaire *Homme Rouge* (— mais que le Veyrat *d'après la conversion* avait voulu rendre *impossible!*), les chefs du mouvement avaient résolu de s'emparer de la personne du journaliste pour le faire périr. Une autre fois, on complota d'incendier sa demeure ; à maintes reprises, des guets-apens furent tendus sur son chemin... »

Hélas ! Hélas !... pourquoi avez-vous brisé la plume vigoureuse d'un publiciste averti et converti, que le parti extrémiste, cause de vos malheurs, poursuivait de sa haine implacable?...

Quelle leçon de solidarité professionnelle et d'abnégation personnelle, quand il s'agit de défendre une *Cause!*

Nos lecteurs, d'après les faits seuls, jugeront jusqu'à quel point Raymond fut cruel envers Jean-Pierre Veyrat, mais ils pourront aussi juger jusqu'à quel point, dans ses démêlés avec son rédacteur principal, il se faisait, sans le savoir, le propre bourreau de lui-même.

— « J.-M. Raymond, explique, p. 102, M. l'avocat Louis Raymond, n'aimait pas Veyrat ; il ne *pouvait* pas éprouver de la sympathie pour lui, même en dehors de toute discussion personnelle... » Et il insiste sur « l'antipathie *native* qu'il éprouvait pour le poète ».

Dans ce cas, pourquoi Raymond a-t-il signé un traité avec l'antipathique Veyrat? L'ayant signé, pourquoi ces tracasseries et ces entorses à l'article 6 dudit traité? Espérait-il que la grave maladie de son rédacteur l'empêcherait d'écrire de beaux et bons articles, ou que des caresses un peu vives obligeraient un poète infiniment sensible à s'exiler lui-même de cette chère *Feuille*, naguère si *Sèche* et recroquevillée, et maintenant si drue et d'un *vert* si luxuriant?... En tout cas, il s'était heurté à une *intelligence* et à une *volonté*.

XIV. M. l'avocat L. Raymond écrit, p. 111 : « Le lecteur a vu, dans notre étude, passer sous ses yeux plusieurs fragments parus dans les *Mémoires* de l'Académie de Savoie, et dus à la plume de Pillet. Nous avons dit que l'opinion de cet écrivain, qui avait personnellement connu Veyrat et été son ami, était d'une importance considérable, et c'est l'évidence même. Nous avons montré que *certaines de ses affirmations démentent formellement celles de Veyrat*, soit en ce qui concerne sa *conversion* (— nous examinerons minutieusement ce point *à part* : il ne s'agit ici que de Veyrat publiciste), soit en ce qui a trait à ses *qualités de journaliste* et son œuvre au *Courrier*. Or, dans le livre de M. Berthier, *il n'est aucunement fait mention de l'opinion de Pillet sur ces divers points* (— assertion mensongère : on le verra, nous ne citions pas Pillet mot à mot, mais nous exprimions les *mêmes pensées* que lui, avec *mise au point* nécessaire). Pourtant son travail sur Veyrat était connu de M. Berthier qui le cite dans sa bibliographie (— sans aucun doute !)... Pourquoi donc ce *laissé-sous-silence gros de conséquences*, pourquoi cette mise à l'écart d'une opinion aussi *décisive?...* »

Très bien ! Très bien ! que l'on *s'enferre* à fond !...

Voyons si notre jugement sur Veyrat est contraire à celui de ce Pillet que nous avons attentivement consulté ; et, puisque nous n'avons pas cité *textuellement* Pillet, voyons *à l'égard de qui* ce prétendu *laissé-sous-silence* est *gros de conséquences*... passablement ennuyeuses et narquoises. Ici comme ailleurs, *la Mère Gigogne*, imprudemment sollicitée par notre honorable contradicteur, lui réserve de bien désagréables surprises.

— « ... A peine rentré à Chambéry, écrit Pillet, p. 30, Veyrat se préoccupe des moyens de *combattre les doctrines funestes de la révolution*, dont il signale avec effroi les progrès ; il songe à *fonder* un organe de publicité et adresse au Roi Charles-Albert une lettre... (— lettre qu'on a trouvée dans notre ouvrage)... » — « J'ai reproduit cette pièce, quoique un peu longue, parce qu'elle nous montre bien *l'ardeur juvénile* et la *clairvoyance politique* (— notez ces éloges : Pillet connaissait l'*atmosphère politique de son temps!*) du jeune publiciste après son retour d'exil. *L'histoire de Veyrat n'a pas encore été faite à ce point de vue* (— c'est *l'histoire* que nous avons *faite* nous-même, spécialement dans la partie littéraire de notre Étude : *la Pensée religieuse et sociale de J.-P. Veyrat à partir de sa conversion!...)* Le projet de Revue ne devait pas se réaliser, mais une occasion se présenta d'*atteindre le même but plus sûrement encore...* »

Comparez cette « opinion aussi *décisive* » de Pillet avec l'opinion de M. l'avocat Louis Raymond qui, très loyalement, l'a « mise à l'écart ».

Après avoir constaté le succès « considérable » de *la Coupe de l'Exil*, M. L. Raymond écrit, p. 27 : « Mais cela ne pouvait suffire à notre *ambitieux* (— adieu, *l'ardeur juvénile* et la *clairvoyance politique* de Pillet !). L'enthousiasme que soulève un recueil de vers va plus à l'œuvre qu'à l'auteur lui-même (! ! !), et surtout il ne se renouvelle point (— mais si : à chaque lecture !). On ne peut publier une *Coupe de l'Exil* chaque jour, et c'est *chaque jour que Veyrat voulait que l'on parlât de lui...* Il pensait que seule une publication périodique lui permettrait de *réaliser ce rêve, et c'est ainsi que naquit en lui l'idée de fonder un journal* (— adieu le rêve généreux d'un converti qui veut faire œuvre *utile* en cherchant les « moyens de combattre les doctrines funestes de la révolution !...)... »

Continuons à citer le loyal Pillet : « La Savoie ne possédait pour tout organe périodique qu'une *petite* feuille *hebdomadaire* publiée à Chambéry sous le nom de *Journal de Savoie*. Après la mort de M. G.-M. Raymond, son fils M. J. Raymond continuait la rédaction de ce journal, avec la conscience la plus scrupuleuse, mais *avec une rigidité un peu froide.*

Veyrat conçut le projet de développer, de rajeunir cette feuille *qu'on appelait ironiquement la feuille sèche*, et d'y infuser *l'ardeur patriotique qui brûlait son âme. Ainsi fut créé le « Courrier des Alpes »*, dont le premier numéro parut le 3 janvier 1843... »

Or, *tout ce passage, si élogieux pour J.-P. Veyrat*, a été radicalement *supprimé* de la citation faite par M. l'avocat Louis Raymond ! ! ! si bien, que les critiques de Pillet *seules* reproduites par lui vont se trouver privées des nécessaires « compensations » qu'y avait introduites l'ami de J.-P. Veyrat !

— On appréciera comme elles le méritent, ces amputations et soustractions (— on en trouvera d'autres plus scandaleuses encore), voulues, calculées, pour diminuer le mérite de J.-P. Veyrat et l'autorité de son biographe, d'autant plus sévèrement que leur auteur a eu l'audace de les reprocher à autrui sur un ton de suffisance et d'outrecuidance inouï jusqu'ici dans le monde de l'érudition.

Les témoins refusent de mentir.

M. l'avocat Louis Raymond commence ici sa citation de Pillet : « Poète, littérateur, Veyrat n'avait cependant aucune des qualités qui font un bon journaliste. » Mais c'est pour l'interrompre aussitôt, parce que Pillet poursuit ainsi : « Dans le premier numéro, en prenant la direction politique et littéraire du *Courrier des Alpes*, il débute par un *magnifique* programme politique et religieux, en quatre grandes colonnes. Dans le quatrième numéro (— nous avons vu pourquoi ce judicieux article n'a point paru dans le troisième numéro), c'est le tour de *l'Industrie considérée au point de vue politique et social...* »

Enfin, M. L. Raymond, p. 73, cite le reste de la remarque de Pillet, parce que, — habilement amputée par lui de son correctif, — il *s'imagine* pouvoir l'appeler avec plus de vraisemblance un « réquisitoire... écrasant » pour J.-P. Veyrat : « Il excellait à écrire ces dithyrambes en prose qui intéressent peu les lecteurs ; mais recueillir les faits de la politique *quotidienne*, en présenter un résumé clair et substantiel, ce qui constitue le corps et l'intérêt réel d'un *journal*, c'était pour lui trop vile besogne. Il eût cru déroger en y mettant la main. Nous ne trouvons plus de lui que trois articles de critique intitulés : *Des progrès de la démoralisation publique*, et deux au sujet des *Amschaspands et Darvands*, ouvrage *aujourd'hui* bien oublié de Lamennais. » — Notez que cet « aujourd'hui » désigne, non pas l'année 1843, où Veyrat écrivait dans le *Courrier* et où le *mennaisianisme* battait son plein, — mais l'année 1887, où Pillet publiait ses *Doc. in. sur J.-P. Veyrat*, complément de l'étude de l'Autrichien A. Weiss, parue en 1884 !).

« *L'esprit en est certainement excellent*, mais ses lecteurs tenaient bien plus à recevoir jour par jour les *nouvelles* politiques. C'étaient alors des débats des Chambres françaises, les guerres en Algérie contre Abd-el-Kader, l'agitation d'O'Connell en Irlande, et les mouvements insurrectionnels de l'Espagne. En dépit de son titre de directeur‑politique et littéraire du *Courrier des Alpes*, notre poète ne songeait pas à rédiger cette partie essentielle du journal, il en laissait toute la charge à M. Raymond qui signait comme *directeur-propriétaire*. »

— Pillet a raison de dire qu'un *journal* doit donner des *nouvelles* à ses lecteurs : mais il oublie que le *Courrier des Alpes* avait été créé pour être tout autre chose qu'un simple journal de *nouvelles!*... J.-P. Veyrat était fidèle au programme approuvé par le roi, les ministres, les personnages les plus éclairés du temps. Selon les termes du traité, il ne se croyait obligé qu'à la rédaction des articles *vraiment politiques et littéraires*, et se refusait de reconnaître cette qualité à des compilations de faits-divers et extraits de journaux étrangers, caractéristiques du défunt *Journal de Savoie*, et dont, en dépit de son titre de *directeur-propriétaire*, il estimait que le seul Raymond s'était chargé : « Les articles *littéraires et politiques*, que fournira M. Veyrat, disait l'article 6 du traité, qu'ils soient de lui ou qu'ils viennent d'ailleurs, ne seront soumis à *aucun contrôle* de la part de *M. Raymond* qui, de son côté, conserve la *direction* et le contrôle *de tous les autres genres d'articles*. » Le *directeur-propriétaire* n'avait pas que la qualité de *propriétaire*, mais encore la *direction* de tous les genres d'articles, *autres que politiques et littéraires*. — Lesquels, si ce n'est ces articles de *nouvelles* politiques et autres, comptes rendus et extraits de journaux, dont parle Pillet?... — A ce genre de travail, nécessaire nous le reconnaissons, Raymond était habitué de longue date, et avait raison de se faire aider par un subalterne ; mais J.-P. Veyrat, s'il avait tort de le dédaigner, *n'avait pas à s'en mêler*.

M. l'avocat Louis Raymond, p. 102-103, se plaint du traité du 24 mai 1842 : « Eût-il eu (Raymond) pour Veyrat de tous autres sentiments (qu'une « antipathie native »), cela n'eût pu empêcher qu'il en fût profondément mécontent ; maître absolu jusque-là du *Journal de Savoie*, libre, sous la seule condition de ne point mécontenter la censure, d'y *écrire tout ce qu'il voulait* (— oui, mais que *voulait-il?)*, n'ayant à partager avec personne *les bénéfices de l'entreprise*, bien vu du gouvernement et en ayant reçu mille marques d'approbation, il se voyait tout à coup dépouillé de cette confiance et de cette autonomie, contraint de subir et de payer fort cher *un rédacteur à qui toute la partie intéressante, la seule active, de la Rédaction était réservée* (— il aurait dû se la *réserver* à lui-même, au lieu d'accepter « la direction et le contrôle de tous les *autres* genres d'articles »), sans qu'il pût aucunement y intervenir, ravalé, en quelque sorte, au rang d'éditeur qui n'a pas même le droit de choisir parmi les œuvres qu'on lui propose !... »

Sans doute ; mais aucun tribunal ne pourrait condamner Veyrat pour s'en être tenu au programme du *Courrier*, et aux termes de son traité avec Raymond.

Estimera-t-on encore maintenant que la citation, même tronquée, de Pillet, constitue un « réquisitoire écrasant » pour J.-P. Veyrat? N'estimera-t-on pas plutôt que les parties de cette citation, atrocement amputées par notre contradicteur, constituent un bel et juste éloge de « l'ardeur juvénile et de la clairvoyance politique du jeune publiciste »?...

Enfin est-il vrai que nous n'ayons pas fait nous-même, avec la mise au point nécessaire, une observation analogue à celle de Pillet?... N'avons-nous pas écrit, à l'adresse de ceux qui savent *lire:* « Le 23 mars de cette même année 1843, s'achevait déjà cette œuvre de polémique littéraire et philosophique, solide, éloquente à coup sûr, et qui assure au *Courrier des Alpes* une discrète immortalité, mais qui, somme toute, eût été mieux à sa place dans une *revue* que dans un journal (1)... » Et encore : « Il (Veyrat) ne comprenait pas assez qu'un journaliste doit être aussi un *informateur* exact, précis, parfois prosaïque... Il y a ainsi des *talents réels*, mais de nature différente qui, incapables de s'apprécier, ne savent que se dénigrer mutuellement (2). »

XV. On ne peut tenir aucun compte des appréciations de M. l'avocat Louis Raymond relatives aux articles de Jean-Pierre Veyrat : c'est bâclé, tendancieux, écolier, sans nuances, injuste, entaché

(1) A. B., p. 175.
(2) A. B., p. 176.

d'une épouvantable ignorance de l'atmosphère politique et littéraire de l'époque. On l'a vu à propos de l'article sur *l'Industrie*.

Bouvier avait écrit avec raison des seize articles mentionnés par Veyrat comme ayant été imprimés dans le journal, qu' « il s'agit probablement d'entrefilets anonymes et de feuilletons signés de trois astérisques ». — « Nous ne le croyons même pas, objecte M. L. Raymond, p. 73, — *car à aucun moment* on ne retrouve *la manière de Veyrat*, si facilement reconnaissable à son exagération et à son pessimisme. » — Or, pareille raison ne vaut rien ; la plume de Veyrat avait une autre souplesse que celle de son adversaire, et nous nous étions donné la peine de caractériser *la manière de Veyrat auteur comique !...*

M. l'avocat L. Raymond recueille pieusement les appréciations *anti-veyratistes* de l'avocat Raymond défendant la cause de son frère, p. 74 : « ... Trente-quatre lignes de vanteries et de remerciements, en réponse à *l'Univers*... Article pour se donner des gants... etc... »

Comme on voit, c'est de *la critique en famille*.

Il n'a pas compris l'actualité palpitante de l'article sur les œuvres de Rosmini, refusé par Raymond : on sait que le grand philosophe catholique Rosmini se soumit humblement, quand deux de ses opuscules furent mis à l'index, et qu'il eut comme adversaires Gioberti, et Lamennais qu'il avait vainement tenté de ramener à la vérité.

Il parle, p. 76, de « la critique, d'un *intérêt plus que discutable (!)* d'une œuvre de Lamennais qu'il (Veyrat) était *sans doute (!) le seul en Savoie à avoir lue...* »! alors qu'il s'agit d'une vigoureuse critique du *mennaisianisme* à l'ordre du jour, à propos d'un ouvrage d'actualité.

Il écrit, p. 74, en parlant des articles *Du Progrès de la démoralisation publique:* « ... *délayage (!)* de l'article sur la Littérature (où J.-P. Veyrat se montre aussi perspicace qu'un Sainte-Beuve ou un Lasserre) ; la troisième partie en eût été plus originale (1), c'est *celle sur* (sic) les audiences criminelles, mais elle ne parut point, *sans doute* supprimée par la censure en ce qu'elle s'attaquait au principe de la publicité de ces audiences, inscrit *au fronton des lois pénales.* »

Ce « sans doute » est une étiquette trop piteusement fallacieuse

---

(1) « Veyrat en avait *pris l'idée (!)* dans les Réflexions de l'*Ermite de Saint-Saturnin* (à propos de l'affaire Fualdès)... », s'écrie précipitamment Me L. Raymond, sans voir à quoi va aboutir son observation. Non, Veyrat n'avait pas *pris l'idée* au vieux G.-M. Raymond ; mais, malgré son indéniable originalité, il *s'accordait avec lui* sur une question importante : concordance qui eût ravi d'aise l'auteur de l'*Ermite.* L'adversaire de Veyrat a manqué une fois de plus à son devoir en écartant un article en si parfaite conformité avec la pensée de son cher papa.

sur une supposition trop visiblement gratuite. Jadis la censure n'avait opposé aucun véto à l'article de G.-M. Raymond sur la triste et scandaleuse affaire Fualdès, paru dans le *Journal de Savoie*. Ce beau « fronton » n'a pu en l'occurrence impressionner la censure, et pour cause !... Le spectacle public, pernicieusement suggestif, affolant parfois, des Assises criminelles en France, dont J.-P. Veyrat dénonçait les dangereux effets, en évoquant les affaires Peytel, Laffarge, Lacenaire, était *inexistant en Savoie en* 1842 ! Les édits du 28 octobre 1814 et 14 août 1815 avaient remis en vigueur toute l'ancienne législation antérieure à la révolution, exposée dans les *Royales Constitutions* de 1770 et le *Règlement particulier pour la Savoie* du 13 août 1773, d'après laquelle la procédure criminelle était écrite et *excluait les débats oraux*, comme la procédure civile. L'institution du jury ne date chez nous que de 1859. Sans doute, un nouveau code de procédure criminelle parut qui, s'inspirant du Code d'Instruction criminelle français, était basé sur *la procédure orale et la publicité des débats*, — mais ce nouveau code ne fut promulgué que par un édit du 30 *octobre* 1847, entériné par le Sénat de Savoie *le 6 novembre suivant*, — soit *quatre ans après la mort de J.-P. Veyrat et cinq ans après sa campagne au « Courrier des Alpes »* !...

Ayant déjà à combler les lacunes de M. l'avocat Louis Raymond au point de vue de l'Histoire politique, religieuse et littéraire, nous ne nous attendions certes pas à l'excessif honneur qu'il nous fait de nous inviter lui-même à lui rappeler son Histoire des Institutions Juridiques.

Veyrat ayant été *empéché* d'écrire, on lui reproche de n'avoir *pas assez* écrit : c'est le fin du fin, et la fin des fins.

M. l'avocat Louis Raymond écrit, p. 10 de son pamphlet-plaidoyer *pro domo :*

« ... Quoi qu'en dise M. Alfred Berthier dans sa thèse de doctorat sur Jean-Pierre Veyrat, ce ne sont point les *trois ou quatre* proclamations *incandescentes* de Veyrat (— il n'a pas dépendu, hélas ! de Veyrat que le nombre de ces articles éloquents et universellement applaudis n'ait été plus considérable !) qui restent du *Courrier des Alpes*, mais bien *la série magnifique* des articles sortis de *la plume féconde* du journaliste », de la « plume féconde », et *nullement entravée*, celle-là, de la plume « de feu » d'un journaliste (*frère* de l'adversaire de Veyrat, et *étranger* au débat) qui fut, à sa manière, aussi « incandescent » que Jean-Pierre Veyrat lui-même !

M. l'avocat Louis Raymond n'a compris ni l'opportunité historique ni la portée philosophique des trop rares articles de notre *Donoso Cortès*, qui dépassent infiniment en intérêt *général* les articles de politique locale de ce journaliste ici évoqué pour jeter quelque lustre sur l'insignifiante figure du Raymond dont eut à se plaindre J.-P. Veyrat.

Hâtons-nous de passer à des témoignages plus sérieux et plus objectifs dont, — naturellement, — on ne trouve *pas trace*, dans l'opuscule pseudo-historique de notre contradicteur.

XVI. De « l'impartial et érudit Bouvier », p. 28 :

« Le *Courrier des Alpes* parut le 3 janvier 1843... La presse de cette époque... était une *tribune* où l'on montait pour enseigner. Qui l'abordait devait avoir quelque chose à dire et s'être préparé à le dire... Aujourd'hui, la chaire politique très décriée est d'un accès plus commode... — ... le troupeau que paît la gazette se compose de gens simplement curieux... Celui qui leur jette des *nouvelles* à poignée comble leur attente. Celui qui argumente offense leur *supériorité*, quand il n'excite pas leur *colère*, en dérangeant leurs opinions. Il faut croire que le public de 1840 était moins rêche ou moins dissipé. Dès le premier jour, Veyrat le prit avec lui sur un ton doctoral, soutenu avec une grave éloquence pendant tout le temps qu'il mit à exposer les thèses fondamentales de son enseignement... — ... Il (Raymond) eût préféré une déclaration de guerre moins bruyante, un ton plus nuancé, une *fanfare adoucie*, avec un peu de révérence pour les adversaires de qualité. Dans le public ainsi abordé brusquement, sans précaution, les critiques s'élevaient, drues, malveillantes, acerbes. *La ferveur de croyance* qui échauffait la prose du journaliste offensait la logique *d'anciens amis* soupçonneux. Connaissant ses circuits à travers des doctrines désavouées par sa foi nouvelle, ils taxaient son enthousiasme d'hypocrisie. *Des sots* protestaient qu'une âme égarée jadis n'avait nul droit de s'immiscer aux affaires de la vérité. *Les pharisiens* se scandalisaient qu'un homme dont la pensée avait eu des détours et la vie des défaillances osât professer de si hauts principes. Ces *héritiers préciputaires du ciel* refusant licence d'écrire aux simples mortels non munis de plumes d'ange, *boudaient* (— l'un d'entre eux au moins ne se contenta pas de *bouder !)*, pendant que *les ennemis politiques* raillaient et calomniaient, parlaient de trahison mercenaire et de conversion intéressée. Veyrat *souffrait cruellement* de ces froideurs et de ces haines... *Il n'en suivait pas moins avec fermeté la voie qu'il s'était tracée. Du jour où il voua son talent à la seule cause qui mérite ici-bas la complète adhésion de l'intelligence et le total abandon du cœur, il ne forligna pas...* »

Du Supplément à *la Gazette de France*, 2 février 1841 :

« ... Gloire à *l'excellent prosateur*... M. Veyrat a fait précéder ses chants poétiques de deux morceaux écrits en prose et qui suffiraient pour démontrer *la hauteur de son talent*. Le premier est revêtu de la forme philosophique, le second de celle du récit : tous deux sont l'expression de cette idée aussi juste que profonde que, pour la société comme pour l'individu, le catholicisme est base, consolation, espérance et bonheur... »

Du journal *l'Univers*, janvier 1843 :

« ... Nous regrettons de ne pouvoir transcrire ici *les remarquables articles* dans lesquels le *Courrier des Alpes* expose ses principes en religion, en politique, en littérature, en industrie. Mais nos lecteurs ne tarderont pas à être dédommagés par les citations que nous aurons l'occasion de faire... »

D'un compatriote de J.-P. Veyrat en 1848 (1), ce témoignage intéressant d'un homme habitué au genre de style en honneur à cette époque :

« Comme prosateur, comme publiciste, j'ignore s'il (Veyrat) a eu des *rivaux* et des *maîtres :* je pense qu'il n'en aurait pas eu, si le temps avait permis à cette noble et vigoureuse plante de faire succéder à l'exubérance des fleurs l'abondance et la maturité des fruits qu'elle promettait. »

Du grand catholique et célèbre avocat lyonnais Auguste Rivet, directeur de la revue *l'Institut Catholique*, lettres de 1843 et 1844 à Jean-Pierre Veyrat, à l'ancien *Homme Rouge*, bien connu à Lyon :

« Je ne puis résister au plaisir de vous exprimer la satisfaction de *l'Institut Catholique* à qui j'ai lu vos deux articles sur les *Progrès de la démoralisation* de notre époque. Je vous demande l'autorisation de les *publier* incessamment... Je vous prie donc, Monsieur, de ne pas oublier *notre société qui vous compte parmi ses membres les plus honorables...*

... Votre collaboration nous a fait *le plus grand honneur ;* veuillez *la continuer dans l'intérêt du bien public* encore plus que dans le nôtre...

... Nous n'avons reçu ni la suite de votre article sur la *démoralisation* ni la première partie de votre nouveau poème... —... *vos articles... le plus bel ornement de notre Revue...* Je pense que vous avez lu le compte rendu que j'ai donné de *la Coupe de l'Exil...* — ... Votre silence prolongé, malgré vos bienveillantes promesses, me fait craindre

______

(1) *Que doit faire la Savoie ?* par un Savoisien. Carouge, 1848, p. 74.

que vous ne soyez malade. Soyez assez bon, Monsieur, pour nous tirer d'inquiétude... »

Le pauvre Jean-Pierre, abreuvé d'amertumes, était maintenant moribond ou mort. Il n'ennuyait plus Raymond.

Mais ces témoignages d'estime et d'admiration d'un publiciste catholique, intelligent, dévoué, au courant du mouvement des idées, « compensent » très largement les dédains affectés et intéressés de tous les Raymond du monde.

Oui, les magnifiques articles de Veyrat, conformes comme ton et style au goût de l'époque, avaient le mérite d'une incontestable opportunité. Le directeur-propriétaire du *Courrier des Alpes* eut *grand tort* de les refuser ou de ne les insérer que sous menace de procès. Les paternelles appréhensions de Mgr Charvaz sur la santé de Veyrat n'ont rien à voir ici : malgré ses souffrances, Veyrat a élaboré des articles refusés par Raymond, dont un certain nombre existe encore. Veyrat a déployé toute l'activité que Raymond lui a permis de déployer.

On voit ce qu'il faut penser des souhaits rétrospectifs de M. l'avocat Louis Raymond, p. 76 :

« Veyrat aurait dû comprendre *la situation* (— nos lecteurs la comprennent fort bien), et, voyant qu'il ne *pouvait* tenir ses engagements (— « ses engagements », il les « tenait », ce qui prouve, croyons-nous, qu'il « pouvait » les « tenir » !) *se retirer d'une entreprise* (— dont seul il avait été l'architecte !) où il n'était et ne pouvait plus être qu'un *poids mort* (— ce « moribond » était moins « mort » intellectuellement que ses détracteurs). Cela eût été *infiniment plus loyal et plus sage* (— *infiniment* moins ennuyeux et plus avantageux pour Raymond) que d'intenter un procès qu'il n'avait aucune chance de *gagner* (— autant de chance pour le moins de *gagner* que de *perdre*, vu l'attitude des Tribunaux !)... »

Eh bien ! non ! J.-P. Veyrat n'était pas obligé d'abandonner sans réclamations à l'heureux Raymond le bénéfice de son initiative, de son sage programme, de ses démarches, des autorisations qu'il avait obtenues pour développer et améliorer l'unique journal de Savoie, et du sacrifice qu'il avait fait de sa tri-hebdomadaire *Revue des Alpes*, où il eût été maître chez lui.

XVII. « ... Veyrat, écrit M. L. Raymond, p. 84, *ne pouvant avouer que ses premiers articles avaient été simplement découpés dans le Prospectus de la Revue des Alpes* (— encore une fois, Veyrat n'avait

pas à « avouer » ce que tout le monde savait et approuvait et applau-
dissait), inventa de dire que Raymond les avait critiqués parce que
trop religieux! Plaisante explication... *Comme le dit Bouvier*, les sentiments catholiques du Propriétaire-Directeur étaient hors de conteste... (— sans doute ; mais, *comme le dit* aussi le même *Bouvier*,
dans l'affirmation des « sentiments catholiques » du *Courrier*, Raymond eût préféré une « fanfare adoucie » !...) ... Et il est vraiment
amusant (— nous verrons si c'est très *amusant!)* de voir Veyrat
prétendre que Raymond lui reprochait de parler irrévérencieusement
de Voltaire, *alors que ce même Raymond avait accueilli dans ses colonnes,
et sans y être contraint par aucun traité imposé* (— très bien : *toutes
les conditions existent qui démontreront jusqu'à l'évidence la criante
injustice de Raymond envers Veyrat* !), *une longue étude sur ce même
Voltaire* et sur Rousseau, où l'on malmenait *pourtant bien davantage*
l'auteur de la Pucelle que n'avait *osé (!)* le faire Veyrat... »

Or, l'article en question est d'un protecteur et admirateur de
Veyrat, gagné par son exemple et soucieux d'appuyer sa pensée.
Ce n'est pas autre chose qu'un vigoureux résumé du fameux jugement
de J. de Maistre sur Voltaire et de l'ardent réquisitoire de J.-P. Veyrat lui-même contre l'Attila moderne dirigeant la dernière *invasion
des Barbares.*

— « Ne pouvant plus comme ses devanciers brûler les bibliothèques
et les titres du monde, disait Veyrat, cette grande victime intellectuelle d'une fausse Histoire, il voulut les *fausser* pour faire *mentir
l'histoire* au profit de ses passions... La société se livrait à ce génie
des tempêtes ; les rois recherchaient ses faveurs ; les grands attendaient qu'il daignât leur sourire ; la populace poussait des cris de
joie quand il paraissait au théâtre ou dans la rue... et l'on ne vit le
côté terrible de son rôle que des hauteurs sanglantes de l'*échafaud...* »
(— *Courrier*, 3 janvier 1843).

— « ... Telle fut l'idole de la philosophie et du libéralisme, reprenait
en écho le comte Marin en parlant du même Voltaire, le bienfaiteur
de l'humanité, le défenseur de l'innocence opprimée, l'apôtre de la
tolérance, l'homme universel, qui avait brisé toutes les chaînes des
préjugés ! Tel fut l'homme qu'une époque trop signalée par une
déplorable célébrité, fit pompeusement placer au Panthéon, à côté
des monuments que la patrie reconnaissante prétendait élever aux
grands hommes, au génie, aux bienfaiteurs de l'humanité ! Il est vrai
qu'elle y plaça aussi *Marat...* » (— *Courrier*, 28 mars et seq.)

Comme idées et comme genre de style, on dirait du Jean-Pierre Veyrat. Personne ne trouvera les « attaques de Veyrat » « pâles » à côté

de celles du comte Marin. Ce sont les répliques concertantes d'une sorte de *chant amœbée* philosophique !

Alors? Pourquoi Raymond a-t-il âprement chicané le morceau du pauvre Veyrat et docilement accepté, « sans y être obligé par aucun traité imposé », celui du comte Marin?

La réponse n'est pas plus « amusante » que cela !

« *Comme le dit Bouvier*, les sentiments catholiques du Propriétaire-Directeur étaient hors de conteste... » Mais, comme « le dit » non moins le même « Bouvier », Raymond « eût préféré une déclaration de guerre moins bruyante, un ton plus nuancé, une fanfare adoucie, avec un peu de révérence pour les adversaires de qualité ». Il ne trouvait rien de pareil dans la féroce diatribe du comte Marin, et cependant il l'accueillait sans ergoter.

Il aurait *voulu démontrer urbi et orbi* qu'il en avait contre le *seul* Jean-Pierre Veyrat, qu'il ne s'y serait pas pris autrement.

Et nous protestons au nom de la justice et de l'humanité. L'*endurance* de Veyrat en toute cette affaire fut *prodigieuse*, en dépit de ses élégiaques gémissements : Philinte y serait devenu *misanthrope*, et Alceste *enragé!*...

Même observation pour les articles de F. Périllat sur la *Perfectibilité* (*Courrier*, 22 avril et seq.) : articles fort intéressants, qui, toutefois, comme ceux de Veyrat, seraient de nos jours accueillis dans une *revue*, non dans un *journal*. Mais encore une fois, le *Courrier* n'avait pas été créé pour être un simple recueil de *nouvelles* comme la défunte *Feuille Sèche*.

Jean-Pierre Veyrat y avait *inauguré*, dès le 3 janvier 1843, une école de hautes études politiques, sociales et littéraires qui intéressèrent vivement les contemporains : ce succès explique l'insertion des articles de Périllat et du comte Marin.

J.-P. Veyrat avait ouvert la voie royale.

Autre question. Veyrat écrit à Solar, dans son *Mémoire :* « ... Enfin l'on est allé jusqu'à faire une guerre *presque* ouverte aux principes que je défends dans la feuille que j'ai le soin de *diriger*. Ainsi, quand je disais *dans la grande colonne* que *le spectacle des passions était immoral*, et que le théâtre (le théâtre moderne surtout) était un agent énergique de corruption, *l'on me répondait dans le feuilleton* (— *Courrier*, 4 février 1843) que *les spectacles étaient un besoin de tous les temps et de tous les lieux*, et l'on alléguait pour exemple les jeux du cirque et les gladiateurs !... »

M. l'avocat Louis Raymond écrit, p. 86 : « ... Il (Veyrat) se garde bien d'ajouter qu'*après avoir fait cette constatation* (car le fait est exact et *tous les Veyrat du monde (!)* n'y changeront rien), l'auteur *anonyme* de ce feuilleton (— en l'espèce, l'anonymat est loin d'être une excuse !...) déplorait la rareté croissante des pièces de théâtre qui *éloignent du vice et excitent à la vertu*, et flétrissait *ces auteurs coupables qui, spéculant sur les passions du jour, les flattent au lieu de les combattre*. C'est là, nous semble-t-il, bien plus abonder *dans les idées* (sic) de Veyrat que de *leur faire une guerre ouverte* (— Veyrat dit : *presque ouverte*)... »

Eh bien, non ! ce n'est pas là « abonder *dans les idées* », ni même, pour parler français, *dans le sens* « de Veyrat » : c'est, au contraire, chercher à diminuer son autorité aux yeux des lecteurs du *Courrier des Alpes*, en *soulignant*, méchamment, inopportunément, ce que son article vigoureux, incisif, *destiné à secouer les préjugés du grand public*, peut contenir *de trop absolu et de trop catégorique en soi* (1). La grossièreté du « procédé » saute aux yeux. Veyrat ne pouvait se dissimuler que c'était là une *riposte* qu'on lui adressait *personnellement :* « ... L'on *me* répondait dans le feuilleton... »

Veyrat écrit son article dans *la grande colonne ;* Zoïle, à son insu, en insère un autre *sur le même sujet* dans *le feuilleton*. Zoïle ne dit aucun mal de l'article de Veyrat ; seulement, reprenant *la même idée* que lui, il affecte d'être plus modéré, il opère une mise au point qui, vu le contexte du journal, se trouve être, de toute évidence, un blâme public à l'adresse de Veyrat, rédacteur en chef. Le *feuilleton* paraît, sans que ledit rédacteur en chef, qui a la direction et la responsabilité de tous les articles politiques et littéraires, ait été prévenu de cette inconvenante annotation : agréable surprise imaginée par un directeur-propriétaire aimablement facétieux, et désireux de montrer à son rédacteur combien il « abonde *dans ses idées* » !... C'est bien plutôt *abonder en malice*.

Zoïle a raison, sans doute, de rappeler avec une si charitable précipitation à ses frivoles lecteurs, — qui, n'est-ce pas, pourraient *l'oublier*, à la joyeuse stupéfaction de « tous les Veyrat », et même de tous les Bossuet « du monde », *Maximes et réflexions sur la Comédie*, 1694, — que *les spectacles sont un besoin de tous les temps et de tous les lieux*, « car le fait est exact » ; il a raison de « déplorer », avec de si touchants soupirs, « la rareté croissante des pièces de théâtre qui

_____

(1) Joseph de Maistre disait non sans raison : « Il y a des moments où l'opinion sur certains sujets importants penche trop d'un certain côté. Il est bon de la traiter alors comme les arbres qui se courbent, et de la tirer avec force du côté opposé. »

éloignent du vice et excitent à la vertu », et de « flétrir ces auteurs coupables qui, spéculant sur les passions *du jour* (— et même, hélas ! de l'éternelle nature humaine !) les flattent au lieu de les combattre ». Mais Zoïle a tort, grand tort de faire ce bel ouvrage *au lieu et au moment* où il le fait, parce qu'*il porte préjudice* au rédacteur politique et littéraire, auteur de l'article qui figure dans *la grande colonne*.

Ce n'est pas « abonder *dans les idées* de Veyrat », cela : c'est se livrer à un « chinage » professionnel en règle, que le plus patient journaliste, poète ou non, n'eût jamais toléré.

On saisit sur le vif l'ingéniosité du doux et pacifique Raymond à taquiner, à chagriner, à provoquer son associé Veyrat.

Veyrat, cet infortuné, ce grand malade, qui devait mourir l'année suivante, surmontait ses souffrances pour produire d'utiles et vigoureux articles. Et il avait l'amertume de les voir ou refusés, ou dénigrés sournoisement comme ici, dans ce journal qui ne devait son existence qu'à son initiative et à ses démarches, et dont, seul, d'après le traité, il avait la direction politique et littéraire.

Voilà comment l'ingénieux Raymond « abondait *dans les idées* de Veyrat » !... Qui pourrait l'approuver?

XVIII. Jean-Pierre Veyrat, malgré ses malheurs, a connu en Savoie une gloire extraordinaire, universelle, fulgurante, — que l'on peut trouver en disproportion avec son mérite réel, mais qu'aucun littérateur, même parmi ceux qui lui sont supérieurs, n'a obtenue.

Eh bien ! jamais le *Lamartine des Alpes* n'a dédaigné ses confrères savoyards. Personne, à l'époque, n'a autant travaillé que ce chantre du Foyer et de la Terre natale, ce « converti » de notre Joseph de Maistre, pour la cause du *Régionalisme* et du *Traditionalisme*. Que nous le voulions ou non, à ce point de vue, il est notre précurseur à tous. Jamais il n'a cherché à éteindre le mérite des *écrivains* de son pays : laissons de côté son ennemi Raymond qui ne fut pas un *écrivain*. Quelle tentation cependant pour un « gensdelettres » *arrivé*, de laisser tomber quelques gouttes de salive corrosive, en se gonflant le jabot et la caroncule, sur les modestes, contemplés du pinacle de sa célébrité !... Nous avons soigneusement parcouru toutes ses œuvres : quel que soit l'écrivain savoyard, prosateur ou poète qu'il aborde, jamais nous n'avons éprouvé, comme pour d'autres, le besoin de paraphraser charitablement à son adresse la prière du poète de l'*Anthologie :* « Philomèle, Philomèle, doux et cruel rossignol, ne te déshonore pas en épousant la querelle de la pie méchante. Épargne,

8

mieux encore, protège cette pauvre petite cigale, citoyenne du même arbre que toi... un chanteur comme toi !... »

Dans la préface de sa *Coupe de l'Exil*, il rendait hommage aux œuvres de ses compatriotes, Charvaz, Rendu, Ménabréa, Replat : « L'auteur de l'*Essai sur la marche des Études historiques en Savoie et en Piémont* (Ménabréa) nous donne l'espérance qu'il se trouvera un homme d'un esprit assez patient pour fouiller dans nos vieilles archives et assez fort pour faire sortir notre histoire nationale des ténèbres où elle est encore (— il fut toujours un passionné de l'Histoire de Savoie). Tout le monde a lu avec un intérêt plein de charme un tout petit poème : *Duingt, Menthon et Montrotier;* ce poème écrit avec tant de grâce et de naïveté, nous fait regretter le trop long silence poétique de M. Replat. Enfin, la plume qui a écrit le livre de *la Perfectibilité humaine* est celle d'un grand et profond écrivain, et le *Solitaire Auvergnat* est venu nous prouver que la contrée qui a produit les deux de Maistre n'est pas restée stérile après ce glorieux enfantement. »

Ce n'était pas uniquement en sa faveur que « notre ambitieux » (1) avait voulu améliorer la Presse Savoyarde. On se rappelle sa lettre à Charles-Albert : « L'établissement en Savoie d'une feuille périodique qui grouperait dans sa rédaction *les intelligences supérieures des deux côtés des Alpes* (— il parlait en loyal sujet de la monarchie sarde, et ne pouvait prévoir le changement du régime politique de la Savoie ; il tendait à enlever à Turin centralisateur, au profit de Chambéry un peu oublié, le grand honneur de publier une revue unique dans le Royaume !), qui serait consacrée à la défense de l'ordre moral, monarchique et religieux et des grands intérêts de la civilisation, qui donnerait un *organe à tous les talents...* qui relèverait le drapeau de la *tradition*, raviverait le *sentiment national...* l'établissement d'une telle feuille nous semblerait un puissant moyen d'action contre les doctrines suspectes et contre l'influence étrangère... Il favoriserait en outre les *études historiques et littéraires...* »

Non, ce n'était pas là le rêve d'un égoïste, mais d'une âme saintement ambitieuse du bien et de la gloire de sa patrie.

A ce rêve les deux ailes ont été cassées (2).

Mais quel Savoyard ne le regrettera?...

---

(1) L. R., p. 27.
(2) Au gouverneur La Planargia, si dévoué aux intérêts de la Savoie intellectuelle, à la perspicace Cassandre qui s'enrouait à prophétiser la chute du *Courrier*, Solar de La Marguerite, répliquait, le 10 janvier 1843, par ces lignes mordantes : « ... Quant aux chances de sa réussite (du *Courrier*), plusieurs personnes de Cham-

XIX. Nous avons dit que Veyrat, après l'*arrangement* de son affaire avec Raymond, ne voulut pas se reposer, p. 180 : « Jean-Pierre Veyrat ne songea pas à somnoler dans le *modeste canonicat* (1) que lui avait octroyé la bienveillance royale. Il ne remit pas les pieds au *Courrier des Alpes*, mais il revint à son projet de revue nationaliste, monarchique et catholique. » — Nous parlions de l'*Abeille, revue savoisienne de la littérature, de l'industrie et des arts.*

M. l'avocat Louis Raymond écrit, p. 95 : « M. Berthier s'est *imaginé (!)* que cette nouvelle tentative de Veyrat avait suivi la *solution* (— l'*arrangement !*) du différend, et que seule la maladie avait empêché l'*ex*-rédacteur politique du *Courrier* de *réaliser son rêve* (— cet *ex*-rédacteur, de par la volonté du roi, d'Avet et de Solar, demeurait bel et bien *rédacteur* du *Courrier*, mais à l'abri de toute « coaction » de la part de Raymond !). La vérité est bien différente. Des *recherches* dans les archives sardes de *Turin* (... *o città favorevole ai piaceri !*)

béry, dont l'opinion paraissait une garantie, les avaient jugées favorables. Nous ne pouvons pas préjuger ce qu'elles seront à l'avenir ; mais si, comme vous le croyez, Monsieur le marquis, cette publication ne pouvait pas se soutenir, nous *regretterions* qu'un projet, dont la pensée avait mérité tout l'intérêt de S. M., n'eût *pas trouvé dans le pays un encouragement et une assistance* sans lesquels il ne pouvait atteindre le but désiré... »

Bravissimo, Solaro !...

La belle intelligence et le grand cœur d'un Solar vérifient, une fois de plus, l'observation de notre Joseph de Maistre : « *Les amis de Piémont sont uniques, comme ses organsins.* »

Consulté par nous, un de nos amis italiens, dont l'érudition égale la bienveillance, s'imaginant que le plaidoyer-pamphlet dont nous lui parlions sans le lui adresser, était une étude historique un peu sérieuse, nous a répondu aussitôt, en nous adressant une bibliographie sur le comte Solar : « ... Rigide conservateur, ami dévoué de Charles-Albert... Il me souvient avec quelle admiration en parlaient les journaux conservateurs comme l'*Unità Cattolica* et le *Corriere Nazionale*. C'était un homme intègre et qui ne transigeait pas avec ses principes... Il a eu la confiance et l'estime de tous nos hommes politiques depuis le comte de Vallaise... Pour étudier exactement l'œuvre du comte Solar, il faudrait plus d'un volume, et les matériaux se trouvent à Turin, chez *** et ***... Molineri a publié un pamphlet sectaire et très peu documenté, avec de nombreuses assertions erronées, qui a la prétention de continuer le *Sommario* de Balbo depuis 1814. Je pense que c'est là qu'on a puisé ces insinuations contre le comte Solaro, dont la figure ne fera que grandir à mesure qu'on l'étudiera sur les documents originaux... »

Mais il est évident que, pour *exécuter* le *prévenu* Solar de La Marguerite, Molineri lui-même n'a pas été consulté. Boileau écrirait pour caractériser ce genre de critique :

Qui méprise Cotin n'estime point son roi
Et n'a, selon Cotin, ni Dieu, ni foi, ni loi.

(Sat., IX, 305.)

— Voyez en *Appendice :* jugements historiques sur Solaro.

(1) Il faut se sentir bien en défaut au point de vue *argumentation* pour nous reprocher de nous être servi après Bouvier d'une *expression* appartenant au vocabulaire ecclésiastique !

nous ont *révélé* (— quand M. L. Raymond clame *Euréka* et *Révélations*, on est sûr de ne pas s'ennuyer) le véritable caractère de cette *manœuvre* (— la *manœuvre*, très suspecte, d'un malheureux qu'on a jeté à l'eau, et qui, dans un tressaut de son énergie défaillante, se cramponne à une fragile épave !), et la date à laquelle il s'y essaya... »

Une observation préalable. Nous avons salué au passage le beau verbe « *s'est imaginé* » : « M. Berthier *s'est imaginé...* »

Évidemment, un historien qui *s'imagine...* au lieu de recourir aux témoignages compétents... Vous saisissez la grosse malice...

Et puis, cela permet de *généraliser...* Qui *s'est imaginé* une fois, peut s'être *imaginé* un nombre x de fois, correspondant pour le moins à tous les cas où M. l'avocat Louis Raymond aura besoin, pour le triomphe de sa difficile cause, de faire un appel *de confiance* à ladite *imagination...*

Nous avons assez souvent saisi notre contradicteur en flagrant délit d'*imagination* fantastique, pour rire de bon cœur d'un pareil jugement qui est lui-même un des fils nombreux de sa très féconde *imagination*.

En réalité, « M. Berthier » ne « s'est » pas « *imaginé* » du tout. Il s'en est simplement rapporté, — et personne ne s'en scandalisera, — au témoignage de ce Louis Pillet, l'ami de J.-P. Veyrat, dont on a brandi contre nous avec une ostentation bien imprudente « l'opinion aussi décisive » (1), lorsque l'on s'est *imaginé*, — avec quel résultat ! — qu'elle constituait un « réquisitoire écrasant » pour J.-P. Veyrat.

Voici ce que dit Pillet, p. 35 : « Ce fut M. le comte Avet, garde des sceaux... qui, avec une extrême bienveillance pour le poète, voulut bien régler ce différend... Une *lettre confidentielle* du ministre, en date du 7 *octobre* 1843, que je trouve au dossier, détermine ainsi les conditions mises à cette pension... Grâce à l'intervention du Roi Charles-Albert et de son ministre, il n'y eut pas d'éclat, mais je crois que la collaboration de Veyrat au *Courrier des Alpes* avait *cessé complètement depuis le mois de mars*. Sa santé d'ailleurs fort éprouvée par les souffrances de l'exil, commençait à donner de sérieuses inquiétudes. Si le corps était épuisé par la maladie, *l'esprit toujours ardent ne pouvait rester inactif*. Il *songea même* à créer *alors* un recueil hebdomadaire sous le nom d'*Abeille, revue savoisienne de la littérature, de l'industrie et des arts...* Il ne fut donné aucune suite à ce projet. L'auteur, dans ses nuits d'insomnies, composait son dernier poème, la *Station poétique à l'Abbaye d'Hautecombe...* »

(1) L. R., p. 111.

Voilà ce que M. Berthier s'était *imaginé*... Inutile d'insister, mais il était bon de *révéler* quelques-uns des procédés... subtils, grâce auxquels M. l'avocat Louis Raymond *s'imagine* avoir plus facilement raison de ses contradicteurs.

— La lettre par nous reproduite, dans laquelle Veyrat demandait l'autorisation de fonder l'*Abeille*, est du 10 avril 1843, — donc antérieure à l'*arrangement*, mais, en tout cas, postérieure à la brouille définitive des deux journalistes, marquée par la date du dernier article accepté par Raymond au *Courrier*, 23 *mars* 1843.

Que Veyrat, se heurtant au parti-pris de Raymond de ne plus insérer ses articles, ait alors songé à fonder une *revue* « en dehors des limites de la politique », voilà qui, de la part d'un écrivain dont la plume était l'unique gagne-pain, doit paraître, plutôt qu'une « déloyauté » et une « félonie », le *réflexe* légitime et compréhensible de *l'instinct de conservation* (1).

M. L. Raymond écrit, p. 95 : « Cet incident de l'*Abeille*... est une preuve de plus, *après tant d'autres* (— lesquelles? !), de la *déloyauté (!)* de Veyrat, dans *toute (!)* cette affaire, et une *justification* complémentaire et non sans valeur de la résolution *inébranlable* de Raymond de ne plus rien avoir de commun avec le poète, à dater du 31 *mars* 1843. »

Les rares et héroïques lecteurs de M. L. Raymond se compriment les tempes de leurs deux mains, dans le *désespoir* où ils sont de trouver le *lien* qui unit à ses prémisses sa terrible et intrépide conclusion : comment une « félonie » datant du 10 *avril* pourrait-elle *justifier* une

---

(1) Ne pas oublier que J.-P. Veyrat, *gravement malade*, n'avait que sa *plume* pour le faire vivre. Ne pas oublier qu'il n'avait *rien*, au monde *rien*, et qu'il se savait *condamné à mort*, si l'on veut juger en toute équité et son endurance et les sentiments de Mlle Hélène Besson qui le soignait. Voir en appendice la lettre qu'il écrivit en janvier 1839, dénué de tout et crachant le sang à Grésy-sur-Isère, après son retour de Paris, au docteur Dunoyer, de Belleville-sur-Saône, qui lui *devait* 118 fr. 50. lettre, dit M. Tancrède de Visan qui la publie en parlant de notre ouvrage, qui jette « un triste jour sur l'effroyable misère où vécut et mourut l'auteur de la *Station poétique à l'Abbaye de Haute-Combe* » : «... Quoi que l'on puisse penser de moi, croyez bien cependant que peu d'hommes à ma place pousseraient le dévoûment jusqu'à se laisser manquer *littéralement* de tout plutôt que de faire déplaisir à un ami... si vous tardez encore quelques moments à me tendre la main, je suis perdu sans ressource. Vous qui êtes médecin, vous ne pouvez vous faire illusion sur la grave affection dont je suis atteint. Vous savez que sur sept atteints de cette redoutable affection il y a à peine chance de salut pour un seul et que le reste est emporté par la phtisie. Ne croyez nullement que je me frappe ; je crains peu de mourir ! Ceux que la vie a durement éprouvés y tiennent peu... Pourtant, je ne puis pas me suicider... » — *Soyez bons pour les animaux !...* Tâchons aussi de n'être pas trop méchants *pour les hommes, nos frères malheureux !...*

résolution inébranlable antérieure au 31 *mars* (1) (— et un refus d'insérer marqué par la date du 23 *mars*, et des chicanes datant de *janvier*)?... Ne seraient-ce pas plutôt ladite *résolution inébranlable*, ledit *refus* et lesdites *chicanes* qui auraient été la cause de cette prétendue « félonie » et qui seraient une « justification » absolue du projet que conçut J.-P. Veyrat de fonder l'*Abeille?*... Habituellement la cause ne suit pas l'effet !...

Il est superflu d'ajouter : comment une « déloyauté » ignorée non seulement de Pillet, mais encore de Raymond, le premier intéressé, *découverte aux archives sardes de Turin en* 1921-1922 par M. l'avocat Louis Raymond si fier de sa trouvaille, aurait-elle le pouvoir magique de *justifier* les faits et gestes de l'adversaire de Veyrat en 1843? Révélations ! Révélations !

Après avoir cité la lettre du 10 avril 1843, par laquelle Veyrat demandait au ministre de l'Intérieur (il s'appelait *Gallina*, dit M. Raymond ; nom qui signifie *Poule*, précise M. Berthier), M. l'avocat Louis Raymond, exégète redoutable comme on sait, écrit, p. 97 : « Veyrat se gardait bien de faire *allusion* à sa participation au *Courrier* (— or, non seulement Veyrat y fait « allusion », mais encore il proclame hautement que ledit *Courrier* a été créé sur sa « proposition » et il se glorifie du « succès rapide » de cette feuille (2) !) ; son appréciation *perfide* sur le Directeur n'avait d'autre but que de faire croire qu'il y était *absolument étranger* (— au contraire : c'est la plainte d'un rédacteur à l'adresse d'un directeur ! Quant à la « perfidie » de l' « insinuation », *Raymond*, ne l'oublions pas, en avait donné *le premier l'exemple*, dans sa lettre à Solar après la conclusion du

---

(1) « La requête au ministre, dit M. L. Raymond, p. 95-96, est en effet datée du 10 *avril* 1843, et la présence de *quatre rédactions successives du brouillon* de cette pièce... montre que *dès longtemps (! ! !)* (— qu'en sait-il?... dans *la même journée* Veyrat a bien pu griffonner quatre brouillons d'une requête dont il importait de peser les termes et de soigner la rédaction ! ! ! Ces quatre pauvres brouillons ne sont pas datés !) le poète caressait ce projet et *ruminait (!)* les phrases qu'il se proposait d'adresser en haut lieu pour obtenir l'autorisation nécessaire » ! — Veyrat en griffonnant quatre brouillons successifs d'une requête importante et en « ruminant » ses « phrases » a donné une *bonne leçon* à certains écoliers improvisateurs ; mais, de ce fait, il est ridicule de suer sang et eau pour tirer contre lui une conclusion quelconque en faveur de Raymond qui le *chicanait depuis janvier* et avait *cessé d'insérer ses articles à partir du 23 mars*. Veyrat n'adressa sa requête que le 10 *avril*.

(2) ... « ... J'ai (*Je* = Jean-Pierre Veyrat !) eu l'honneur déjà de le signaler à la haute prudence de S. M. et le Gouvernement du Roi le jugea en effet d'un intérêt assez puissant pour décider, sur *ma* proposition (*ma* = la proposition de J.-P. V. non celle de Raymond !) la création en Savoie d'une feuille politique, etc... Le *succès rapide* obtenu par le *Courrier des Alpes* est une preuve, il me semble, que *cette idée* (la sienne, celle de Veyrat !) a été vivement comprise... etc... »

traité, et puis, Veyrat n' « insinue » pas du tout ; il « affirme » nettement...) (1), et *cela pouvait fort bien réussir...* » — *Cela*, quoi?... Vous le demandez?..

Vous ne savez pas quel effroyable complot « le triste Veyrat » avait machiné contre la Savoie?... Il l'avait déjà dotée d'un *journal* intéressant ; il voulait encore la doter d'une intéressante *revue* littéraire !... Si vous n'éprouvez pas un frisson de terreur rétrospective, c'est que vraiment vous êtes en marbre de Curienne !

> Je viens vous annoncer une grande nouvelle :
> Nous l'avons en dormant, Madame, échappé belle...

« ... Et *cela pouvait fort bien réussir* (— malheureusement pour la Savoie, *cela* n'a pas *réussi!*), *car* ce n'était plus au *même* ministère qu'il s'adressait (— cloisons *étanches* entre ministères ! aucun service *central* de renseignements ! aucune direction de la *police!* aucun *La Planargia! o piccolo mondo antico!*). L'affaire de la *Revue des Alpes* et du *Courrier* s'était traitée avec le ministère des *Affaires étrangères* (— sans doute : il était *impossible* qu'elle fût traitée avec un autre ministère que celui-là !)... L'établissement d'une feuille dont, théoriquement, toute politique était exclue, ne regardait plus dès lors les mêmes rouages administratifs (— bien sûr, mais Veyrat était *obligé* de s'adresser au ministère de *l'Intérieur*, puisqu'en l'espèce, celui des *Affaires étrangères* était *incompétent;* il n'y a ni vice ni vertu à s'adresser à une autorité *compétente* : il n'y a qu'une nécessité !). C'était le ministre de l'*Intérieur* qui devenait *compétent*, et, *ignorant* le précédent de la *Revue des Alpes* (— et pourquoi donc l'aurait-il ignoré, vu l'intérêt *universel* suscité par le projet de Veyrat?), il pouvait *fort bien* se faire qu'il accordât la *permission* (— il l'aurait accordée fort légitimement, sans le rapport défavorable de La Planargia)... »

Cette permission, le ministre pouvait l'accorder, même en *connaissant* le précédent de la *Revue des Alpes*, puisque la nouvelle revue, excluant la politique, était d'un caractère différent. Enfin, en admettant *(concesso, non dato)* cette *ignorance* si opportunément *imaginée*, comment Veyrat aurait-il pu espérer une minute, vu la rigueur de la Police à cette époque, que cette *ignorance* ne serait pas dissipée en vingt-quatre heures?...

---

(1) « ... Le *Courrier des Alpes* a fait quelque bien déjà, il pourra faire davantage à mesure que les préjugés se dissiperont et que les jeunes talents viendront se grouper dans la rédaction ; *il est seulement à regretter que la direction n'en soit pas échue à des mains plus expérimentées et plus habiles, sinon plus dévouées...* »

Et dès lors, qui ne sourirait de cette *toile d'araignée* de subtilités entrecroisées, seul échafaudage de cette lourde conclusion : « ... *Cette tentative de Veyrat* (la création de l'*Abeille*), *contraire à toute loyauté, le condamne irrémédiablement* »?...

« ... La fondation d'une Revue, *en dehors des limites de la politique*, disait Veyrat, serait sans doute un *puissant auxiliaire* dans le champ de la philosophie, de la littérature et des arts, aux *doctrines* que soutient le *Courrier des Alpes* (— il n'en dit que du bien !) sur un autre terrain ; elle deviendrait *le complément de la pensée* (— la sienne), *qui a donné naissance à cette feuille*... *La politique sera absolument exclue de cette feuille* (— « quitte à passer outre » à cette condition, « une fois l'autorisation accordée », affirme avec son intrépidité ordinaire M. L. Raymond *qui n'en sait rien du tout!*... Et puis, si, par impossible, Veyrat avait dans la suite *excédé* son droit, il y avait un *Gallina* à Turin et des juges à Chambéry !) Aucune publication *de ce genre* n'existant en Savoie, la Revue aurait l'avantage de se trouver *sans concurrence* et le bonheur de ne nuire à *aucune entreprise rivale.* »

Est-ce clair? On le voit : ici comme ailleurs, partout et toujours les témoins refusent de mentir. Qu'y pouvons-nous?

— Il ne suffit pas, — et c'est une des moralités de cette petite histoire, — d'étaler des bribes de documents aux yeux des badauds : il faut encore être capable de les *interpréter* exactement. L'histoire (surtout l'histoire psychologique) n'est pas une simple juxtaposition de pièces d'archives, adornées de commentaires tendancieux et illogiques, mais une exégèse extrêmement complexe qui, avec un désintéressement personnel absolu, demande beaucoup de calme, de patience et de réflexion.

Un historien, même circonspect, peut certes se tromper, mais il ne convient pas d'adopter à son égard, surtout quand on n'est pas de la partie, un ton d'impertinence et d'outrecuidance qui pourrait, — aux applaudissements des gens d'esprit toujours amis de la modestie et de la modération, — tourner à la confusion du contradicteur prévenu et informé de fraîche date.

On l'a vu, les inexactitudes secondaires, de détail, qui nous ont échappé, — qualifiées d'essentielles et fondamentales avec une ridicule emphase, — ne changent rien au fond même du débat. Nous sommes reconnaissant à notre contradicteur de nous avoir signalé le brin de paille qu'il y avait dans notre œil ; il ne nous en voudra pas de signaler la poutre qu'il y a dans le sien. Il ne tiendra qu'à lui de se débarrasser, comme nous l'avons fait en ce qui nous concerne, de l'obstacle qui s'oppose à une nette vision des choses. Le public impartial jugera que nous étions resté en deçà de la vérité, et que les *expressions* que l'on nous reproche, étaient plus bénignes que la réalité des *faits* qu'il nous a *obligé* et souvent *aidé* à rétablir.

Dieu nous garde de nous en prendre aux personnes, mais nous avons le droit de nous en prendre à leurs *Chimères*. Nous n'avons point ménagé celles de Jean-Pierre Veyrat ; pourquoi ménagerions-nous celles de ses ennemis, qui ont tout mobilisé contre lui, même son talent, même sa bonne volonté, même certains hommages savoyards qui lui ont été décernés, — jusqu'à nous ne savons quelle « aigre bise de novembre » (1) qui a déjà écœuré bien des lecteurs?...

Abeilles, abeilles savoisiennes, patientes et méthodiques ouvrières, — vous qu'*il* aimait et qui avez donné votre nom à son dernier rêve brisé, — assemblez-vous en essaims justiciers, et foncez droit sur ces Méchantes, afin qu'elles s'enfuient et qu'on n'en parle plus !

Qu'on ne nous laisse pas, à nous seul, l'honneur d'avoir élevé la voix en faveur d'un sincère poète méconnu, et de l'élever de nouveau encore pour lui rendre le titre qu'il mérite d'*initiateur en Savoie de la grande Presse politique et littéraire*. Il ne s'agit nullement de transformer en *saint* le faible Veyrat dont la vie, — comme celle de tant d'autres, et des plus fameux dans notre littérature ! — a eu des défaillances ; mais ici sa cause est celle de la justice et de l'humanité.

... « ... Cette publication (le *Courrier des Alpes*), écrit M. L. Raymond, p. 107, ... son frère (l'adversaire de Veyrat)... l'avait *fondée* en 1843, en lui *donnant* le titre, qu'elle a encore de *Courrier des Alpes...* »

Seul *fondateur* du *Courrier*, cet adversaire de Veyrat qui avait tout fait pour *ne pas le fonder!...* On ne donne pas même le titre de *cofondateur* à cet infortuné J.-P. Veyrat qui avait insufflé sa vie à ce journal, qui en avait conçu le programme, grâce à l'initiative et aux démarches duquel, en dépit de l'hostilité du gouverneur La Planargia, avaient été accordées les autorisations nécessaires à sa création, qui avait fait cadeau au *Courrier* du titre dont il s'est si longtemps paré, et qui est le nom légèrement modifié de sa *Revue des Alpes!...*

____

(1) L. R., p. 12 .

« Je laisse aux biographes futurs de Veyrat, écrivait Sainte-Beuve en 1865 *(Nouv. Lundis, X)* le soin de rechercher et de nous énumérer quelles furent ses déceptions à cette époque de l'exil... déceptions de la part des hommes mêmes sur la *protection* et l'*appui* desquels il avait pu compter... »

Pareilles déceptions, dont il avait souffert comme écrivain révolutionnaire, Veyrat converti les a connues de nouveau dans sa patrie. Quand il se fit le loyal champion de la cause qu'il avait injustement combattue, il ne trouva ni protection ni appui auprès du Directeur-Propriétaire du Journal où il épuisa ses dernières forces. Le temps n'est plus où, dans l'unique journal de la Savoie, les frères Raymond pouvaient impunément organiser le silence sur les mérites de Jean-Pierre Veyrat : rendons-leur cette justice que ni l'un ni l'autre n'ont manié l'*éteignoir antiveyratiste* comme l'a imprudemment manié M. l'avocat Louis Raymond.

La Savoie éprouvera un nouveau sentiment d'admiration et de sympathie pour l'écrivain moribond qui, évincé de son *Courrier des Alpes*, sans vouloir concurrencer personne, essaya, hélas ! vainement, de la doter d'un grand périodique littéraire, recueil de ses dernières pensées et de celles des littérateurs autochtones qu'il voulait grouper autour de lui : l'*Abeille, revue savoisienne*.

XIII

I. Nous avons « révélé » les lacunes innombrables et les inexactitudes perpétuelles de M. l'avocat Louis Raymond. Leur calibre est respectable. Elles forment la partie *substantielle* de son arme de guerre. — « Prenez du vide, mettez du bronze autour ». — Cette arme, il l'a fondue strictement selon la formule que donnait un ingénieur-humoriste pour la fabrication des canons, — avec cette différence qu'ici le bronze est remplacé par des *hors-d'œuvre*.

Ces lacunes et inexactitudes, nous les avons signalées dans le seul intérêt de la *vérité historique*, et non pas pour le vain et trop facile plaisir de donner un pendant, un correctif et une correction au chapitre de cette lamentable Réponse qui porte ce titre sensationnel... et décevant : *Les inexactitudes de M. Berthier.*

Le chapitre suivant intitulé : *Les emprunts de M. Berthier,* nous a procuré une agréable surprise dont nous sommes franchement reconnaissant à son auteur :

« A son héros Veyrat, écrit M. l'avocat Louis Raymond, p. 115, il a donné toutes les qualités ; à Raymond, il a donné... tous les défauts (— on sait maintenant qui a usé d'une pareille méthode !) : pour rentrer dans ses débours il a beaucoup emprunté... à Claudius Bouvier (— c'est que Claudius Bouvier est un écrivain autrement sérieux que M. L. Raymond : aussi, tout à l'heure lui *emprunterons*-nous encore quelques pages pour la plus grande *édification* de nos lecteurs... et de M. L. Raymond lui-même !). Nous ne *prétendons* point (— cela nous étonne, certaines *prétentions,* nous l'avons vu, hélas ! nous le verrons encore, étant aussi énormes qu'injustifiées) que ce dernier soit le seul qui ait eu cet honneur, il se peut fort bien qu'il y ait d'autres prêteurs... involontaires, mais nos *recherches* n'ont porté que sur la seule partie de l'œuvre de M. Berthier relative au différend Raymond-Veyrat, et nous ne parlons que de ce que nous y avons *découvert* (— on le sait, quand M. L. Raymond clame *Euréka, Révélations,* on est au moins sûr de ne pas s'ennuyer !) C'est d'ailleurs *assez amusant* déjà (— cette épithète employée ailleurs, on s'en souvient, a amené une observation qui n'était guère... *amusante;* en attendant, *amusons-nous* bien !), et *distraira* un peu les lecteurs, après une *étude* qui n'est *point, nous nous en excusons, particulièrement divertissante...* »

— « Particulièrement divertissante », l' « étude » en question, puisque « étude » il y a, le sera indubitablement désormais, et M. l'avocat Louis Raymond n'éprouvera plus guère le besoin de se confondre ainsi en galantes « excuses » auprès de ses nombreux lecteurs... « distraits » d'une manière assez inattendue.

M. L. Raymond nous parle de nouveau des *emprunts* faits par Veyrat à ses *propres* œuvres (— nous rappelant que le rédacteur de *la Feuille Sèche* eût été bien empêché de pratiquer à son égard pareil genre d'opération), — des « méthodes de camouflage... qui rendirent de si grands services sur le front » (et, hélas ! de si minces « services » dans l'apologie de l'adversaire de Veyrat !), — enfin de « ce romancier *notoire (sic;* c'est pour nous reposer d'une qualité ou d'un fait *notoire!)* de qui *les mauvaises langues* disent qu'il n'est rien de lui dans ses œuvres... »

Et ici M. L. Raymond nous fait songer par contraste à un autre « romancier » non moins « *notoire* » en Savoie, romancier assurément très personnel, dont le nom, à notre vive surprise et sincère regret, figure *en tête* de la diatribe de M. L. Raymond, avec son titre de président de cette *Académie de Savoie* dont nous sommes nous-même membre agrégé (1).

De ce « romancier *notoire* », le coup d'essai intitulé *le Curé des Avranches* a bien, lui aussi, mis en mouvement force « mauvaises langues ».

Quant à nous, malgré les *provocations* fort peu délicates dont nous sommes l'objet, nous nous sommes contenté d'applaudir, — comme eût fait « le triste Veyrat », — aux idées traditionalistes dont cette fiction, souvent *amusante*, était destinée à prouver la sagesse et la fécondité (2)...

« ... M. Berthier... a retenu le procédé et l'a employé *en le perfectionnant. Car il ne se serait pas permis évidemment de s'adjuger comme l'autre des pages entières et textuellement copiées;* il a pratiqué le jeu de *puzzle...* » — Observons que c'est déjà quelque chose de n'avoir pas imité le sans-gêne du « romancier *notoire* » ; mais on trouve

(1) L. R., p. 14 : « ... songé à se faire de son œuvre un *tremplin (!)* pour franchir les portes de l'*Académie de Savoie*, à laquelle est si indissolublement attaché le nom des Raymond... » !... Et en note : « ... *le Président* actuel de l'Académie, M. E. Denarié est aussi un petit-fils de Cl-M. Raymond. » ! ! !...

(2) Ce n'est pas une raison, sans doute, pour que deux écrivains, membres à des titres divers, d'une société toute dévouée aux Lettres savoyardes, se dénigrent systématiquement. Nous regrettons cependant que M. L. Raymond, qui nous savait certainement très abordable et pacifique, ne soit pas venu franchement nous faire part de son projet : nous pouvons l'assurer qu'il n'aurait pas eu à s'en repentir. La complète justification de J.-P. Veyrat a eu un caractère d'*obligation* et pour ainsi dire de *fatalité* qui nous a *surpris* nous-même. Nous regrettons aussi de voir le titre de *Président* de l'*Acad. de S.* figurer indécemment dans la vengeance des prétendues injures d'un *petit-fils de C.-M. Raymond...*

Personne ne chicane moins que nous le gracieux talent de poète et même de conteur de M. Emmanuel Denarié. Mais, dans l'intérêt de la vérité psychologique et littéraire, il est bon de savoir un peu ce que susurrent les « mauvaises langues », comme dit M. l'avocat Louis Raymond. *Le Curé des Avranches* est sans doute autre chose qu'un fantôme créé de pied en cap pour illustrer une thèse d'ordre moral. Mais on s'accorde à dire qu'en tout cas, il n'a rien de *savoyard*, — et l'on s'est affligé qu'on ait songé, on ne sait pourquoi, à le présenter comme étant *de chez nous*. Nous rougirions de triompher sur ce point, et même un autre que nous ne voulons pas dire, bruyamment, à la façon de M. L. Raymond. Défenseur de la Tradition, a-t-on dit, M. Emmanuel Denarié a brisé ici avec la Tradition Savoyarde, qui avait cependant prouvé sa bienfaisance, pour se rapprocher du peintre antipathique et fantaisiste de *l'Abbé Tigrane.* Le personnage chargé par lui d'incarner la Tradition est trop visiblement inférieur à sa tâche. Par contraste, *le Curé des Avranches* a rappelé ce beau drame, *le Prêtre*, que le bon Charles Buet, en pleine mêlée antireligieuse, a fait longuement acclamer sur une grande scène parisienne, et même... ce prêtre Raphaël, crayonné avec tant de respect, dans sa *Fiancée du Carbonaro*, par « le triste Veyrat », à l'heure où il n'était encore que sur le chemin de la conversion. *Les choses sont les choses.* On connaît du reste trop nos idées pour qu'on s'étonne de nous voir applaudir à la thèse traditionaliste elle-même de ce béni *Curé des Avranches.*

que M. L. Raymond *eût fort bien fait de l'imiter à notre place* en ce qui concerne *J. Philippe* et *Ménabréa* dont il ne cite pas une ligne, et surtout *Bouvier* et *Pillet* qu'avec une *maîtrise chirurgicale* étonnante, il a *amputés de tous les passages favorables à Veyrat!...* Nos lecteurs ne seront pas dupes de la pitoyable *diversion* à laquelle est *obligé* de recourir M. l'avocat L. Raymond ; nous le répétons, il faut être bien peu sûr de son *argumentation* au point de vue *fond* pour se rabattre ainsi sur des vétilles concernant la *forme!...* Et cette constatation n'a rien d' « amusant ».

« ... Les *mots*, les *expressions* ne sont *pas à la même place* que dans Bouvier ; les *épithètes* qui les accompagnent sont *modifiées*, mais *tout* ce qui est dans l'un est dans l'autre... Quelques exemples le feront bien voir. »

Notre reproduction littérale du passage élogieux de Bouvier sur Veyrat journaliste, — passage *amputé*, par M. L. Raymond de la citation qu'il en donne, — montre que ce *tout* est mensonger ; notre reproduction littérale du passage de Bouvier confirmant la réalité de la conversion de Veyrat, — passage *amputé* par le même chirurgien, — le montrera mieux encore. Et, pour la plus grande confusion de M. l'avocat Louis Raymond, il s'agit ici, non pas de simples *mots*, de pauvres *expressions* isolées, mais de la question même de *fond*. Si elles ne nous offraient pas une occasion merveilleuse d'insister sur des *idées* importantes, nous ne nous abaisserions pas à relever les ridicules observations d'un cacographe suffisamment jugé par sa propre écriture.

Une observation préalable : ayant puisé aux mêmes sources que Bouvier, et après de longs entretiens avec lui (— de *omni re scibili alpina... et de quibusdam aliis:* nous avons été très discret et même trop, vu la reconnaissance qu'on nous en a manifestée), la *concordance* entre nous et notre prédécesseur n'a rien qui doive étonner. Cette *concordance* entre deux écrivains *désintéressés*, en présence du *même* objet, est un garant de la vérité de nos appréciations : on ne la trouve pas entre Bouvier et l'auteur du plaidoyer *pro domo* qui nous la reproche, et pour cause.

« Nous savons, observe avec plus de raison M. L. Raymond, qu'entre deux écrivains qui traitent du même sujet, il *peut* y avoir des rencontres d'idées et d'expressions, mais Bouvier a un *style spécial, très personnel*, et ces rencontres doivent être plus rares, en ce qui le concerne, que pour tout autre : les tournures qu'il emploie portent sa *marque*, sa *griffe* (— pour la *griffe*, c'est vrai : M. L. Raymond va bientôt s'en apercevoir), et l'on ne nous *fera jamais croire* (— on ne demande à personne la *foi* en cette affaire, mais seulement la *vue des choses*) que l'on puisse recréer *inconsciemment* (— *inconsciemment !*... M. L..Raymond a tort de s'imaginer que *l'inconscience* est toujours un gage de la valeur d'une *création*: on connaît une preuve du contraire) par le seul fait qu'*on pense à Veyrat (!)*, des expressions comme *modeste canonicat (!)*, *honnête bourgeois (!)* et autres. D'ailleurs, le passage sur la mort *du Tasse* à *Saint-Onuphre* ne peut laisser aucun doute du procédé employé. »

— Que le regretté Bouvier ait eu, — quand il l'a *voulu*, — un style *très spécial*, *très personnel* (— ce qui n'est pas habituellement le cas ici), ce n'est certes pas nous qui le nierons. Cela ne l'empêchait pas de reconnaître que notre style, à nous, avait une marque très individuelle de propriété, de la clarté, de l'énergie, une originalité de bon aloi, de l'humour à l'occasion, et du trait : nous nous sommes laissé dire qu'il n'était pas seul de son avis.

« Modeste canonicat » : cette métaphore appartenant au *domaine ecclésiastique*, nous avons *repris notre bien*.

« Honnête bourgeois » : « par le seul fait qu'on pense à *Veyrat* », on ne peut « recréer inconsciemment » pareille expression !... Non, sans, doute ; mais ce titre glorieux d' « honnête bourgeois », nous ne l'avons pas donné à *Veyrat* ni en *pensant* à *Veyrat*, — mais au seul *Raymond* son adversaire !... Or suivez, je vous prie, notre grave raisonnement, « par le seul fait qu'on pense à *Raymond* » on « recrée inconsciemment », et même consciemment, l' « expression : *honnête bourgeois* », parce que c'est là une épithète *de nature*. C'est par un phénomène psychologique analogue que, sans s'être jamais concertés, les bons Savoyards se sont accordés jadis à appeler *la Feuille Sèche* le journal si artistiquement rédigé par « l'honnête bourgeois » en question. Et cette observation ravira d'aise les philosophes qui creusent le mystérieux problème de la création artistique ou de la génération des mots et expressions populaires.

Oui, mais... *le Tasse*, « la mort *du Tasse* à *Saint-Onuphre* » !... D'abord, pour *Saint-Onuphre*, nous n'étions pas libre de dire autrement : *le Tasse* étant mort à *Saint-Onuphre de Rome*, nous ne pouvions le faire mourir à *la Mendicité de Chambéry*. C'eût été plus *original*. Seulement les *documents*, les *témoins* protesteraient, comme ils ont protesté, protestent et protesteront encore contre les fantaisies de M. l'avocat Louis Raymond, auquel nous abandonnons ce genre d'*originalité*, par quoi il a cru s'illustrer.

BOUVIER.

« Il expira entre les bras de ces fils du Poverello, comme le Tasse à Saint-Onuphre, *redisant* avec cet autre exilé que « s'il n'y avait pas la mort, la vie serait une bien triste chose. »

BERTHIER.

« Il *pouvait* répéter avec le Tasse, cet autre exilé, expirant à Saint-Onuphre, entre les bras des humbles fils du Poverello : « *Si la mort n'était pas, il n'y aurait rien au monde de plus misérable que l'homme.* »

En effet, J.-P. Veyrat n'était pas mort, en *redisant...* mais il *pouvait* répéter... Bouvier donnait le sens général des dernières paroles de Torquato Tasso ; nous les avons rapportées d'après le texte italien.

Croit-on maintenant que c'est dans Bouvier que nous avons trouvé pareil rapprochement? Il faut, comme M. l'avocat Louis Raymond, *tout* ignorer, non seulement de la vie, mais encore des œuvres de J.-P. Veyrat, pour le prétendre.

Nous avons reproduit une poésie dédiée à la comtesse Marin, où Veyrat disait :

> ... Elle fut pour mon cœur comme la sœur *du Tasse*
> Et, si j'avais pu l'être, elle m'eût consolé...

Dans *la Coupe de l'Exil* tous ceux qui savent *lire* ont lu cette touchante strophe *du Tasse*, épigraphe de *la Patrie absente :*

> In aspro esiglio e'n dura
> Povertà crebbi in quei si mesti errori ;
> Intempestivo senso ebbi agli affanni,
> Ch'anzi stagion matura
> L'acerbità de' casi e de' dolori
> In me rende l'acerbità degli anni
> L'egra spoliata sua vecchiezza...

Et dans l'*Ode à S. A. R. le duc de Savoie :*

> ... Oui, dans un noble orgueil je reprendrai ma lyre.
> Ma patrie est en fête et le bonheur inspire ;
> Je veux chanter sa gloire au fils de Philibert :
> Au Roi qui m'a sauvé dire l'hymne *du Tasse...*

On le voit, le rapprochement était *naturel*, *obligatoire*, il s'imposait de par la force des choses ; et nous ne pouvions le sacrifier, sous prétexte que Bouvier s'en était aperçu comme nous. La critique des ignorants n'a de succès qu'auprès de ceux qui leur ressemblent... *Euréka ! Révélations !...*

BOUVIER.

Le Gouvernement termina la querelle par une *sentence inspirée de Salomon.*

BERTHIER.

Enfin le comte Avet termina la querelle par une *combinaison digne de la sagesse de Salomon.*

C'est que « combinaison » ou « arrangement » est ici plus *exact* que « sentence ». En tout cas, cette « sentence », Salomon ne l'avait certainement pas « inspirée », mais elle était « digne de sa sagesse ». On avouera que, s'il s'agit de *jeu de puzzle*, M. Berthier l'a « perfectionné » singulièrement, puisqu'il en a supprimé certaines pièces défectueuses pour les remplacer, à ses frais, par d'autres pièces plus exactement adaptées au sujet.

Pour M. l'avocat Louis Raymond, des expressions comme : « ... insinuer... petite troupe libérale... fermer sa caisse au nez (sic)... honnête bourgeois... user ou dépenser ses dernières forces... », ces expressions de tout le monde, qui n'ont rien d'artistique ni de personnel, à la disposition du premier venu sur *le domaine communal*, deviennent des « emprunts » de la plus haute importance. Remplacer ces humbles expressions par des expressions équivalentes ou même bien supérieures en énergie, est sans doute pour lui un travail d'Hercule, une opération de Titan. Ses « révélations » à ce sujet nous « révèlent » surtout que, dans sa pratique, la plus simple des opérations de style présente une énorme difficulté. On s'en doutait bien sans cela.

Il voit là, sérieusement hélas ! un « style très spécial, très personnel », des « tournures » qui « portent la marque, la griffe » de Bouvier ! Quel pavé de l'ours pour l'écrivain que l'on veut flatter ! Et, — *heureusement,* — on a vu que ce n'est pas le plus inoffensif. Dieu préserve à jamais nos meilleurs écrivains des éloges de M. l'avocat Louis Raymond !

BOUVIER.

... Ces héritiers préciputaires du ciel refusant licence d'écrire aux simples mortels *non munis de plumes d'anges...*

Berthier.

... Veyrat avait rédigé le programme politique et religieux avec *sa plume d'archange...*

M. l'avocat Louis Raymond veut absolument, là encore, voir un « emprunt » ! Il n'y a pas *ombre* d'emprunt : « ... non munis de plumes d'anges... — avec sa plume d'archange » !... On les connaît trop bien maintenant les gaillards que visait ici Bouvier, et ils n'avaient rien de commun avec Veyrat, puisque c'étaient ses ennemis : « Des *sots* (— qui donc avait tenu à se ranger dans leur édifiante phalange?) protestaient qu'une âme égarée jadis n'avait nul droit de s'immiscer aux affaires de la vérité. Les *pharisiens* se scandalisaient... Ces *héritiers préciputaires du ciel* (ah ! la voilà, pour le coup, la « marque » et même la « griffe » de Bouvier. Cette fois, M. Berthier ne s'est permis aucun « emprunt », mais il regrette de n'avoir pas cité cette expression entre guillemets !), ces *héritiers préciputaires du ciel* (— exquis !), refusant licence d'écrire aux simples mortels *non munis de plumes d'anges* boudaient... » Mais Bouvier savait bien qu'ils ne se contentaient pas tous de « bouder », ces charitables chérubins en paletot, qui rédigeaient, plutôt avec des *ciseaux* qu'avec des *plumes d'anges* ou autres, leur ennuyeuse feuille de chou.

Quant à nous, nous avions *préparé* nos lecteurs à cette expression : « Veyrat... sa plume d'archange... », en citant une poésie dont il avait reçu l'hommage.

On se rappelle le superbe *vitrail gothique*, dédié de son vivant à l'auteur de *la Coupe de l'Exil* par Gaspard Mermillod, élève de *Saint-Louis-du-Mont*, le futur évêque de Fribourg et Genève, vitrail *rayé* par nous d'une suscription assez pénétrante. On ne le trouve *pas même reproduit dans l'opuscule de Bouvier*, et c'est lui seul cependant qui, de toute évidence, nous a suggéré l'idée de parler, non sans ironie, de « la plume d'archange » de Jean-Pierre Veyrat :

> ... Le Seigneur t'a choisi pour chanter sa victoire,
> Il posa sous tes doigts le luth des Séraphins ;
> *Archange d'ici-bas*, oh ! célèbre sa gloire,
> Tes accents couvriront les blasphèmes humains !...

On voit le cas qu'il convient de faire de rapprochements aussi piteusement imaginés, dans la désespérance de gagner une cause... *Eurêka ! Révélations!...* Et un écho indocile et moqueur venu du Nivolet réplique : *Sutor, ne supra crepidam!...* Ce qui est « assez amusant ».

Et dans un *Avant-Propos* qu'il avait lu et dont il avait bien voulu nous *remercier*, nous avions, en *très belle place*, félicité Bouvier des « pages délicates », et souvent mordantes, qu'il avait écrites sur « J.-P. Veyrat journaliste », et lui avions dit publiquement notre reconnaissance pour les « intéressantes communications » qu'il nous avait faites si généreusement. Nous souhaitons que les profiteurs des recherches de ce modeste érudit, qui connaissait son Chambéry comme pas un, agissent toujours envers lui avec une pareille franchise.

Du reste, un écrivain, même très habitué à manier la plume, mais qui a beaucoup lu, a nécessairement beaucoup retenu. Il peut lui arriver d'être, de la meilleure foi du monde, le jouet de ses réminiscences. Cela est vrai en musique, cela est vrai en poésie. Pour le moment, laissons tranquilles musiciens et poètes. Cela est vrai en prose ; en voici un exemple caractéristique chez un bon écrivain :

Ouvrons *Stello* d'Alfred de Vigny, au chapitre intitulé : *le Ciel d'Homère :*

« ... Figurez-vous voir... ces fantômes mélancoliques (André de Chénier, Gilbert, Chatterton...) : *Torquato Tasso*, les yeux brûlés de pleurs, couvert de haillons, dédaigné même de Montaigne... et réduit à n'y plus voir, non par cécité, mais... Ah ! je ne le dirai pas en français ; que la langue des Italiens soit tachée de ce cri de misère qu'il a jeté :

> Non avendo candella per escrivere i suoi versi

Milton aveugle... Camoëns recevant l'aumône à l'hôpital des mains de ce sublime esclave qui mendiait pour lui... Corneille manquant de tout, *même de bouillon*, dit Racine au roi... »

Lisez maintenant ceci : « ... Un monde qui dédaigne le génie de ses poètes... lui paraît condamné sans rémission. *Torquato Tasso*

> Non avendo candella per escrivere *suoi* versi

Camoëns nourri du pain mendié pour lui par un esclave, Corneille manquant de tout, « même de bouillon », au rapport de Racine, Chatterton, Malfilâtre, Gilbert, tous les martyrs obscurs ou glorieux de la sottise publique doivent être vengés... »

Il n'y a pas trace de guillemets dans le texte, et toute la marque personnelle de l'auteur consiste en un un *solécisme italien*, un gallicisme évité par Vigny : *suoi* versi, au lieu de *i suoi* versi : on sait que, dans un cas semblable, l'article est de rigueur devant le possessif !

Qui donc a commis pareil « emprunt » ? Le bon Bouvier lui-même, p. 21-22 de son *J.-P. Veyrat journaliste.*

Ayant dû remonter à des sources auxquelles il avait lui-même puisé, nous avons surpris chez l'excellent historien de *l'Unité italienne*, des réminiscences d'idées et d'expressions textuelles...

Quelques traits de plume feraient disparaître ces *niaiseries* que les *niais* seuls songent à souligner. Nous laissons de grand cœur ce genre de diversion à tel Dandin rancunier, *girouette* et mal assis, capable, dit-on, *sans connaître un traître mot de ce problème d'érudition très locale, d'approuver* précipitamment et prétentieusement (hélas !... holà !...) la solution erronée et sophistiquée qu'en a donnée un contradicteur si visiblement *intéressé...*

M. l'avocat Louis Raymond, abusant de son habileté native, s'est réservé comme *trait final* de son chapitre désormais célèbre « ... cette délicieuse *génisse hydrophobe* qui, nous dit M. Berthier, *ne se débitait pas sans bourse délier* à Paris, étant *évidemment* du même troupeau que certaine *vache enragée,* — peut-être moins poétique, — mais qui, elle non plus... *ne se débite pas gratis,* si nous en croyons Bouvier. »

Immédiatement après cette spirituelle bouffonnerie, nous tombons sur ces graves déclarations : « Le souci de *l'honneur du nom que nous portons* nous avait fait un *impérieux devoir* de réfuter *l'accusation (!)* portée par M. Berthier... etc... »

Ouvrons *l'Art poétique* (I, 75) de notre vieil ami Boileau, qui, par sa franchise à dire leur fait aux glorieux rédacteurs des *Feuilles Sèches* de son époque, s'est, lui aussi, attiré quelques bizarres inimitiés :

> Heureux qui, dans ses vers (et sa prose) sait *d'une voix légère*
> *Passer du grave au doux, du plaisant au sévère !*
> Son livre, aimé du ciel et chéri des lecteurs
> Est souvent chez Barbin entouré d'acheteurs.
> Quoi que vous écriviez, évitez la bassesse :
> Le style le moins noble a pourtant sa noblesse.
> Au mépris du bon sens, le burlesque effronté
> Trompa les yeux d'abord...

Nos connaissances en art vétérinaire ne nous permettent point de décider si les deux animaux ci-dessus mentionnés sont « évidemment » ou non « du même troupeau ». Nos classiques nous ont seulement appris que la première des « génisses hydrophobes » fut la mythologique Io, la fille d'Inachos piquée par un taon : *ê oïstroplex Inachou corê : Electra Sophocl.* Et donc, pour une fois, la *seule,* nous laisserons sans réponse une très grave question, dans l'espérance que la solution du *différend Raymond-Veyrat* ne s'en trouvera nullement modifiée.

Est-ce « assez amusant » ?

Des lecteurs, indifférents à cette discussion, ont remarqué que M. l'avocat Louis Raymond eût été sage, pour achever son magistral plaidoyer *pro domo*, de ne pas endosser ainsi la toge fripée d'un pédant si peu au courant de son métier. Il donne trop l'impression d'esquiver l'affaire qui est la *seule* raison d'être de sa réponse. A tout moment, il s'échappe par la tangente : tangente de l'oraison funèbre, prise et reprise, d'un personnage étranger au débat, — tangente de pédanteries et bouffonneries qui écartent l'attention du problème historique qu'il s'agissait de résoudre. Non, non, l'homme qui s'amuse à de si *petits jeux* n'est pas si indigné qu'il s'efforce de le paraître, et c'est tant mieux. Le défenseur qui s'accroche ainsi à tous les hors-d'œuvre n'est pas très convaincu de la valeur de ses arguments. De fait, les arguments *antiveyratistes* ici développés, non seulement sont dénués de toute valeur probante, mais encore tournent le plus souvent à la *justification* même de celui qu'ils étaient destinés à écraser. Comme sensationnel *succès à rebours*, c'en est un, *unique* dans les annales du palais, et qui risque de demeurer *légendaire* dans les annales de la critique savoyarde. Jean-Pierre Veyrat n'aura pas à se plaindre de *l'Aigle du Casque.*

II. *Amusons-nous* encore. Nous avons ramené à leurs justes proportions les *heureux* et *loyaux* « emprunts de M. Berthier ». Examinons maintenant « les emprunts de M. Raymond » et la valeur de sa critique quand elle s'adresse à d'autres qu'à nous, sans revenir sur sa très complète et impartiale appréciation de Jean-Pierre Veyrat journaliste.

M. l'avocat Louis Raymond, qui s'est bombardé *secrétaire-général du Mont-Parnasse*, qui s'est *imaginé*, que par devant lui se dirimeraient désormais toutes altissimes et gravissimes questions de morphologie, syntaxe, tropes, synecdoques et autres engins d'expression et de séduction, appartenant tant au *domaine national* qu'au *domaine communal* et au *domaine ecclésiastique*... M. l'avocat Louis Raymond n'a-t-il contracté aucun « emprunt » dans l'exercice des délicates fonctions dont il a eu le noble courage d'endosser la responsabilité ?... Il nous paraît *impossible* de répondre par la négative. Quelques exemples le feront bien voir.

Et d'abord, en dépit de la marque bien personnelle, et sans doute très heureuse, qu'y a imprimée l'auteur, ne proviendraient-elles point du *domaine ecclésiastique*, des expressions et périodes dans le genre de celles-ci, dégageant un vieux parfum de cire et d'encens :

« ... Un pressant appel de rompre avec son passé de folies, de revenir au Dieu de sa jeunesse... p. 24. — ... excuser le pécheur... p. 26. — ... rester en rébellion contre les commandements divins, et fermer l'oreille aux objurgations de sa sœur, la Révérende Mère Marie-Félicité... ce ne devait être que sur son lit de mort que, cédant enfin à ses instances et à celles des pieux religieux dont elle avait entouré ses derniers moments, il pencha son front orgueilleux pour confier à l'un d'eux la confession de son lourd passé... p. 26. — ... une foule immense, qui n'avait pas assez de place pour se dérouler de la maison mortuaire jusqu'à l'église de Lémenc, accompagnait son cercueil... un même sentiment réunissait de nouveau à Lemenc toutes les classes de la société pour un service solennel, et les voûtes de la vieille église retentissaient des accents profondément émouvants de la messe de Musso... exécutée avec un brio incomparable... — ... Fait peut-être unique dans l'histoire, et qui montre de la façon la plus éclatante combien avait été grand le dévouement de cet homme à la cause de la religion, la Fabrique et les prêtres de Lémenc tinrent à honneur de refuser tout paiement des frais de ces deux cérémonies et remirent à sa famille la facture acquittée... pp. 7-8... » Nous ne parlons pas du « brio incomparable » de ces prières funèbres ni du « fait peut-être unique dans l'histoire ».

le chanoine Rendu.

« ... Il (G.-M. Raymond) ouvrit... dans le collège un *pensionnat*... Placé dans l'ancien Couvent de *la Visitation*, M. Raymond sauve *la jolie église* de cet établissement, qui était *destinée à la démolition...* Ce *gracieux* monument, *échappé au marteau du vandalisme révolutionnaire*, a toujours dès lors servi pour les exercices religieux du collège »...

L. Raymond, p. 123.

« ... Cette *exquise chapelle* de *la Visitation*, *sauvée de la pioche des démolisseurs* par un G.-M. Raymond... »

Rendu est plus complet : *puzzle*, avec pièces *escamotées !...*

A. Berthier, p. 218.

« ... Saint-Marc Girardin avait... à la fois *malmené* le byronisme et le libertinage de *la Pucelle* de Voltaire... »

L. Raymond, p. 84.

« ... Étude... où l'on *malmenait* bien davantage l'auteur de *la Pucelle*... »

A. Berthier, p. 181.

« ... Il ne put *réaliser son rêve*. Sa santé s'affaiblissait de plus en plus... »

L. Raymond, p. 27.

« ... Il pensait que seule une publication périodique.:. lui permettrait de *réaliser son rêve*... »

— Par un procédé inverse, on affirme exprimer la pensée de M. Berthier, quand lui en prête une autre que son texte ne supporte pas :

A. Berthier, p. 174.

« ... Cl.-M. Raymond n'avait pas *vécu, comme Veyrat*, dans de *grands centres industriels, Lyon ou Paris* (— Veyrat y avait *vécu*, il y avait même *vécu sept ans !)*... »

L. Raymond, p. 108.

« ... Il est *allé* même (M. Berthier) jusqu'à *assurer*, pour les besoins de la cause, qu'il (Raymond) n'était jamais *allé (! ! !)*, le pauvre, ni à Lyon, ni à Paris... Nous avouons humblement, nous qui descendons directement de lui, que nous n'avons point de renseignements aussi précis !... »

N'est-ce pas que cette franchise et cette ironie sont « particulièrement divertissantes »?...

Enfin, quand on utilise le livre de M. Berthier, on ne le cite pas, — ou on l'utilise, — comme on utilise Bouvier et Pillet, — en laissant de côté les renseignements que l'on trouve gênants !...

A. Berthier, p. 117.

« ... Sa consolation était de recevoir des lettres de sa sœur religieuse... Elles lui parlaient de Dieu, de l'éternité, des *prières* faites pour son salut et son bonheur... Il y trouvait... les conseils pratiques de la femme forte de la Bible, de la *Mère* vigilante, *perspicace*, active... de la vraie Savoyarde, *pieuse*, affectueuse, *avisée*... — ... p. 133 : Sœur Marie-Félicité recommanda sa *cause* à de *puissants* avocats :

Mgr Martinet... Mgr Billiet... le comte Avet, le comte Solar de La Marguerite, le chevalier de Saluces, mais surtout Mgr Charvaz, évêque de Pignerol... »

L. RAYMOND, p. 26.

« ... La Sœur Marie-Félicité s'était *révélée* (— encore des *révélations!) habile diplomate* (— séparée de ses autres qualités de piété et de dévoûment, cette « habileté diplomatique » brille comme un soleil) : elle avait *su (!)* gagner à la *cause* de son frère des hommes illustres et *puissants*... A côté de l'Évêque de Pignerol, se pressaient en effet en faveur de *l'enfant prodigue* (— encore une expression qu'on nous a « empruntée » (1) !) les comtes Avet et Solar de La Marguerite... l'Archevêque de Chambéry, Mgr Martinet, l'Évêque de Maurienne, Mgr Billiet, futur Cardinal, le Chevalier de Saluces... »

On devine avec quel enthousiasme M. L. Raymond clamerait, à notre place : *Eurêka! Révélations!* Si nous voulions, comme il l'a fait (on a vu avec quel bon sens !) crier au « procédé de *démarcage* (sic) » p. 50, les occasions ne nous manqueraient certes pas. Nous n'avons pas besoin, nous, de recourir à ces « procédés » misérables pour faire éclater à tous les yeux la justice de la cause de l'infortuné Jean-Pierre Veyrat. Ce qui doit ici rassurer notre contradicteur, c'est que *personne* ne songera jamais à le *démarcer*, lui, ni même à le *démarquer*. De grands écrivains, guidés par un sens éclectique très averti, enchâssent parfois dans leurs œuvres originales des expressions heureuses recueillies au cours de leurs lectures. Ce délicat travail de mosaïque artistique devient impossible en présence de certains blocs de pierre mal équarris, certains lourds et grossiers pavés... de bonnes et même de mauvaises intentions.

Pédant comme on s'est délecté à l'être, nous soulignerions à l'encre rouge des *effets de style* comme ceux-ci : « ... *A nouveau à Lémenc...* p. 8. — ... *Eût-il eu* pour Veyrat de tous autres *sentiments, cela* n'eut pu empêcher qu'il *en fût...* p. 102 (— cacophonie terrifiante)... — ... *laver la mémoire* d'une injure gratuite... p. 9. — ... l'étude de *ceux contenus* dans les archives... p. 13... — ... *dont* toute cette partie *de* la thèse *de* M. Berthier... p. 13... — ... c'est alors que se serait *placée* sa conversion... p. 24. — ... Il *se démarcha pour* trouver des fonds suffisants *pour* les réaliser... et tenta de *mettre sur pied* un journal...

(1) A. B.. p. 152 : « Le frère de l'Enfant Prodigue ne vit pas sans mauvaise humeur le Père de Famille donner... etc... » et *passim*.

p. 35. — ... *pâles*... attaques... p. 86. — ... Si étrangement *informé* que l'on fût à Turin *entre* les exagérations... et la réserve..., il était néanmoins impossible au Gouvernement de donner tort... p. 89. — ... S'il *l'eût* fait, il n'*eût eu*... p. 108. — Nous espérons qu'il nous en sera *tenu* gré... p. 119. — ... un romancier *notoire*... p. 116. — ... *la demi-douzaine* de jeunes gens... *entreprirent* un mouvement... p. 121. — ... Dans le même numéro, cette *rosserie*... p. 122... etc... »

Et cependant, l'artiste qui exécuta cette immortelle cacographie profite de l'insignifiante omission typographique du mot « naguère », *si facile à suppléer, pour affecter la moquerie à notre égard.*

Nous avions écrit : « Raymond cherchait visiblement à exaspérer... son rédacteur en chef... à l'obliger, à force de vexations, à s'exiler de la *feuille* (naguère) *sèche*, dont la couleur verte était une insulte à la tradition et au classicisme. » M. l'avocat Louis Raymond, p. 111, déclare gravement : « Nous avouons ne pas comprendre très bien cette phrase, n'ayant jamais constaté la couleur verte d'une feuille sèche ! »

Ce n'est pas seulement « cette phrase » que l'on n'a pas « comprise très bien », mais les pièces d'archives elles-mêmes que l'on invoquait contre J.-P. Veyrat. Quant à la spirituelle remarque susdite, elle nous « révèle » qu'au cours d'une vie déjà longue, on n'a jamais su *voir* ces plantes dites « naturalisées », *à la fois très sèches et très vertes*, qui servent, l'hiver, à orner nos salons : habitué à confondre en histoire les choses mortes à jamais avec les choses à jamais vivantes, on aura pris candidement lesdites plantes, *à la fois très sèches et très vertes*, pour de réelles *plantes vertes*, et l'on aura entonné un los à la gloire de la *chlorophylle*, alors que c'est à l'*aniline* que ce touchant hommage aurait dû s'adresser !...

Est-ce « assez amusant » ?

Voici encore 30 pages in-8° d'observations « assez amusantes » sur « la série magnifique des articles sortis de la plume féconde du Journaliste », journaliste étranger au débat, mais dont on s'est servi pour masquer le vide de cette « assez amusante » diatribe *anti-veyratiste*... Eh bien ! non, nous ne donnerons pas dans le défaut du « Journaliste » en question, ni dans celui de son panégyriste ; notre plume à nous, saura « s'arrêter à propos ». *Nec plus nec minus.*

Tous les « effets » laborieusement préparés par M. l'avocat Louis Raymond, et lamentablement manqués, finissent par ne plus « amuser », par ne plus « divertir » : ils font simplement pitié.

Et il ne s'agit pas de nous seulement : nous verrons sur quel ton on se permet de parler de nos plus distingués écrivains régionaux.

La .rectification, nous ne disons pas la correction, est suffisante. Chambéry ne verra pas se renouveler la dispute fameuse de Trissotin et de Vadius que, faisant fi du bon sens de Molière, notre contradicteur a si comiquement amorcée par son « assez amusant » monologue. Il manque ici un des combattants.

Les *Henriette*, instruites, modestes et sensées, sont nombreuses au pays où la plus belle parure des femmes demeurent *le cœur et la croix d'or de Savoie*. Les *Bélise*, les *Armande* et les *Philaminte* y sont rares : elles n'auront pas à se trémousser.

XIV

I. Le beau rêve de publiciste de Jean-Pierre Veyrat était irrémédiablement brisé. Le rénovateur de la Presse Savoyarde vit son adversaire s'installer maitre souverain d'une feuille améliorée et agrandie par sa seule initiative et ses seules démarches. Et quand, en 1848, le « privilège-Raymond » n'empêchera plus d'éclore d'autres publications concurrentes du *Courrier*, quand la première pensée de la Presse Savoyarde libérée sera une pensée de reconnaissance et de réhabilitation envers le maître et le précurseur, le pauvre Jean-Pierre ne sera plus là pour jouir de ce modeste triomphe.

C'est une grande pitié. Il semble que certaines personnes, même exceptionnellement douées du côté de l'intelligence et du cœur, soient destinées à servir de cible aux coups aveugles de la souffrance. Heureuses encore sont-elles lorsque, tel J.-P. Veyrat, il leur a été donné de bercer leur douleur dans la certitude des immortelles espérances.

Loin de nous l'intention de rendre Raymond plus *conscient* qu'il n'a sans doute été de sa dureté envers un poète, un infortuné et un grand malade. Dans le feu de la discussion, on ne mesure pas exactement la portée de ses coups : « ... Raymond, disions-nous, revint deux ou trois fois à la charge, de plus en plus monté, et trouvant chaque fois *Veyrat plus hérissé et intraitable... Veyrat ripostait naturellement...* Il y a ainsi des *talents réels*, mais *de nature différente*, qui, incapables de s'apprécier, ne savent que se dénigrer mutuellement... *La vie en commun n'est possible que grâce à de mutuelles concessions* (1)... »

____

(1) A. B., pp. 172, 176, 177.

Pouvions-nous mieux marquer qu'il s'agissait d'une *dispute*, avec la part d'involontaire et d'inconscient qu'entraîne toute dispute, et dont il convient, dans le bilan des responsabilités, de faire bénéficier l'un et l'autre combattants?

Isolant certaines de nos expressions de leur contexte, M. l'avocat Louis Raymond se croit très habile de se lancer dans cette belle amplification, p. 14 : « Un demi-siècle plus tôt, l'apparition d'un livre tentant de présenter Cl.-M. Raymond (— en dépit d'une simple et insignifiante confusion de prénoms, notre livre ne présente et ne peut présenter, nous l'avons prouvé, que le Raymond adversaire de Veyrat et co-fondateur avec lui du *Courrier des Alpes)* comme un *bourreau,* — le mot y est, — acharné à torturer un innocent poète, et hâtant sa *mort* par ses cruautés, n'eût provoqué qu'un *vaste éclat de rire,* et *l'auteur submergé par le ridicule...* » Et, p. 109 : « *C'est presque une accusation d'assassinat.* »

On n'écrit pas des mots semblables : ils portent autour d'eux une sorte d' « aura » maléfique. Le public de nos lecteurs n'est pas uniquement composé d'érudits et d'académiciens locaux, habitués à faire la part des choses. Des lecteurs distraits ou superficiels, amis des « simplifications » dangereuses dont M. L. Raymond leur donne l'exemple, pourront ainsi oublier les « compensations » nécessaires qui existent dans notre texte, et croire que le biographe de J.-P. Veyrat, — dont l'autorité reste entière, — a réellement émis un jugement semblable... Eh quoi ! c'est donc à nous de nous montrer ici plus *raymondiste* que les premiers intéressés à l'être? Par notre présente protestation, nous parons aux conséquences d'une imprudence regrettable.

Ce fut un « grave malentendu (1) ». Le mot était de nous, et c'était un mot *conciliateur.* M. l'avocat Louis Raymond l'a noyé dans une diatribe qui n'est qu'un pitoyable hors-d'œuvre « camouflé ». Il n'est pas anéanti, cet humble mot, et, à travers la haie épineuse d'une discussion dont notre contradicteur a pris l'initiative et la responsabilité, il se tend toujours vers lui, un peu déchiré et ensanglanté par sa faute, comme une main amie. Seulement, après le supplément d'informations qu'on nous *oblige* à publier, nous craignons qu'il ne paraisse d'une *indulgence plus qu'excessive.* Qu'y pouvons-nous?

Ce « grave malentendu » est incapable de jeter une ombre de « ridicule » sur les écrivains qui l'ont fait connaître et qui l'ont déploré ; et, si les traits lancés « cinquante ans plus tôt » contre l'ingrat *Courrier*

(1) A. B., p. 179.

des Alpes en faveur du malheureux Veyrat ont provoqué des « rires »,
nous nous assurons que ce ne furent point des rires de Savoie, larges
et francs, mais des rires de Sardaigne, des rires terriblement *sardo-*
niques.

Il faut le répéter : lorsque, « après plusieurs entrevues, M. Raymond
a fait à M. Veyrat des propositions qui ont été acceptées par celui-ci,
et qui ont été rédigées en traité... », il connaissait pertinemment
le passé, le genre de talent, la personnalité et la grave maladie de son
co-contractant. Il s'obligeait par le fait à des ménagements à son
égard, il s'obligeait à mettre un frein à cette « antipathie native »
qu'il se sentait contre lui. S'il ne se connaissait pas assez de vertu et de
patience pour le faire, son *devoir* évident était de se refuser à tout
traité d'alliance. Au contraire, le traité une fois signé et paraphé, il se
crut autorisé à accabler son collaborateur de reproches dont M. l'avocat Louis Raymond a prolongé le désagréable écho. Il lui faisait un
grief de ce qui, naguère, ne l'avait pas empêché d'apposer son honnête
signature au bas d'une pièce qui lui assurait, avec la conservation
de la moitié de son « précieux privilège », la possibilité de le récupérer
en fait dans son intégralité.

Nous nous abstenons, cette fois-ci, de tout qualificatif. Ce sont les
faits seuls qui louent ou qui blâment. Au point de vue équité, comme
au point de vue charité ou simplement humanité, nos lecteurs apprécieront comme ils l'entendrons pareille manière d'agir.

De cet incident malencontreux qui, nous ne le cachons pas, pro-
voque notre mélancolie, nous ne concluons pas que l'adversaire
de Veyrat ait été généralement dépourvu de bonté. Non.

Mais l'homme est un être si faible, si faible qu'il a toujours besoin
d'être *trop bon*, s'il désire véritablement l'être *assez.*

Loin de nous constituer juge inexorable de nos frères, — Veyrat,
Raymond ou autres, — qui, comme nous, ont pâti de l'humaine
condition, nous commençons par nous appliquer à nous-même ce
jugement du bon Savoyard Joseph de Maistre *(Soirées de S. P. —*
3me *Entret.) :*

« Otons de nos misérables vertus ce que nous devons au *tempé-*
rament, à l'*honneur,* à l'*opinion,* à l'*orgueil,* à l'*impuissance* et aux
circonstances ; que nous restera-t-il ? Hélas ! bien peu de chose. Je
ne crains pas de vous le confesser, jamais je ne médite cet épouvantable sujet sans être tenté de me jeter à terre comme un coupable
qui demande grâce ; sans accepter d'avance tous les maux qui pourraient tomber sur ma tête, comme une légère compensation de la
dette immense que j'ai contractée envers l'éternelle justice. Cepen-

dant vous ne sauriez croire combien de gens, dans ma vie, m'ont dit que j'étais *un fort honnête homme.* »

L'humilité, qui est le sentiment de la vérité, est le meilleur moyen d'éviter l'humiliation.

II. J.-P. Veyrat, on l'a vu, dut expier *personnellement* et pour la décision prise par Solar de La Marguerite, et pour le dédain que le public manifestait, avant même son retour d'exil, pour *la Feuille Sèche.*

J.-P. Veyrat était un poète, une vraie « sensitive », qu'une cruelle et inexorable maladie inclinait vers la tombe.

Or, parcourez le plaidoyer *pro domo* de M. l'avocat Louis Raymond : non seulement les arguments *antiveyratistes* qui y sont développés n'ont la moindre valeur en soi, et devraient être écartés, même s'ils visaient un robuste *abatteur de chênes,* — mais encore, — lacune impardonnable en l'espèce, — il n'y est tenu aucun compte de la sensibilité infiniment délicate d'un poète élégiaque, ni de l'état de souffrance d'un malade qui se hâtait vers le champ du repos.

« ... Veyrat, au contraire (— il s'agit, p. 102, d'un parallèle ou soi-disant parallèle entre Raymond et Veyrat), était un *exalté,* un *malade,* un *romantique...* »

C'est tout ce que l'intelligence de son cœur a suggéré à ce fin critique sur une question aussi capitale !

Eh ! nous le savions bien que Raymond, « au contraire » de Veyrat, était un homme *positif, bien portant, pas romantique pour un liard.* Mais cela ne l'excuse guère. Du reste, qu'il n'ait pas été *romantique,* cela ne prouve pas qu'il ait été *classique :* il a été rédacteur de *la Feuille Sèche,* puis directeur du *Courrier* dans des conditions telles que ce journal s'empressa d'oublier sa glorieuse paternité : il n'y a rien là que de très honorable, mais qui ne portera jamais ombrage à la gloire du *Lamartine des Alpes,* du *Donoso Cortès de la Savoie.*

Les choses sont les choses, et qu'y pouvons-nous ?

XV

I. M. l'avocat Louis Raymond se défend de vouloir diminuer la gloire de Veyrat-poète. Nos lecteurs le connaissent trop bien maintenant pour s'étonner qu'il se soit montré infidèle à cette prudente résolution.

« Cette étude, écrit-il, p. 23, n'a aucunement pour but de critiquer la poésie de J.-P. Veyrat. Veyrat poète appartient à la littérature, et tout en ne l'admirant pas outre mesure, — car il est *parfois bien ennuyeux*, — nous déplorons, au point de vue savoyard, qu'il ait été si longtemps méconnu. »

Qu'il nous permette une observation déjà faite par d'autres que nous. Que le poète Jean-Pierre Veyrat, qui excelle dans la note élégiaque et mélancolique, en ait parfois abusé au point de devenir « ennuyeux », nous l'avons dit nous-même, mais avec les « compensations » nécessaires qui brillent par leur absence dans la critique du panégyriste de Raymond. En tout cas, c'était un manque de tact, ajouté à tant d'autres, de la part de M. l'avocat Louis Raymond, de risquer pareille appréciation dans une étude qui dénigre systématiquement la personne d'un poète lyrique dont le « moi » anime l'œuvre entière.

« Il est parfois *bien ennuyeux* »?

Et comment ne le serait-il pas, ayant été si « *bien ennuyé* », particulièrement à la fin de sa douloureuse et courte existence, à l'historique *Bureau de Rédaction* du *Courrier des Alpes?*...

De ces lourds « ennuis », la *Station poétique à l'Abbaye de Haute-Combe* porte des traces assez apparentes.

Après avoir donné sensation à nos lecteurs des contrariétés auxquelles Veyrat se heurta et se meurtrit dans ses rapports avec Raymond, nous avons eu raison d'écrire, p. 178 : « Qu'on ne nous reproche pas d'insister sur des détails, car ce sont des détails caractéristiques. C'est de détails qu'est tissue la trame la plus continue de notre commune existence. Ordinairement, nous n'y prêtons pas grande attention. Mais quand, dans la sensibilité délicate, excessive même, d'un poète, certains détails retentissent longuement, sourdement, en larges ondes sonores concentriques, c'est un devoir de biographe de les mentionner. Du reste, c'est sur l'humble terreau de ces menues impressions douloureuses, qu'on peut être tenté de négliger, que se sont épanouies quelques-unes des plus belles fleurs de la *Station poétique à l'Abbaye de Haute-Combe.* »

Si, au champ poétique de Jean-Pierre Veyrat, s'épanouissent, pleurent et prient les plus somptueuses fleurs de cimetière, « l'humble terreau de ces menues impressions douloureuses » dont nous avons parlé y a fait aussi pousser quelques tiges de *triticum repens* et d'*urtica*, qui sont loin d'être de notre goût. A cette éclosion, Raymond n'a pas été étranger. Mais il ne convient pas de lui en tenir une rigueur excessive : le chiendent et l'ortie sont encore des fleurs de deuil, symboles populaires de toutes les contrariétés et de toutes les déceptions.

Enfin, par les manifestations de son « antipathie native », Raymond, sans lui fournir d'ailleurs, oh ! non, aucun thème poétique, a mis, pour ainsi dire, le poète J.-P. Veyrat « en état de grâce », il a créé autour de lui une atmosphère favorable à la poésie lyrique. Et, ainsi, par une influence impalpable et diffuse mais indéniable, il a collaboré à certaines parties de la *Station poétique*. Pareil bienfait, la perspicacité d'un Sainte-Beuve n'aurait pas manqué de le signaler dans le *Nouveau-Lundi* qu'il a consacré à Veyrat, s'il avait eu, comme nous, l'ineffable bonne fortune d'être initié au différend Raymond-Veyrat. Nous remercions M. l'avocat Louis Raymond de nous avoir tout au moins donné l'occasion de réparer un très injuste, mais très involontaire oubli.

L'honnête, l'irréprochable Raymond, auquel une vingtaine d'années d'un journalisme à sa façon n'a pu procurer une notoriété assez grande pour n'être point confondu avec son successeur, par les chroniqueurs et même par son propre journal, comme fondateur du *Courrier des Alpes*, obtient ainsi, ô récompense ! aux yeux des historiens de notre littérature, un genre de gloire qui n'est pas à dédaigner. L'honnête, l'irréprochable Raymond, aride journaliste et terne prosateur, a bien mérité de l'Élégie Française.

> Cris impuissants ! fureurs bizarres !
> . . . .
> Le dieu, poursuivant sa carrière,
> Versait des torrents de lumière
> Sur ses obscurs blasphémateurs (1).

II. Et ce n'est pas seulement à J.-P. Veyrat journaliste et poète que s'en prend M. l'avocat Louis Raymond, mais à toute une Pléiade de nos écrivains régionaux des plus distingués.

Lisez d'abord ceci, pour bien vous remettre dans l'oreille le *la* de cette symphonie, p. 120 : « ... Ce fut presque *honteusement*, dans *l'aigre bise de novembre* (— apparemment, le Père Universel créa un tiède zéphyr et un splendide soleil tout exprès pour les magnifiques funérailles de l'adversaire de J.-P. Veyrat !), que la dépouille mortelle de J.-P. Veyrat, accompagnée de *quelques rares jeunes écrivains*

(1) Le Franc de Pompignan : Ode sur la mort de J.-B. Rousseau (1742).

(— tous les mots sont destinés à *porter*, comme on voit : *quelques-rares-jeunes*, et même *écrivains!...*), fut *jetée à la fosse commune* » ! ! !...

Non, « la dépouille mortelle de J.-P. Veyrat » ne fut certainement pas « jetée », — la Savoie ignore ces procédés sauvages, — mais *déposée avec infiniment de respect* dans *la terre maternellement bénite par l'Église*, qui ne méprise aucun de ses enfants, terre où l'on planta une humble et glorieuse croix de bois, terre où repose dans la paix du Seigneur, en attendant la résurrection, l'enveloppe périssable de l'immense majorité des fidèles qui ne sont pas assez riches pour s'offrir le luxe d'une concession à perpétuité.

Et ceci, p. 121 : « Quelques années plus tard, en 1848, lorsque le régime de la presse modifié, *permit* à d'autres feuilles de naître aux côtés du *Courrier des Alpes*, *la demi-douzaine* de jeunes gens qui avaient escorté au cimetière le poète défunt, tous écrivains, *ou se croyant tels (!), entreprirent* (sic) un mouvement en faveur de Veyrat. »

Nombre de ces enthousiastes adoptèrent les idées de 1848 ; mais il ne s'agit ici que de leur talent et de leur conduite généreuse envers un maitre rallié aux doctrines maistriennes.

Eh bien ! ces jeunes littérateurs qui, précédés du clergé paroissial et du signe de notre Rédemption, par un ciel endeuillé de novembre qui s'accordait avec la tristesse des assistants, ont pieusement escorté, en compagnie d'une veuve éplorée et de quelques humbles et dévoués Pères Capucins, jusqu'au cimetière de Chambéry, le pauvre cercueil du chantre de notre Terre Natale, fauché à trente-quatre ans, en pleine floraison de son merveilleux talent, — ces jeunes littérateurs ont sauvé, ce jour-là, l'honneur des Lettres Savoyardes...

Et quels étaient-ils, ces fidèles, sur lesquels M. l'avocat Louis Raymond, avec la haute compétence littéraire qu'on lui connait, laisse tomber sa dédaigneuse appréciation : « ... tous écrivains, *ou se croyant tels...* »?

C'étaient Micoud, Cordier, Modelon, Puget, Dessaix, Ferraris, tous bons ouvriers de la plume, tous pour le moins journalistes intéressants, la plupart poètes, conteurs, dramaturges, érudits, — et tous immortels... au moins de leur vivant, comme tant d'autres ! M. l'avocat Louis Raymond les ignore, comme il ignore toute chose, mais la Savoie ne les a pas oubliés. Voici quelques strophes d'Alfred Puget, le poète qui sur la croix de bois de J.-P. Veyrat écrivit le distique fameux :

> Les hommes comme toi sont de race immortelle :
> Ils n'ont pas besoin de tombeau.

Ces strophes donneront à nos lecteurs le désir de parcourir le recueil entier de ses poésies.

HYMNE A LA PATRIE.

Entre tous les amours dont on s'éprend sur terre,
Il en est un puissant et dont l'ardeur austère
S'allume dès l'enfance et ne meurt qu'au tombeau.
Celle qui le fit naître est toujours jeune et belle...
     Qui lui reste fidèle
A la gloire pour guide, et l'honneur pour drapeau.
. . . .

Il me souvient encor qu'aux jours de mon enfance,
Mon jeune cœur battait d'orgueil et d'espérance
Aux récits des vieillards qui parlaient du pays...
. . . .

Mais il en était un, vieux débris des batailles,
Qui, lorsqu'il me contait ces grandes funérailles,
Sous ses longs cheveux blancs paraissait inspiré...
Et moi je le prenais pour quelque bon génie
     Qui gardait la patrie
Et j'écoutais sa voix comme un hymne sacré.
. . . .

Patrie, à toi nos cœurs ! Patrie, à toi nos armes !
Si tu poussais un jour vers nous le cri d'alarmes,
Autour de toi tes fils sauraient se réunir ;
Et nous verserons tous notre sang avec joie
     Pour la Croix de Savoie !...
Ta devise toujours fut : « Ou vaincre ou mourir !... »

LA BRIGADE DE SAVOIE.

Phalange de héros, légion immortelle,
Dignes enfants des preux qu'une terre fidèle
Enfanta de tout temps pour la gloire et l'honneur...
. . . .

Sois fière, ô ma Patrie !...
. . . .

On doutera plus tard, en lisant ton histoire,
     Qui t'acquit plus de gloire
De ton nom d'Allobroge ou du nom savoisien !...

Ces vers, dignes de Paul Déroulède, semblent dater d'hier au pays des *Diables Bleus* : ils sont de 1848.

Eugène Dessaix était un noble cœur : c'est une belle garantie de talent pour un poète lyrique. A l'heure où la persécution faisait rage, il prit publiquement la défense de Jean-Pierre Veyrat. Nous avons cité les vers courageux qu'il écrivit à cette occasion :

> Opposant la force à la rage,
> Indomptés par notre courage,
> Sois Euryale et moi Nisus !...

> . . . .

> C'est à nous d'expier ta cruelle agonie,
> D'effacer à jamais trois ans de calomnie
> Et d'éteindre les maux que ton cœur a soufferts !...

> . . . .

> Et que disaient-ils, tous ces censeurs ignares
>   Qui te reprochaient ton retour?
> Ces philosophes vains, ambitieux, avares,
> Imbéciles valets d'imbéciles barbares,
> Engendrés d'un sang de vautour (1)?...

> . . . .

Nos lecteurs connaissent Modelon, neveu de J.-P. Veyrat, sur lequel Sainte-Beuve, qui compta vainement sur lui pour écrire la biographie du poète, a porté ce jugement : « ... M. Modelon... poète lui-même et doué du souffle, honoré en 1861 d'une médaille par l'Académie de Lyon dans le concours ouvert pour le prix de poésie : *la Réunion de la Savoie à la France...* »

P.-C. Micoud consacra son gracieux talent de poète amateur à chanter, avec simplicité et sincérité, *Quelques Cimes* qui nous sont chères : *le Pas de la Fosse, l'Oratoire de Saint-Michel à Curienne, le Gallopaz, le Col de Saint-Saturnin, la Dent du Chat, le Nivolet, le Grand-Revard...*

Aimé Ferraris, érudit et dramaturge, est l'auteur du *Contingent de Savoie,* du *Dernier des Montmayeur,* d'un *Épisode du massacre des Espagnols à Annecy,* de *Tancrède de Miolans* (drame historique, représenté au Théâtre-Royal de Chambéry, le 19 février 1849). Il rêva ce monument national, digue nécessaire au régionalisme d'hilarante fantaisie qui menace de nous submerger : *la Savoie pittoresque, ou Description historique, topographique et statistique de la Savoie, province par province,* comprenant : l'histoire, les antiquités, le tableau des mœurs, coutumes et fêtes singulières, les costumes particuliers,

____

(1) A. B., pp. 161-162-163.

l'examen des idiomes et patois ; la description des villes, bourgs, communes, châteaux, curiosités naturelles... Il préluda à cette œuvre par un guide : *Chambéry-Aix-les-Bains, leurs monuments et leurs environs*, précédé d'un *Aperçu historique sur la Savoie ancienne et nouvelle*. Il réunit bientôt sept cents souscripteurs sympathiques à son patriotique projet que devait somptueusement réaliser son ami J. Dessaix, dans *la Savoie historique, pittoresque, statistique et biographique*, et dans *Nice et Savoie* (sites, monuments, description et histoire), luxueux in-folio orné de magnifiques et fidèles illustrations en couleurs par Félix Benoist. (Nous profitons de l'occasion pour rendre hommage au talent de miss Estella Canziani, et de MM. Léandre Vaillat et André Jacques qui, dans un genre analogue, nous ont donné des œuvres si originales et caractéristiques.)

C'est tout de même une entreprise autrement sérieuse qu'un pamphlet-plaidoyer *pro domo*, où la langue française est estropiée, et où l'histoire, — on l'a vu, hélas ! on le verra encore, — est arrangée de si belle façon !...

« ... Tous écrivains, *ou se croyant tels...* » !

Pour faire cuire son œuf, on met sans sourciller le feu à toute une aile de notre Panthéon littéraire savoyard, quitte à déclarer ensuite, en quêtant les approbations de quelque académie locale, p. 119 : « ... Nous aurons donc contribué, dans une certaine mesure, à *combler une lacune de l'Histoire de notre Savoie (!)*. Nous *espérons* qu'il nous en sera *tenu* gré (sic)... » — Oui, qu'il l' « espère », on lui en tiendra compte et on lui en saura gré.

Quant à nous, nous saluons le talent même chez nos adversaires. Ces « écrivains » ont bien mérité des Lettres et de l'Érudition savoyardes ; ils se sont honorés, ils ont honoré la Savoie en demeurant fidèles à J.-P. Veyrat, en suivant son cortège désolé, en organisant un mouvement en sa faveur, dès qu'ils purent avoir un organe à leur disposition. Nous ne sommes membre d'aucune Société d'admiration mutuelle. La Savoie se moque des prétentieux qui répètent à leur manière les vers d'Armande :

> Nul n'aura de l'esprit hors nous et nos amis ;
> Nous chercherons partout à trouver à redire
> Et ne verrons que nous qui sache bien écrire.

Les productions contemporaines, malgré leur mérite, n'arriveront jamais à nous faire méconnaître nos anciens. Nous avons trop le sentiment de la *continuité historique* pour oublier les précurseurs. L'écrivain le plus original est encore un « profiteur », et, comme tel, tenu à une intelligente modestie. Plus il aura bénéficié du fonds national, plus il sera riche, et plus nous l'aimerons et nous sentirons en communion avec lui. « C'est la cendre des morts qui créa la Patrie » : c'est elle aussi qui créa notre Littérature. C'est l'esprit de nos provinces qui alimente, rénove, assainit, purifie sans cesse le grand courant de notre Littérature française, et, par celui-ci, le grand courant de la Littérature mondiale. On ne saurait donc parler avec trop de respect des humbles écrivains du passé qui en ont été les fidèles mainteneurs.

« ... Tous écrivains, *ou se croyant tels...* » !

Les vrais « écrivains », il sera sans doute interdit désormais de les chercher ailleurs que parmi les admirateurs d'une *Feuille Sèche* et les détracteurs d'un Jean-Pierre Veyrat !

Nous l'avouons, après avoir admiré, comme il le mérite, le chef-d'œuvre de cette semaine, succédant au chef-d'œuvre de la semaine précédente, nous éprouvons parfois le besoin de nous évader dans le passé. Et dans notre bibliothèque nous prenons, — non plus des œuvres trop connues de nous, *Coupe de l'Exil, Station poétique,* et d'autres plus récentes où cependant palpite l'âme de notre Savoie, — mais quelque œuvrette oubliée du folklore de chez nous, aussi proche que possible de l'instinct populaire. C'est un peu la disposition d'esprit d'Alceste qui préférait la *Chanson du roi Henri* à la « littérature » d'Oronte.

Nous ne connaissons pas assez le patois de Rumilly au fier *Et Capoué!* pour vous parler du poète patoisant J. Béard : mais, au dire des dégustateurs du cru, quand ce diable d'homme s'y met, il vous enfonce tous les guerriers à casque et à panache enrôlés dans le Royal-Trainard du Parnasse et du Symbolisme.

Contentons-nous de *lo Cent Ditons* de notre *Dian de la Jeânna,* — cette bonne vieille fille d'Amélie Gex, — succédané savoyard des judicieux *Quatrains de Pibrac.* Chacun, au point de vue moral et même littéraire, en peut faire son profit.

> On n'a pas sovèint grou profit
> De vreyé l'aigua de son fî.
>
> T'as beau callâ se quatre plôtes,
> Tozor 'na mesonze ballôte.
>
> Qu'y saye maître ou apprèinti,
> On croué oùvré a croué oùti.
>
> N'y a que porteront miù Roma
> Qu'on segret chù l'estomma.

Fâ de ta boce onna prâison
Pe b'tâ ta lêingua à la raison.

Si te vou te distinguâ,
Laiche ton oùvra te blaguâ.

Il n'y a ni vêpres, ni grand'messes
Pe t'affranci de te promesses.

Grand fou de paille que traluit
Ne fâ que cêindre et qu'épelui.

Ne prêinds pas pe groussa bâlla
Que pout portâ ton épalla.

Quand le lacé monte êin écomme,
Ou qu'se verse ou qu'se consomme.

Y est lo poblo lo plus hiauts
Que font lo ple grands cupeliôs.

Et la *Compléinta de la Pioche :*

Petiou, petiou, d'avou n'essâda
Drâi comme on bibi de monchu,
Et pe restâ ma camberâda
Comme mè ma pioche a créchu.
Si venu grand et li pesanta ;
Véca qu'on est viù tot parié :
Mé si tot blanc, li pe luisanta
Que le diamant d'on vitrié.

. . . .

On a sommardâ mé de tépes,
No dou, ma pioche, tot solets,
Que le çaud tèim le grousses vêpes
A lo raisins font de golets.

. . . .

Trêinte ans d'ai vio piocher mon pâre
Pe senâ tartifle et fromêint ;
Tant qu'à la mort n'êin fadra fâre
Atant que lui çartainamèint.
Poé, vindra le zor qu'on sara use,
Que sara fini de bataillé :
Pioche, alors on ara 'n'excuse
Mè pe dromi, té pe rouillé.

Mańieurs de houe, d'épée ou de plume trouveront là une belle leçon d'énergie savoyarde.

III. Nous avons été, à notre grand regret, obligé de constater que M. l'avocat Louis Raymond vit dans une ignorance épaisse de l'atmosphère intellectuelle et morale de la Savoie, à l'époque du différend. On n'a pas été non plus sans sourire d'un curieux phénomène d'*égocentrisme* dans le domaine historique, qui se manifeste au cours de son plaidoyer *pro domo*. *Egocentrisme* qui dépasse en intensité cet *égotisme* parfois excessif dans l'œuvre lyrique de Jean-Pierre Veyrat, laquelle conserve cependant dans son ensemble un caractère bien savoyard en même temps que largement humain.

— On sait quelle horreur, — mitigée d'une douce ironie, — la Savoie, avant la Révolution comme après la Restauration, — manifesta pour le gouvernement militaire auquel elle fut soumise. Ce fut une déplorable erreur de nos rois, et la seule cause sérieuse de mécontentement à leur égard.

Vers 1805, Joseph de Maistre écrivait à son roi : « J'ai eu l'honneur de faire connaître à Votre Majesté que nous étions surtout redoutés de nos voisins à raison du gouvernement militaire ; mais cet *arcanum imperii* ne m'a jamais paru, je l'avoue à Votre Majesté, qu'un enfantillage, qu'un phénomène passager, tout à fait étranger aux lois particulières de Votre Majesté et à l'essence de la monarchie en général... Parmi tous nos voisins, depuis le lac de Genève jusqu'au lac Majeur, le gouvernement militaire est redouté à un point que je ne puis exprimer à Votre Majesté. Cent fois je me suis battu sur ce point avec des Français, des Suisses, des Italiens, dont l'aversion pour nous ne se cachait nullement. Dans une province qui intéresse sensiblement Votre Majesté, il a été dit, il n'y a pas longtemps, ces propres paroles : « *Donnez-nous à qui vous voudrez, même au sophi de Perse, mais délivrez-nous des majors de place piémontais* (1). »

A la Restauration, ce beau système à la prussienne avait été rétabli. A d'Oncieu jugé trop peu sévère avaient succédé, au gouvernement de la Savoie, del Valmonte, puis l'immortel de La Planargia, qui ne furent jamais populaires chez nous, et n'exprimèrent jamais l'opinion de ces Savoyards qu'ils blessaient par leurs mesures draconiennes et maladroites, multipliées et embellies par leurs majors de place et leurs carabiniers. De simples carabiniers, forts de leur autorité, enjoignaient par exemple, au héros de Lodi, général Dupas, d'avoir à comparaître devant eux ; ils signalaient les moustaches

(1) A. Blanc : *Mémoires hist. de Joseph de M.*

révolutionnaires, « hostiles au gouvernement » ! etc... etc... La cause du gouvernement militaire en Savoie a été jugée sans appel.

— On sait, d'autre part, que la raison profonde de la réunion de la Savoie à la France a été la communauté de la langue, des goûts, des mœurs et des aspirations, et sa raison immédiate la persécution religieuse déchaînée par Cavour (elle provoqua une indignation générale), ainsi que *l'Idée Italienne* adoptée par les rois de Sardaigne (elle n'empêcha pas, *per Bacco*, Savoyards-Français et Piémontais-Italiens de *s'estimer* (1) mais, de par la divergence des intérêts, elle creusa entre eux un fossé de plus en plus béant).

Or, après avoir « esquissé l'histoire des débuts de la presse en Savoie », — avec quelle exactitude, chacun peut en juger maintenant. — M. l'avocat Louis Raymond n'hésite pas à écrire ces lignes, p. 119 : « Nous aurons donc contribué, dans une certaine mesure, à *combler une lacune de l'Histoire de notre Savoie*, et *révélé* (— quand il est ici question de *révélations*, on est du moins assuré de ne pas s'ennuyer !), en *dévoilant les agissements louches du comte de La Marguerite* (— en jetant un voile épais sur les intentions généreuses d'un ministre qui faillit pulvériser le « précieux privilège » pour le plus grand bien de la Presse Savoyarde), une de ces mille tracasseries dont *les* Savoyards eurent à souffrir de la part *des* ministres italiens (— il s'agit simplement, voyons, des « tracasseries », si « tracasseries » il y a, du *seul* Solar à l'égard du *seul* Raymond ; — et les « tracasseries » des gouverneurs militaires de la Savoie avaient une portée autrement générale !) ; *tracasseries et vexations* (2)..... qui, détachant

(1) Comme notre cousin le comte Signoris, colonel de Cavalerie, aimait à le répéter, Savoyards et Piémontais, malgré la différence des langues et des caractères qui suscitaient parfois des malentendus et des « baruffe » sans conséquences, avaient, depuis des siècles, appris à s'estimer surtout sur les champs de bataille, où leurs soldats avaient donné des preuves de la plus noble émulation. Il faut lire, dans la *Gazette militaire* de Turin, les adieux émus de l'armée piémontaise à la Brigade de Savoie, dont le glorieux drapeau bleu à la croix blanche avait flotté sur les champs de bataille de l'Italie (mars 1860), — et dans le *Journal d'un diplomate* d'Henri d'Ideville, le récit de la dernière revue de la chère Brigade passée par Victor-Emmanuel : « La séparation du roi et de sa fidèle Brigade fut touchante... Le roi était réellement ému... Plusieurs soldats ne pouvaient cacher leurs larmes en passant devant le roi... »

(2) Ici, M. l'avocat Louis Raymond cherche à prendre par la main et à entraîner dans sa ronde enfantine, ou sa danse macabre, M. de Maugny qui, dans son livre, — *Le dernier gouverneur militaire de la Savoie sous le régime sarde : le général comte de Maugny, 1798-1859*, — traite d'une tout autre question que celle dont il s'agit présentement : « ... tracasseries et vexations dont l'œuvre si intéressante de M. de Maugny vient encore de nous donner de si nombreux exemples... » — Nous n'avons pas à nous occuper ici de ce livre : il s'agit de cas d'espèce différente. Sur les sentiments du général de Maugny à l'égard du *Courrier des Alpes*, dont il concourut à changer l'esprit, voir p. 236 et seq. Ce livre prouverait plutôt que J.-P. Veyrat avait

peu à peu *les* peuples de Savoie de *la monarchie sarde* (— entendez peut-être, Raymond ou les Raymond de Charles-Albert, protecteur de Veyrat) *ont provoqué* (— attention !) *le mouvement séparatiste qui aboutit en 1860 à l'Annexion.* » ! ! !

Altesse, saluez!... Si la Savoie s'est donnée à la France, on nous le fait assavoir, c'est un peu... à cause du « privilège-Raymond » !...

Cet *égocentrisme* est « assez amusant » et bien inoffensif :

> Il n'est pas de danger qu'un Savoyard confonde
> Le nombril de quelqu'un avec celui du monde.

Quant à l'éminent et populaire marquis de La Planargia, grand-vizir de la Savoie, il sort indemne de l'aventure. Ses préventions tenaces, ses rapports ridiculement pessimistes sur l'ancien *Homme Rouge*, — rapports dont Solar eut le bon sens de ne tenir aucun compte, — l'ont rendu *tabou.* Le seul comte Solar, bienfaiteur de la Presse Savoyarde, partage avec nous l'honneur d'être chargé de tous les péchés d'Israël. Il est tout pardonné à S. E. le gouverneur de la Savoie, même ce qui est le plus injurieux pour notre patrie : et son dédain pour le bétail des lecteurs allobroges qu'il jugeait dignes de brouter jusqu'à la mort la seule *Feuille Sèche*, et même son dédain transcendant pour nos écrivains ou journalistes, Raymond, ô humiliation, Raymond compris dans le tas !...

« Un demi-siècle *plus tôt...* », s'écriait triomphalement M. l'avocat Louis Raymond, au début de sa diatribe. Et, à cette heure, l'observateur sourit, en murmurant : « Un demi-siècle *plus tard...* vaste éclat de rire... ridicule... » Tant il est vrai que la modestie, qui fera notre bonheur dans le ciel, est encore un gage précieux de notre bonheur sur la terre... *Dian de la Jeânna* serait de notre avis, dont nous traduisons, en le complétant un peu, un des plus fameux *Ditons !*

> C'est le peuplier le plus haut
> Qui fait la plus belle culbute.
> Et quand ils voient pareille chute
> Tous les rieurs font : Oh ! Oh ! Oh !...

M. l'avocat Louis Raymond, il n'est plus permis à personne d'en douter, a « *comblé une lacune de l'Histoire de notre Savoie* ». Mais on se demande maintenant, avec une certaine inquiétude, quel est le patient, l'intrépide érudit qui aura le courage de « combler les lacunes » de M. l'avocat Louis Raymond.

---

eu raison d'entreprendre une lutte préventive contre les idées révolutionnaires qui sommeillèrent plus ou moins en 1843, pour se réveiller en 1848, non sans causer quelques ennuis au dernier gouverneur de la Savoie.

XVI

I. Jean-Pierre Veyrat se tourna tout entier vers la poésie et consacra ses derniers jours à sa magnifique *Station poétique à l'Abbaye de Haute-Combe*. Les contrariétés et les déceptions avaient achevé d'ébranler sa faible constitution. Sa maladie avait poursuivi ses ravages inexorables. Au physique, il n'était plus que l'ombre de lui-même.

« Les rares instants de calme que lui laissait son mal, écrit son ami Léon Ménabréa dans la Notice qu'il lui a consacrée en tête de la *Station poétique*, il les employait à remanier ses *Stations poétiques à Haute-Combe*, dont il n'a pu livrer au public que les deux premières livraisons. Dans l'intervalle, quelques pièces fugitives où l'indélébile sceau de l'exil et le cri d'une éternelle douleur viennent, comme par l'effet d'une puissance invincible, se mêler à la joie des peuples, à l'allégresse des rois, sortirent de sa plume. Telle fut l'Ode qu'il composa à l'occasion du mariage de S. A. R. Mgr le duc de Savoie avec son S. A. I. et R. madame Adélaïde, fille de l'archiduc Reignier.

Quoique horriblement alangui, et ne se tenant qu'à grand'peine sur ses jambes chancelantes, le malheureux poète aimait à respirer le plein air ; il sortait, le soleil lui faisait du bien, le soleil de sa patrie ! Nous croyons encore le voir là, avec sa taille haute et grêle, qu'on eût dit un roseau courbé au souffle de l'aquilon, sa démarche lente et irrégulière, son front découvert que sillonnaient des rides précoces, ses lèvres amères, ses traits contractés, ses yeux noirs et aigus, qui seuls disaient, hélas ! que ce corps harassé et pâle n'était pas un cadavre !...

Il devait tomber *avec les feuilles d'automne*. Et, en effet, dès le mois d'octobre il fut obligé de se mettre au lit. Sentant sa fin s'approcher, il réclama les secours de la Religion. Un illustre consolateur, ne l'appelons pas ainsi, un père tendre, compatissant, dévoué, Mgr Billiet, archevêque de Chambéry, vint le réconforter pour ce long voyage (1)...

---

(1) « ... M. le chanoine Pillet continua à le visiter fréquemment. Mgr Billiet daigna aussi l'honorer *plusieurs fois* de sa visite ; et, pendant les derniers jours de sa vie, les RR. PP. Capucins veillaient jour et nuit auprès de lui. Souvent, il redisait quelques textes des Saintes Écritures qui lui étaient familiers ; parfois aussi, saisi par quelque

Enfin, après une agonie cruelle, il expira, le 9 novembre 1844, à l'âge de 34 ans. Poète d'autrefois, il mourut pauvre et délaissé... Il faut le dire, les souffrances physiques, les tortures d'un orgueil irrité et ces déceptions infinies qui entourent l'homme de lettres, avaient aigri son caractère : il fut souvent injuste envers ses amis.

On a *voulu* douter (1) de la conversion politique et religieuse de Jean-Pierre Veyrat ; mais une conviction profonde pouvait-elle manquer à celui qui entonna des chants si sublimes?... »

II. Ni ses grands protecteurs, ni le clergé, ni la petite phalange d'amis dont nous avons parlé, ne l'abandonnèrent. Mais, de plus en plus, il se retirait dans la solitude et s'y donnait, quand la souffrance faisait trêve, de vastes concerts, silencieux et vengeurs.

Malade, pauvre, malheureux comme il l'était, il reçut jusqu'à sa mort, les soins dévoués d'Hélène Besson, « fille de Hugues Besson et Joséphine Richard, mariés », née, le 18 mai 1819, et baptisée le même jour en l'église paroissiale Saint-François-de-Sales de Chambéry.

Nous avons dit dans quel état désespéré de santé il était revenu de la « Babylone » parisienne. Sa phtisie pulmonaire avait fait de tels progrès qu'il avait failli mourir dans la chaumière maternelle de Grésy-sur-Isère. Les bons docteurs Pignal et Buchard l'avaient grandement soulagé, mais sans arriver à le guérir. Il est *impossible* d'exclure toute idée de *dévoûment*, — de *dévoûment* sérieux, au-dessus de certaines répugnances physiques, héroïque, — pour expliquer la présence d'Hélène Besson au foyer désert de Jean-Pierre Veyrat,

nouvelle inspiration poétique, il redemandait sa plume. Mais bientôt, revenu à la grande pensée de l'Éternité, il priait avec ferveur et couvrait de baisers le crucifix qui ne l'avait jamais quitté, non plus que le livre de l'*Imitation de Notre-Seigneur Jésus-Christ*, dont il aimait à relire quelques versets... » — Sœur Louise-Françoise, ancienne secrétaire de la Révérende Mère Marie-Félicité. — A. B., pp. 190-191.

(1) « On a *voulu* douter... » disait fort bien Ménabréa dans le temps. Aujourd'hui certains ont « voulu *nier* »... Ils auraient dû au moins s'en tenir à un *doute* prudent. Ils ne l'ont pas *voulu*. Pourquoi? 1º Les uns ont nié la conversion de J.-P. Veyrat, parce que J.-P. Veyrat a condamné certaines *doctrines politiques et littéraires* qui leur sont chères et qui avaient d'abord été chères à J.-P. Veyrat. — 2º Les autres parce qu'ils sont plus ou moins directement *intéressés* à la nier. M. X. ne croit pas à la conversion de J.-P. V. — Qui, M. X.? — Et l'on apprend que M. X. est, comme par hasard, parent de l'adversaire de J.-P. V. — 3º Les autres, parce qu'ils n'ont pas même pris la peine de réunir *tous* les éléments du problème à résoudre. M. Z. ne croit pas à la conversion de J.-P. V. — Qui, M. Z.? — Ah ! un monsieur *très fort*... vous ne le connaissez pas, mais il enseigne les grosses lettres... — Fort bien ; est-il rompu à la psychologie liguorienne? a-t-il une compétence particulière pour l'étude des questions morales? — Non, mais enfin... — Mais enfin, ni Ménabréa, ni Pillet, ni Bouvier n'ont jamais nié la conversion de Jean-Pierre Veyrat. Ils n'en ont pas même *douté*.

ce grand malade, ce grand pauvre, ce grand isolé sans famille, que sa gloire poétique ne préserva jamais des rancunes tenaces ni des injustes préventions. Drouet, Dorval, Charles, Dudevant, vous qui avez connu toutes les indulgences de la critique, toutes les satisfactions du plaisir et de la vanité, ce n'est pas d'un poète riche, heureux, gâté par le succès, ayant famille, châteaux et rentes qu'il s'agit maintenant ; mais d'un être chétif, souffreteux, abandonné, en partie victime de la littérature passionnelle de vos illustres amis, que la Camarde va faucher à 34 ans, hâve, décharné, haletant, un filet de sang aux lèvres, — car tel est bien celui qui va se classer le premier après les *grands Romantiques*. Venez et jugez : qui d'entre vous va jeter la première pierre à Hélène Besson?...

Jamais on n'a *affecté* envers l'un quelconque de nos grands, — et faibles, — Romantiques la sévérité sans nuances que l'on *affecte* envers l'infortuné Jean-Pierre Veyrat. Un pharisaïsme intéressé a passé par là. Les fautes de *grand luxe* d'un Victor Hugo ont moins pesé sur sa mémoire.

C'est probablement à Hélène Besson que s'adresse le *Sonnet* de la *Coupe de l'Exil :*

> ... Si comme une hirondelle après un long voyage
> L'espérance revient habiter mon séjour ;
> Si l'étoile qui brille au-dessus du nuage,
> Phare aux divins rayons, à mon ciel luit toujours,
>
> *Je le dois à tes soins...*

Est-ce à elle encore que le poète destinait la poésie de *la Coupe de l'Exil*, intitulée : *A une Victime de la Calomnie?*

> ... Nul regard n'a sondé ton *dévoûment* sublime.
> La bonté de ton cœur est semblable à l'abîme,
> Océan limpide et profond ;
> La calomnie y peut souffler tous ses orages
> Sans faire remonter aux vagues des rivages
> Une vase impure du fond.

Cependant le mariage d'Hélène Besson, après la mort du poète, avec l'honorable officier piémontais Fontana, ne permet guère de supposer qu'elle ait jamais été la victime d'une calomnie très grave.

Fontana prit en affection le jeune Pierre Veyrat et voulait même qu'il partageât son héritage avec ses propres enfants.

Il ne s'agit pas d'excuser une faute, mais de signaler les circonstances qui en déterminent la nature.

Ce dévoûment incontestable, auquel correspondaient des sentiments de reconnaissance, s'accompagnait-il d'une affection assez profonde pour qu'Hélène Besson consentît à épouser ce grand malade, et pour que ce grand malade désirât donner son nom à cette jeune femme destinée à lui survivre longtemps, et qu'il pouvait d'un mois à l'autre laisser veuve? Non. Le second mariage d'Hélène Besson est un fait, et nous savons que J.--P. Veyrat ne se consola jamais d'avoir compromis irrémédiablement, par la faute qui lui valut son exil, un bonheur dont il avait jadis rêvé (1). Il nous le dit dans l'*Étoile du Matin* de sa *Coupe de l'Exil* :

Lorsque je vins souffrant au bord de la frontière
Redemander aux champs ma jeunesse première,
Voyageur fatigué du bruit et des humains...

. . . .

J'apercevais au loin, dans ma douleur amère,
Le clocher du village où j'ai laissé ma mère ;
Mais j'aimais voir surtout, au prochain horizon,
Se dessiner dans l'air une blanche maison.
Un soir, à l'heure pâle où le soleil décline,
Un bâton à la main, je gravis la colline ;
Hélas ! pauvre proscrit, triste et silencieux,
Je foulais inconnu le sol de mes aïeux.
Le *torrent* s'épanchait avec un grand murmure.....

. . . .

O vallon des amours ! ô lac pur et tranquille ! ·
Vents des nuits, fleurs des eaux, simple et modeste asile,
Vous qui m'avez connu dans ces heureux séjours,
Me reconnaissez-vous, amis de mes beaux jours?...

Enfin, voici *Un dernier Rendez-vous* :

... Et comment oublier? Sur les bords du *torrent*
Qui sous ton mur désert se brise en murmurant,
Lorsque tu descendras...

. . . .

Et tes yeux chercheront à travers le hallier
Une ombre trop connue au pied du *peuplier*.

. . . .

(1) Il s'agit de Mlle Elise Martin, d'une excellente famille de Bourg-Saint-Maurice, qui ne se maria pas, et dont la vertu fut au-dessus de tout soupçon. Cf. *Appendice*.

> Je sais une contrée où l'espérance en fleurs
> Ne se flétrit jamais au souffle des douleurs...
>
> . . . .
>
> Voici l'heure et le lieu : le ciel ! l'éternité !...

A l'époque la plus passionnée de notre Histoire littéraire, Veyrat a traité un thème poétique que *tous* les poètes ont traité.

Quant au *peuplier*, il est « acrocéraunien » de sa nature, de tout temps il a attiré la foudre.

Un moraliste a le droit de blâmer de pareils sentiments, mais non pas d'en exagérer la gravité.

Ce rendez-vous au ciel nous afflige, mais nous savons bien que, tout de même, un Don Juan ne l'eût point donné :

> Tout droit dans son armure, un grand homme de pierre
> Se tenait à la barre et coupait le flot noir ;
> Mais le calme héros, courbé sur sa rapière,
> Regardait le sillage et ne daignait rien voir (1).

Ce rendez-vous au ciel, il vient en droite ligne, non pas de Byron, le poète incrédule et sarcastique, mais de Lamartine, le poète idéaliste et religieux. Nous n'avons jamais dit que J.-P. Veyrat ait été un saint, nous avons même dit le contraire. Mais, parmi les héros-poètes de son époque, dans sa vie privée comme dans ses œuvres écrites, c'est encore l'un des moins coupables. Après notre minutieuse enquête, nous pouvons affirmer que la Savoie n'a pas plus à rougir de son Jean-Pierre Veyrat, que la France de ses Lamartine, Hugo, Musset ou Vigny. Au cas où l'on confondrait la question *art* avec la question *morale*, le poète de la Savoie aurait encore à gagner à la comparaison.

Les persécuteurs impitoyables du poète n'ont peut-être pas été sans responsabilités dans un rapprochement qu'expliquent la solitude et la détresse où ils réduisirent une âme trop sensible, rapprochement que personne n'a le *droit* d'affirmer avoir été le moins du monde répréhensible avant décembre 1842 : *nemo malus nisi probetur.* En l'absence de toute *preuve* de culpabilité, on n'a pas plus le *droit* de charger J.-P. Veyrat sur ce point, qu'on a le *droit* de diffamer n'importe quel paisible particulier, — surtout un grand malade abandonné, sans famille, — ayant à son service une personne honorable chargée de le soigner et de tenir sa maison. On ne doit pas faire cas ici des cancans, souvent intéressés et sans fondement, dont s'alimen-

(1) Ch. Baudelaire : *Don Juan aux Enfers.*

tent la plupart des conversations dans les petites villes, d'autant plus que J.-P. Veyrat avait trouvé dans ses amis de jadis des ennemis trop peu scrupuleux et trop acharnés à sa perte pour mériter créance. Ce n'est pas la charité qui nous dicte ces observations, mais la *justice* qui nous oblige à nous en tenir au strict minimum dont la réalité des faits peut nous fournir une *preuve*. Le code de justice est le même pour tous ; ne mettons personne hors la loi (1). Que J.-P. Veyrat n'ait jamais été un pécheur scandaleux, l'attitude des plus respectables personnages à son égard en est une garantie absolue.

La naissance de son fils, Pierre-Louis-Antoine-Adéodat, le 13 septembre 1843, baptisé le surlendemain à Grenoble, procura une grande joie au poète mourant. Il ne regarda pas cet enfant comme un gêneur, un intrus, dont la venue attriste certains parents dénaturés et représente surtout à leurs yeux une somme appréciable de dépenses et de soins ennuyeux. Non. Au point de vue psychologique, il est capital de le remarquer. Il se mit à chanter :

> Amis, ma vieillesse est en fête :
> Couronnez ce front chauve et nu ;
> Des fleurs à cette blanche tête !
> Un fils, vers le soir, m'est venu !...

Sa joie étant telle, sur qui faire peser la responsabilité d'un retard consigné dans la pièce suivante :

« L'an mil huit cent quarante-quatre et le dix-sept du mois de juin, en la paroisse de Saint-François-de-Sales, commune de Chambéry, par-devant moi, Curé soussigné, après une publication en la paroisse de Grésy-sur-Isère, avec dispense de deux et de trois pour cette paroisse, a été célébré mariage suivant les lois de l'Église : entre M. Veyrat Jean-Pierre, âgé de trente-quatre ans, natif de Grésy-sur-Isère, demeurant à Chambéry, paroisse de Saint-François-de-Sales, et demoiselle Besson Hélène, âgé de vingt-cinq ans, fille de feu Besson Hugues et de vivante Richard Joséphine, demeurant à Chambéry. Présents à la célébration : M. Dépommier Claude-Marie, âgé de vingt-neuf ans, demeurant à Chambéry, et M. Rosset Léon, âgé de vingt-sept ans, demeurant à Chambéry, et avec le consentement de la mère de l'épouse (2). »

---

(1) M. l'avocat Louis Raymond écrit sans sourciller, p. 26 : « Durant *six années* il devait rester en rébellion contre les commandements divins... » — Date de la naissance du fils du poète : 13 *septembre* 1843 ; de son mariage : 17 *juin* 1844. — Il n'est pas question d'*excuser*, mais de ne pas *charger* encore sans rime ni raison.

(2) A. B. — p. 338.

Cinq mois avant sa mort, J.-P. Veyrat eut la satisfaction de voir sa situation régularisée (3).

Mme Hélène Veyrat-Besson fut une mère de famille dévouée. Elle garda fidèlement le souvenir du poète, infortuné qu'elle avait jadis soigné et consolé, et dont elle avait accepté le nom et la main : *Elena Besson Hugues, vedova Veyrat e Fontana*, Hélène Besson Hugues, veuve Veyrat et Fontana, lisons-nous sur ses cartes de visite. Son fils, le préfet Pietro Veyrat a parcouru avec distinction la carrière administrative italienne.

Des renseignements aussi précis, *personne* n'en avait donné avant nous. Nous nous étions ingénié à les donner complets et clairs (pour ceux qui savent *lire)*, mais de manière à ne froisser aucune *délicatesse :* on nous en a été reconnaissant ; le tact conserve encore du prix en Savoie.

M. l'avocat Louis Raymond écrit, p. 26 : « Ses biographes ont bien cherché à couvrir sa vie intime sous un voile discret ; l'anonyme de la *Dora Baltea* (— dont nous parlerons bientôt) laisse entendre que son union avec Mlle Besson fut toujours légitime, Pillet mentionne la naissance du fils sans parler de la mère, Bouvier glisse élégamment, M. Berthier emploie une formule *ambiguë* (— elle a été entendue de *tous* nos lecteurs, y compris M. L. Raymond qui ne doit qu'à notre livre les renseignements dont il fait parade), et se hâte bien vite, avant de renvoyer aux *documents révélateurs* (— enregistrés par nous seul !) d'*excuser* en note *le pécheur* (— quel onctueux langage !)... » Nous n'avons pas « excusé le pécheur », mais déploré son manque d'énergie : « Qui ne sait, hélas ! par sa propre expérience, qu'il est plus facile de prier que de vivre strictement selon sa prière?... »

« ... Cette conversion religieuse, p. 25, s'imposait à Veyrat, elle avait été *sollicitée* (— précisons : par sa sainte sœur, Mère Marie-Félicité, qui, pour l'obtenir, envoyait à son frère ses précieux conseils, et offrait à Dieu ses sacrifices et ses prières !), elle était l'unique moyen honorable d'expliquer et de confirmer la conversion politique qu'il proclamait dans son ode (— son épître !) au roi, et d'obtenir de celui-ci le pardon (— or, nous avons dit et prouvé que la conver-

---

(3) M. L. Raymond écrit, p. 26 : « ... ce n'est que quelques *semaines (!) avant sa mort* (— cela produit toujours plus d'*effet* que *mois !*...) qu'il *se décida* (— ou qu'*elle* consentit?) à régulariser cette situation... » — Date du mariage du poète : 17 *juin* 1844; date de sa mort : 9 *novembre* 1844. — Il ne s'agit pas d'un mariage *in-extremis :* J.-P. Veyrat ne s'alita qu'en octobre ; A. B., p. 190, d'après Léon Ménabréa. — Les « procédés » d'exposition de M. Louis Raymond nous paraissent bien... sommaires pour être très habiles, même dans un plaidoyer *pro domo*. Il est vrai que nous ne sommes pas avocat.

sion *religieuse* de Veyrat a *précédé* sa conversion *royaliste :* on affecte de l'ignorer !) : motif qui n'avait rien que de très humain, a-t-on dit, et qui n'empêchait point la conversion d'être sincère et effective. Évidemment : mais motif aussi qui peut bien faire qu'elle n'ait été que ce qu'il était nécessaire qu'elle fût : une simple apparence, un vulgaire trompe-l'œil ! Si les productions écrites, vers ou prose, de Veyrat ne semblent point confirmer cette supposition, il n'en est malheureusement pas de même de ses actes, de sa vie privée. Les *détails précis* que l'on en connaît (— grâce à nous seul !), et auxquels des *documents officiels* (— cherchés et consignés par nous seul !) donnent une authenticité indiscutable, sont là pour *affirmer (!) que la conversion du poète n'existait qu'en paroles... »*

La conclusion est paralogique. Il fallait dire : « ... sont là pour affirmer que le converti n'était pas conséquent avec lui-même, à l'exemple, hélas ! de tant de croyants ! La lumière était entrée dans son intelligence, mais non l'énergie nécessaire dans son cœur, énergie qui avait besoin d'être *plus qu'ordinaire*, vu la misère et l'abandon plus qu'ordinaires où il était plongé. »

Sincèrement revenu à Dieu, le converti traînait après soi les conséquences du passé avec lequel il avait brisé ; sa sensibilité et son imagination n'étaient point encore guéries des blessures que lui avait faites certain romantisme passionnel, condamné par nombre de romantiques eux-mêmes, après expérience et réflexion. Mais il y avait, dans son cas, avec une amélioration notable, la certitude d'une guérison progressive.

Le cœur de l'homme est souvent en révolte contre sa raison et ses convictions les plus solides. On ne va tout de même pas reconnaître un même degré de gravité entre les fautes éclatantes d'un Roi-Soleil et la faute de faiblesse d'un grand malade abandonné, isolé et pauvre : qui, cependant, a jamais prétendu que Louis XIV ait été un incrédule ?

La Foi est un secours puissant contre les faiblesses humaines ; elle n'est pas synonyme d'impeccabilité. Sans quoi, nous serions obligé de taxer d'incrédulité flagrante les croyants eux-mêmes oublieux de leurs devoirs de charité envers un infortuné et un malade : « Le commandement qui nous ordonne d'aimer le prochain est semblable au précepte de l'amour de Dieu : Vous aimerez votre prochain comme vous-même. » *(S. Marc,* xii, 29-31.)

Du reste, on l'a vu, Raymond, en signant un traité en bonne et due forme avec le « pécheur » J.-P. Veyrat, s'était enlevé le droit, — si jamais il avait pu se prévaloir d'un droit semblable ! — d'accabler dans la suite son collaborateur de ses reproches incompétents et déplacés.

Que nos lecteurs le remarquent bien : malgré ses *Eurêka !* et ses *Révélations !...* M. l'avocat Louis Raymond s'est montré incapable de nous apporter le plus petit grain d'inédit. Ses « révélations » consistent simplement à démarquer *nos propres renseignements*, en y adaptant ses illogiques commentaires.

III. En une question morale si complexe et si mystérieuse, c'est notre devoir de nous servir d'une loupe pour examiner toutes ces réalités significatives dont n'ont cure les Béotiens, qui prétendent faire de la psychologie à coups de gosier et de règle de fer assénés sur la mémoire d'un poète, c'est-à-dire d'un être particulièrement ondoyant et divers, souvent victime de l'imagination et de la sensibilité.

Il importe de prêter attention au prénom d'*Adéodat*, cher à saint Augustin, ajouté par Jean-Pierre Veyrat aux prénoms de Pierre-Louis-Antoine qu'il avait donnés à l'enfant dont il fêta la naissance. *Adéodat !...* Quel rêve de foi sereine et de vie saintement ordonnée dut faire, en faveur du fils de ses derniers jours, le pauvre Enfant-Prodigue, victime de ses illusions, de ses lectures, de ses fréquentations, de l'hostilité des circonstances ! Si la mort ne l'en avait empêché, comme il aurait surveillé ses premiers rêves, ses premières lectures, ses fréquentations, son éducation chrétienne ! comme il l'aurait enrichi des trésors de sa douloureuse expérience de la vie !

On connaît les services rendus par la Religion à des poètes comme Jean Racine, Paul Verlaine, Charles Péguy, Francis Jammes. On ne saurait nier les services qu'elle a rendus à un Jean-Pierre Veyrat, — non, sans doute, dans toute l'étendue que l'on doit souhaiter, car, de cet égaré, elle aurait pu faire un saint, s'il l'avait voulu, comme elle avait fait un saint de l'ardent Africain Augustin de Tagaste. Et c'est à saint Augustin que songeait justement Jean-Pierre Veyrat, quand il donnait à son fils ce prénom d'*Adéodat :* « Adjunximus etiam nobis puerum *Adeodatum...* Tu bene feceras eum... Munera tua tibi confiteor, Domine, Deus meus... multum potens reformare nostra deformia. Nam ego in illo puero præter delictum nihil habebam. Quod enim enutriebatur a nobis in disciplina tua tu inspiraveras nobis, nullus alius. Munera tua tibi confiteor... » — *Conf.* IX, VI.

En faveur de *Pierre-Adéodat*, Jean-Pierre Veyrat renouvelait en chrétien, le vœu d'Hector : « Que, plus tard, on dise en le voyant : celui-là vaut mieux que son père... » — Faut-il donc l'en blâmer?

IV. On sait que nous avons bénéficié de renseignements biographiques de toute première main, provenant du fils même du poète, Pietro Veyrat.

Mais nous n'avons pas été assez... naïf pour faire état de la brochurette italienne *Cenni biografici sul poeta savoiardo G.-P. Veyrat*, extraite du journal *Dora Baltea*, publiée à Ivrée en 1885, et qui, naturellement, nous avait été communiquée.

Pourquoi? — Parce qu'elle s'exprimait ainsi sur une question importante que, *le premier*, nous avions élucidée avec pièce officielle à l'appui : « *A son retour d'exil*, J.-P. Veyrat épousa la charmante demoiselle Hélène Besson Hugues, qui, en 1843, lui donna un fils, l'actuel sous-préfet d'Ivrée. »

Pourquoi encore? — Parce que ces seize pauvres pages n'étaient qu'une hâtive *vulgarisation* des 112 pages de la plaquette de A. Weiss, parue en 1884 à Genève, et que nous avons signalée. Une bonne bibliographie ne doit pas être tudesquement encombrée de documents *inutiles* ou *erronés*.

Cette esquisse mentionne le séjour de J.-P. Veyrat à la Grande-Chartreuse, sans parler du « miracle romantique » de la « conversion » du poète : manière de dire qu'on ne tenait aucun compte du « miracle romantique » en question.

Nous avons, nous, mentionné ledit « miracle », comme c'était notre devoir, puisque J.-P. Veyrat en avait parlé, et, *après examen*, nous avons conclu que c'est une *pure fiction*.

Nos lecteurs ont-ils à se plaindre de notre supplément d'enquête, aboutissant, non par prétérition, mais *explicitement et scientifiquement*, à une identique conclusion?

Oyez maintenant M. l'avocat Louis Raymond, p. 25 : « Une étude anonyme, *Cenni biografici*, extraite du journal italien la *Dora Baltea*, mentionne bien le séjour à la Grande-Chartreuse, mais ne dit mot du romantique et *décisif (!)* coup de théâtre de l'office de minuit, et cela nous semble *assez significatif* dans une notice qui, si elle n'a pas été même rédigée de la main du fils du poète, alors sous-préfet à Ivréa, a du moins visiblement été inspirée par lui et composée avec les documents qu'il a fournis. »

C'est donner à entendre *contre toute évidence* que nous avons admis comme « *décisif* » pour la conversion de J.-P. Veyrat le « coup de théâtre de l'office de minuit ». Comment qualifiez-vous ce « procédé »?

Et, p. 120 : « ... il (M. Berthier) n'a *même pas* (— ce « *même pas* » est le fin du fin, on va le voir ; mais qui comptera les « *même pas* »,

sérieux ceux-là, que nous avons relevés dans le pitoyable et prétentieux factum de M. l'avocat Louis Raymond?), n'a *même pas* su
découvrir (!) à la *Bibliothèque municipale de Chambéry* (— décidé-
ment, on s'est cru *tout* permis : on s'est trompé d'adresse) ce Prospectus de la *Revue des Alpes* (— nous avons suffisamment parlé de
cette pièce en temps et lieu, argument *pro-raymondiste* merveilleux,
comme on sait !)... Il n'a pas non plus *trouvé (!)* dans cette *même
bibliothèque (!)* la *petite étude italienne sur Veyrat* publiée à Ivréa
par les soins de son fils. » ! ! !

Ce qui revient à dogmatiser sans rire, à l'adresse d'un public que
l'on a témérairement supposé formé d'un cercle de *minus habentes* :
« M. Berthier a eu le tort... impardonnable... de ne « même pas »
tenir compte de deux documents, tous deux également *inutiles*,
et dont l'un était, de plus, entaché d'une *grave erreur.* » ! ! !

Plaudite, cives!

Nous ne nous attendions guère à des objections aussi... embar-
rassantes, et faites sur quel ton !

Nous savions bien que la politique est l'art de *prévoir.* Mais, cette
fois-ci, nous n'avions pas *prévu!* Machiavel lui-même aurait-il pu
prévoir? Il y a des objections tellement... tellement... subtiles qu'elles
sont *imprévisibles.* « Les fautes des sots, dit La Bruyère, sont quelquefois si lourdes et si difficiles à *prévoir* qu'elles mettent les sages en
défaut... »

M. l'avocat Louis Raymond affirme sarcastiquement, p. 123, que
nous avons entrepris « bien maladroitement » la défense de l'infortuné Jean-Pierre Veyrat.

Il est vrai que nous sommes incapable des subtilités dont il détient
le redoutable secret.

S'il n'est pas « maladroit » de répondre avec pertinence à d'impertinentes objections, la véritable « adresse » aurait été de les « prévoir »,
en dépit de leur qualité.

Quant à nous, notre tactique n'a jamais consisté à nier le talent
de nos adversaires : nous reconnaissons que, dans son pamphlet-
plaidoyer *pro domo*, M. l'avocat Louis Raymond atteint à des effets
techniques de la plus haute virtuosité.

V. Jusque dans l'évocation de la geste poétique savoyarde, Jean-
Pierre Veyrat battait humblement sa coulpe, faisant un retour
sur lui-même. Nous lisons dans l'*Hymne des Aïeux* de sa *Station poétique :*

> De mes péchés, Seigneur, si le vase déborde,
> Le vase de mes pleurs verse de tous côtés ;
> Mesure ta vengeance à ta miséricorde,
> Ne la mesure pas à nos iniquités.

Il est impossible que cet hymne perpétuel, ces éternelles aspirations vers Dieu, ces larmes aient été stériles, et la sainte mort du poète en est la preuve. C'est la conversion du *bon larron*, soit ; mais non pas une conversion *in extremis* ; car, attaché à la croix, le malheureux l'a été de janvier 1832, date de son exil, à novembre 1844, date de sa douloureuse agonie.

> Maintenant, je n'ai plus ni famille, ni mère,
> La misère est ma sœur et le malheur mon père ;
> J'ai les bois pour abri sous le ciel inhumain
> Et pour lit de repos les pierres du chemin.....
>
> *(C. E. — Au Roi.)*

« Mon malheureux frère n'est plus, écrivait, le 10 novembre 1844, à son frère aîné Claude-Joseph, la Révérende Mère Marie-Félicité. Hier, vers les trois heures après-midi, il a rendu les derniers soupirs entre les bras de deux Pères Capucins qui lui avaient rendu depuis quelque temps bien des services. C'est en prononçant un acte de résignation, et pendant qu'un des Pères lui renouvelait l'absolution qu'il a expiré. M. le chanoine Pillet, dont vous connaissez l'obligeance, a continué à lui rendre les visites les plus assidues. En un mot, toute religieuse que je suis, je ne souhaite pas être mieux assistée que lui à la mort... Il y a, à coup sûr, bien peu de prêtres en Savoie et de communautés qui ne se soient adressées à Dieu pour demander sa conversion. Comme la bourse du pauvre défunt était assez épuisée, sa sépulture a été bien modeste (1)... »

Nous avons rapporté, d'après Sœur Louise-Françoise, les paroles que prononça en pleurant le poète, après l'absolution du chanoine Pillet : « Ce sont les mauvais livres qui m'ont perdu : je voudrais n'avoir jamais su lire (2) !... » — et celles qu'il prononça après la réception du Saint-Viatique : « Ah ! quelle différence entre la suavité des jouissances divines et les fausses joies de la terre !... Les premières seules peuvent remplir le cœur de l'homme ! Que ne l'ai-je compris plus tôt (3) !... »

---

(1) *Archives Veyrat* (— nous ne disons pas : *de l'Acad. de Savoie)*.
(2) A. B., p. 190.
(3) A. B., p. 191.

De pareils sentiments ne s'improvisent pas.

J.-P. Veyrat n'est pas un *heimatlos*, un homme né sans foi ni loi, ni exemples, ni traditions tutélaires, un homme sans foyer, sans terre et sans ciel : « c'est un *Enfant-Prodigue* de bonne famille, disions-nous, qui est revenu dans la maison de son père (1). »

On *affecte* de l'ignorer, et l'on écrit, p. 102 : « Raymond, cela est indiscutable, n'aimait pas Veyrat ; il ne pouvait pas éprouver de la sympathie pour lui, même en dehors de toute discussion personnelle... Raymond vivait dans un *milieu austère et mesuré où les lois morales et religieuses étaient strictement observées...* »

Sept ans d'exil, — sept ans d'expériences et d'épreuves, — ne purent anéantir les vingt et un ans passés par J.-P. Veyrat dans le sanctuaire de la maison paternelle, et, bien plutôt, en renouvelèrent en lui le tonique et vivifiant souvenir.

« *Milieu austère et mesuré où les lois morales et religieuses étaient strictement observées* », la vaste et rustique maison du Grand Paysan de Grésy-sur-Isère, du Vénérable Patriarche père de dix-huit enfants, l'était autant qu'une autre, dans sa simplicité et sa modestie !

Nous ne nions les vertus de personne ; mais afin d'être justes pour tout le monde, de grâce, ne soyons point dupes d'un *égocentrisme* insupportable.

Tout le monde n'a pas, comme un G.-M. Raymond, l'*occasion* d'installer un pensionnat utile dans l'enceinte d'un monastère abandonné, ni de rendre au culte, en pleine paix concordataire, la chapelle d'une ancienne Visitation, épargnée, comme d'autres églises de Chambéry, par le démolisseur Albitte. Mais on ne doit demander compte à quelqu'un que de ce qu'il *peut* faire, vu les circonstances. Et ce que l'on peut faire est encore admirable, quand on est digne enfant de la famille Veyrat. On trouve le moyen, quand on s'appelle Joséphine Veyrat, de monter un pensionnat-modèle ailleurs que dans les murs d'un couvent désaffecté. On trouve le moyen, quand on s'appelle François Veyrat, de transformer en « chapelle » sa propre maison (2). Et cela aussi est très beau. Ne jetons un voile sur les

(1) A. B., p. 305.

(2) Le célèbre missionnaire savoyard Joseph-Marie Favre, prêchait la mission de Grésy-sur-Isère, aux premiers jours de 1823 : « Comme l'hiver était très froid, raconte le regretté chanoine Bouchage, le célèbre fondateur des missions de Savoie avait accepté de faire les catéchismes dans une grande salle de la maison Veyrat qui avait été mise à sa disposition. Vu l'étroitesse du local, les enfants n'y étaient pas admis. Un jour, Joséphine Veyrat (enfant de la maison, plus tard Supérieure générale des Sœurs de Saint-Joseph de Chambéry, sœur du poète Jean-Pierre), échappe à la surveillance et vient frapper à coups redoublés à la porte, demandant à entrer pour

mérites de personne ; admirons plutôt une telle émulation dans le bien.

— Et quel souvenir vivant, respectueux, affectueux, *passionné*, garda toujours du Foyer paternel, l'imprudent voyageur, au milieu même de ses plus graves erreurs !

> Au penchant du coteau, près de la vieille église
> Et de la grotte obscure où l'eau gronde et se brise,
> Mon vieux père planta lui-même son jardin...
>
> . . . .
>
> Mon père?... le voilà qui passe sous la treille ;
> Aux bruits des vents d'automne il vient prêter l'oreille,
> Il aime à voir partir les oiseaux qui s'en vont ;
> Les hivers ont laissé leur neige sur sa tête...
>
> . . . .
>
> Là, sont tous mes espoirs...
>
> . . . .
>
> Savez-vous des jasmins plus blancs et plus suaves,
> Une mère plus tendre et des amis plus braves,
>   Un ciel plus doux, un plus beau jour?
>
> . . . .
>
> Plus loin, voilà les murs de la funèbre enceinte
> Où dorment nos aïeux dans une terre sainte...
>
> . . . .
>
> Ils reposent au pied de la croix solitaire...
>
> *(C. E. : les Lares.)*

> Oh ! comment sont passés ces jours de tant de charmes
> Où mon cœur ignorait la tristesse et les larmes?
> Le Seigneur répandait son ombre sur mes pas ;
> Son aile m'abritait comme une sainte voile,
> Et l'esprit de lumière avait dit à l'étoile
> D'éclairer mon chemin dans la nuit du trépas.
>
> L'allégresse habitait la maison de mon père,
> Son champ était fertile, et sa vigne prospère,
> Le vin coulait à flots aux flancs de ses pressoirs,
> Son grenier gémissait sous les gerbes mûries,

entendre, elle aussi, l'instruction. Cet acte de turbulence attira l'attention de l'homme de Dieu, qui voulut voir son bruyant disciple, l'interrogea, le bénit, et lui recommanda de se préparer soigneusement à sa première communion. L'enfant, ravie, n'oublia jamais cette rencontre... » — L. Bouchage : *la Révérende Mère Marie-Félicité*, p. 8-9 ; — Fr. Bouchage : *Joseph-Marie Favre*, p. 88.

> Et les nombreux troupeaux qui peuplaient ses prairies
> Comme une caravane arrivaient tous les soirs.
>
> . . . .
>
> La terre répondait à sa haute sagesse,
> Elle semblait pour lui s'épuiser en largesse,
> Et l'automne encombrait ses foyers à grand bruit.
>
> . . . .
>
> Ma fortune est livrée à la vague contraire,
> L'hirondelle est ma sœur, et l'alcyon mon frère...
>
> . . . .
>
> Et j'avais cependant un nid, une patrie,
> Quelques frères aimés, une mère chérie,
> Un cœur où mon amour devait être immortel,
> Trésors des premiers jours perdus dans la carrière !
> Et deux sœurs dont, le soir, la touchante prière
> Dans un vœu de bonheur me nommait à l'autel (1) !...

(C. E. : Aux bords des Fleuves étrangers.)

Déjà sur le chemin de sa conversion, hélas ! pour *vivre*, l'exilé dut quelque temps encore collaborer aux feuilles rouges. Mais l'écrivain qui dans son cœur entretenait ainsi un autel secret à la Patrie et au Foyer chrétien, malgré tout le mal que lui a fait le romantisme byronien, ne fut jamais un autre lord Byron, un autre Juif-Errant de la pensée et du sentiment.

Non, il n'aura jamais à souffrir d'une comparaison humiliante, l'antique Foyer du Patriarche disparu. Elle n'aura jamais à rougir et à baisser les yeux sous ses bandeaux de cheveux blancs, *l'Aïeule-Maison* de Grésy-sur-Isère ! Son « petiot » s'est égaré un instant,

(1) L'œuvre de Jean-Pierre Veyrat demeurera unique en son genre. C'est une réussite, où la *destinée* unique, et en partie involontaire, de l'auteur a eu autant de part que le *talent* merveilleux qui a servi à l'exprimer. Avec de l'application et du métier, on peut agencer un poème parnassien *impeccable :* les Parnassiens *impeccables* sont légion, mais nous n'avons qu'un Lamartine. Il a fallu l'exil dans toute sa tragique réalité, il a fallu le *déracinement* dans tout son atroce réalisme, pour arracher à ce Savoyard ces accents déchirants de regret et de tendresse, pour le rendre malade de la sublime nostalgie de « la patrie de son cœur » et de « la patrie de son intelligence ». C'est faire œuvre purement matérielle de lexicographe que de relever chez lui des réminiscences lamartiniennes de vers et d'expressions dont toujours il a fait un emploi nouveau. Un littérateur averti évitera sans peine les défauts de Jean-Pierre Veyrat (lui-même en une semaine aurait sarclé son jardin) ; mais il n'aura point pour autant ses qualités, aussi incommunicables que son âme et sa destinée. C'est un homme, et non pas un homme de lettres, qui a composé *la Coupe de l'Exil.* Nous l'avons noté : il y a plus d'*art* proprement dit dans la *Station poétique à l'Abbaye de Haute-Combe.*

mais sans cesser de penser à elle. Et elle le couvre de l'ombre tuté-
laire des vertus ancestrales de tous ses enfants. Et elle l'abrite sous
ses ailes de mère-poule irréprochable. Et, pour acquitter sa *dette*,
elle possède un capital splendide de mérites devant les hommes et
devant Dieu !...

Le plus grand poète de la Savoie (— *l'Art ne fait que les vers, — le
Cœur seul est poète :* pardonnons-lui quelques réminiscences lamartiniennes et quelques méchants vers, en faveur de la sincérité et de la
largeur de son inspiration !...) n'est pas, — ô bonheur ! ô fierté !... —
un de ces *déracinés* que le premier folliculaire venu peut impunément bafouer : il est un de ces cœurs brûlants et généreux qui se
sont trompés, — comme tant d'autres, et cette erreur reconnue
et réparée donne à sa poésie un accent plus profondément humain
et plus vrai, — mais qui se sont repentis, et qu'il est équitable
d'absoudre en partie au nom des principes de solidarité familiale
si éloquemment exposés dans *les Roquevillard* du Savoyard Henry
Bordeaux.

Bien plus, à juger Jean-Pierre Veyrat avec *la plus extrême rigueur*,
— rigueur qu'exclut absolument l'examen de la lamentable situation
concrète où il s'est débattu, — il devrait encore bénéficier d'une
observation morale très juste que nous sommes heureux de trouver,
magnifiquement développée et illustrée, dans les *Yeux qui s'ouvrent*
du même Savoyard Henry Bordeaux.

Il s'agit d'un écrivain qui, dans sa conduite privée, est l'antithèse
vivante des thèses traditionalistes, de la vérité et de la bienfaisance
desquelles il est profondément convaincu, et qu'il défend magistra-
lement, la plume à la main :

« ... Le livre s'achevait dans une sorte d'hymne en l'honneur de la
race et du sol. — Sans doute de telles conclusions ne manquaient pas
d'ironie. Celui qui les transcrivait avec tant d'ampleur et sur un
rythme grave, précis et éloquent, par quoi était-il qualifié pour les
imposer? Il montrait l'importance de la cohésion dans la famille, de
la fixité dans l'héritage, de l'indissolubilité dans le mariage, — et
lui-même, volontairement en marge de la Société, avait quitté sa
femme et ses enfants... Pour un lecteur informé, le spectacle devait
être divertissant. *Tant de réguliers, il est vrai, écrivent des livres anar-
chistes, qu'il faut bien, par contraste, s'attendre à recevoir des leçons
d'ordre de la part de ces irréguliers dont la faiblesse dans la vie privée
n'atteint que le cœur ou les sens, sans corrompre le cerveau.* Il est si
aisé, si tentant, si flatteur, d'ériger ses passions en dogmes... que la
résistance à sa propre expérience, dont on demeure assez clairvoyant

pour distinguer le manque de solidité, implique à elle seule *une rare force de la pensée* (1). »

VI. Quand on étudie le problème d'une conversion, il ne faut jamais oublier les origines et les imprégnations premières de l'âme de son héros : « Ce qu'on appelle l'homme, c'est-à-dire l'homme moral, disait le philosophe des *Soirées de Saint-Pétersbourg*, est peut-être formé à dix ans, et s'il ne l'a pas été sur les genoux de sa mère, ce sera toujours un profond malheur. Rien ne peut remplacer cette éducation. Si la mère surtout s'est fait un devoir d'imprimer profondément sur le front de son fils, le caractère divin, on peut être à peu près sûr que la main du vice ne l'effacera jamais. Le jeune homme pourra s'écarter sans doute ; mais il décrira... une *courbe rentrante* qui le ramènera au point dont il était parti... »

Nos lecteurs connaissent la profonde piété de Mme Veyrat-Modelon qui, de tous ses enfants, préféra le plus malheureux, celui-là même

(1) Indépendamment de l'intérêt, plus ou moins vif suivant les goûts et peut-être les préjugés, que suscitent les œuvres du *Lamartine des Alpes*, il y a dans ce que nous avons appelé « le cas Jean-Pierre Veyrat », en le rapprochant du « cas George Sand » étudié par Maurice Barrès dans *la Mort de Venise*, de quoi solliciter vivement l'attention du philosophe et du moraliste. — Un écrivain de tout premier ordre, avec lequel nous nous entretenions des injustes attaques de M. Adolphe Retté contre « Anselme Chambéry », nous disait : « Savez-vous quelle est pour moi *une* excellente preuve *per experimentum*, une claire et frappante démonstration *vécue* de la vérité et de la bienfaisance de nombre des thèses traditionalistes qui se dégagent de l'œuvre romanesque de votre compatriote M. Henry Bordeaux?... Eh bien ! je vais vous étonner : c'est votre réaliste et pénétrante Étude biographique et littéraire sur le Poète savoyard Jean-Pierre Veyrat. Laissez donc le *différend* tranquille. Le nom de *votre* (sic) Raymond ne mérite guère de passer à la postérité avec celui de Veyrat. Biffez-moi les neuf pages où il est question de lui. Dites simplement : « Une année avant sa mort, J.-P. Veyrat eut de très pénibles démêlés avec le directeur-propriétaire d'un journal qu'il avait lui-même agrandi et amélioré. Sa santé s'en ressentit gravement. Il se tourna tout entier vers la poésie... etc... »

Après réflexion, il nous a bien semblé, à nous aussi, qu'il y a entre *la vie et les œuvres* de J.-P. Veyrat et *les œuvres* de M. Henry Bordeaux une certaine *concordance* à souligner. — Cette observation désintéressée, émise en toute franchise et indépendance, prouve que nous reconnaissons aux œuvres de notre romancier une valeur *objective*, indépendante de ses sentiments possibles à l'égard de Veyrat et de Raymond. — On a regretté que M. Henry Bordeaux énumérant, dans le discours qu'il a prononcé au Théâtre de Chambéry, le 19 juillet 1921, pour le centenaire de la fondation de l'*Académie de Savoie* et de la mort de Joseph de Maistre, les principaux poètes encouragés par l'*Acad. de S.* ait, comme par hasard, justement oublié le principal poète de la Savoie, membre et lauréat de ladite Acad. et, de plus, converti de Joseph de Maistre, dont le nom était sur toutes les lèvres de ses auditeurs et auditrices. — On a regretté aussi que, prenant à la lettre une boutade de Mgr Rey, il ait cru réellement que l'« on gelait dans le cœur » de Mgr Billiet. J.-P. Veyrat proteste du fond de la tombe ignorée où il repose !...

que la *courbe rentrante* dont parle J. de Maistre ramena normalement auprès d'elle.

« Chose singulière, écrivions-nous, p. 16. Issu d'une famille catholique, élevé dans un collège catholique, J.-P. Veyrat prétend que son éducation « ne s'est pas accomplie sous l'influence permanente et décisive du principe religieux », et qu'il doit tout à la souffrance. A l'entendre, sa conversion se serait produite en coup de foudre, à la Grande-Chartreuse, à l'office de minuit... Romantisme ! mélodrame romantique !... « L'homme se pipe », disait Montaigne, et l'homme romantique plus peut-être que tout autre, par son amour du pittoresque intense et de l'orchestration sonore... Sa foi s'était simplement engourdie par l'effet de certaines lectures, de l'ambition, des passions de la jeunesse, de la fréquentation de certains milieux... Elle se réveilla sous le coup de l'épreuve : le cas est assez ordinaire. Il fut sans doute visité plus d'une fois par Dieu, sans qu'il s'en doutât : durant sa jeunesse, il était si rarement chez lui !... »

D'après le manuscrit de *Raphaël de Montmayeur*, nous avons longuement raconté la retraite de Raphaël à la Grande-Chartreuse. A son avis, cette retraite lui procura un notable apaisement moral, mais non pas la foi qu'il s'imaginait avoir perdue sans retour. « La plus minutieuse des analyses psychologiques, disions-nous, p. 105, ne saurait prévoir les mystérieux secours de la grâce divine, ni les décisions spontanées du libre arbitre. Mais l'homme qui tressaille au son des cloches, qui espère en la puissance de la prière en commun, qui prie avec les Chartreux avec tant d'ardeur, qui s'agenouille avec tant de confiance devant un moine anonyme pour lui faire une confidence douloureuse qui est presque une confession, qui suit avec tant d'assiduité les offices religieux... cet homme-là aura beau se dire à lui-même et nous dire : *le catholicisme est irrémédiablement condamné dans mon esprit*, nous ne saurions le prendre pour un véritable incrédule. Il ne trompe que lui-même. Cet homme reviendra à la Grande-Chartreuse : il croira s'y convertir subitement, et nous surprendre par le pathétique récit de sa conversion soudaine. Illusion ! converti, il l'était déjà à son insu... Il nous pardonnera de lui faire ainsi manquer le *coup de théâtre* qu'il nous ménageait pour l'an de grâces 1838, et qui n'aura procuré qu'à lui-même un agréable frisson... Son *Récit* de *la Coupe de l'Exil* sera en grande partie la reproduction textuelle de la narration de *Raphaël de Montmayeur*, débarrassée de cette déclaration anticatholique qui y fait figure d'étrangère, et terminée par la conclusion catholique qui s'y trouve implicitement contenue. — Mais par quel rude chemin Dieu le ramenait à lui ! » Nous parlions de la souffrance qui a toujours été le plus éloquent missionnaire de la Providence.

Ainsi, du commencement à la fin de notre Étude, nous avons exclu l'hypothèse d'une *conversion à la saint Paul*. Nous ne sommes point parti de la conception abstraite de l'efficacité réelle de la prière, pour en faire de confiance l'application concrète au retour à la foi de J.-P. Veyrat.

Ce n'est pas à dire que les pressantes sollicitations, les prières et les sacrifices de sa sainte sœur, *Mère Marie-Félicité*, — dont la sereine figure domine de très haut ces misérables démêlés, — aient été stériles. Le dernier enfant du catéchisme se garderait de nous objecter que l'apostolat des missionnaires et l'application du dogme de la réversabilité des mérites et de la communion des saints infirment en rien la sincérité de la conversion des pécheurs ou incrédules qui en bénéficient.

Ceci à l'adresse des croyants. Quant aux incrédules, qu'ils se rappellent la réponse éternellement vraie d'Hamlet à Horatio : « Le ciel et la terre, Horatio, recèlent plus de mystères que n'en peut contenir votre philosophie ! »

Mais c'est à l'étude des causes secondes, immédiates, terrestres, de la conversion du poète que nous nous sommes attaché.

Que l'on se donne la peine de remarquer, que l'on ait l'élémentaire loyauté de remarquer les circonstances et particularités de la vie de J.-P. Veyrat, minutieusement notées par nous : on verra combien elles concouraient à réveiller en lui la foi de sa jeunesse. Notre livre ne doit pas être lu à la hâte comme un roman, mais avec réflexion, comme toute étude psychologique. Il est inutile de répéter ici ce que nous avons dit ailleurs : « ... p. 135... Jean-Pierre Veyrat... se contenta de revenir en toute sincérité à la foi de son enfance. On pouvait le prévoir depuis longtemps. La longue série de ses épreuves et de ses expériences, son impérieux besoin de certitude que le « tintamarre des cervelles » philosophiques n'avait pu satisfaire, le souvenir de sa mère, de sa famille catholique, de l'éducation ecclésiastique qu'il avait reçue, les lettres d'une sœur religieuse, du bon sens et de la sincérité de laquelle il ne pouvait douter, prouvent qu'il s'agit d'une *évolution* et non d'une *révolution* morale. La grâce divine avait opéré sur un terrain bien préparé. La bonne semence avait germé, la plante s'était développée graduellement : l'apparition de la fleur était un phénomène normal et attendu... »

Est-ce clair? Sait-on *lire?* Hélas ! il en est qui ne savent pas *se lire eux-mêmes.*

Nous insistons, parce que, — qui le croirait? — l'ignorance s'est

liguée avec la mauvaise foi, pour affirmer que notre thèse de la
« conversion » reposait sur le « *décisif* coup de théâtre de l'office de
minuit » à la Grande-Chartreuse, *expressément nié par nous.*

Par une obstination tragi-comique contre la réalité des choses, des
témoignages et des textes, on veut, à tout prix, que Jean-Pierre Veyrat ne se soit pas converti, afin d'excuser la conduite qu'eut envers
lui le bénéficiaire du « précieux privilège » : comme si, même dans
l'inadmissible hypothèse d'une non-conversion, Raymond avait
jamais reçu la charge de *Grand-Pénitencier* de Jean-Pierre Veyrat !...

Nous l'avons dit et redit, à propos encore de *Raphaël de Montmayeur*, p. 55 : rien de *miraculeux* dans la « conversion » du poète :
« Progressivement, comme à son insu, la douleur le ramène au passé
qu'il avait déserté... Le roman est inachevé... Il se continue logiquement, sans solution de continuité, sous des formes différentes :
*Fiancée du Carbonaro, Récit, Coupe de l'Exil, Station poétique à l'Ab-
baye de Haute-Combe...* Cette *Confession d'un autre Enfant du Siècle*,
par le plus normal des *processus* psychologiques, s'achemine vers
une conclusion catholique, éloquemment formulée dans des œuvres
qui en seront la suite naturelle... »

Quand il quitta Paris pour se rendre en Dauphiné avant de revenir
en Savoie, J.-P. Veyrat était déjà revenu à la foi de son enfance.

M. l'avocat Louis Raymond écrit, p. 24 : « Il quitta Paris et vint
en Dauphiné. C'est *alors (! ! !)* que se serait placée sa conversion. »
Bravo !...

VII. Victime des erreurs politiques, historiques et *mennaisiennes*
de son époque, Jean-Pierre Veyrat pouvait revenir à la vérité par
le seul chemin de l'étude et de l'expérience. Sa prodigieuse *réceptivité*
avait fait de son âme un *livre* en deux parties. La première partie
de ce livre était un roman passionnel, à la mode des romanciers du
temps : il en devait comprendre la malfaisance, sans pouvoir tout de
suite et complètement se libérer du long retentissement qu'il avait
eu sur son imagination et sa sensibilité de poète. La seconde partie
n'était qu'un mauvais manuel de fausse Histoire, antitraditionaliste
et antireligieuse : elle lui avait fait beaucoup de mal, mais enfin,
pour en être radicalement guéri, il lui avait suffi de la déchirer et de
la flanquer au feu, en y substituant un sérieux manuel d'Histoire
vraie. Son Prospectus de la *Revue des Alpes* est un magnifique *Discours sur l'Histoire Universelle* où le rôle bienfaisant du christianisme
est éloquemment proclamé. C'est le manuel d'Histoire vraie rempla-

çant l'*Homme Rouge*, manuel d'Histoire fausse. J.-P. Veyrat converti
y maudissait un grand falsificateur de l'Histoire : « Voltaire prenait
possession de la terre ; du fond de sa retraite, comme Attila dans sa
tente, il gouvernait et dirigeait cette dernière invasion des Barbares.
Ne pouvant plus, comme ses devanciers, brûler les bibliothèques et
les titres du monde, il voulut les *fausser* pour *faire mentir l'histoire
au profit de ses passions...* »

La Bible et l'*Imitation*, ses lectures favorites, ne permirent jamais à
son sens religieux de s'obnubiler. Chateaubriand et Lamartine,
apologistes débiles mais brillants du christianisme, suffisaient pour
neutraliser chez lui en grande partie l'influence néfaste du romantisme byronien. Un homme a beau être passionné ; la passion s'use
par son propre jeu ; et, quand elle est désillusionnée comme chez un
J.-P. Veyrat, elle n'empêche plus la claire vision des choses.

Pour *vivre*, il continua sa collaboration aux feuilles rouges, alors
que sa conversion était déjà fort avancée : *hypocrisie à rebours*, qu'il
n'est pas si rare de rencontrer chez certains « arrivistes » moins
malheureux que ne l'était alors Veyrat.

Un critique n'est pas obligé, et il est dans l'impossibilité, de citer
in-extenso les productions de l'auteur qu'il explique. Nous avons
caractérisé, p. 112, son poème *Aux Martyrs de la Foi démocratique*,
paru, le 13 juin 1835, dans le *Dauphinois*, journal républicain de
Grenoble ; mais n'en avons cité que deux vers. Vu les conclusions
antiveyratistes paralogiques qu'on a voulu tirer du fait que ce même
poème, modifié, a paru en grande partie dans *la Coupe de l'Exil* sous
le titre nouveau : *Aux Chrétiens du* xixe *siècle*, nous avons vivement
regretté de n'en avoir pas cité de plus larges extraits. Il n'est jamais
trop tard pour mieux faire.

Aux Martyrs de la Foi démocratique.

Ah ! quels que soient les flots qui portent le navire,
S'ils poussent vers le port, gardons-nous de maudire.
Indomptés ou soumis qu'ils aillent, nous irons !
Amis, le mal n'est point dans les vents et l'orage :
Pourvu que le vaisseau soit sauvé du naufrage,
Nous, les rameurs d'un jour, s'il faut, nous périrons !

Votre foi n'a jamais trébuché dans le doute ;
Sans colère et sans peur, vous suivez votre route.
Dieu veille sur le monde : il sait où nous allons...

. . . .

Vous savez être grands comme on l'était à Rome :
Vous posez dignement dans le vaste hippodrome ;
Vous connaissez quels dieux peuplent le ciel païen.
Et lorsque le préteur vous crie : *Adore ! Adore !...*
Tour à tour vous jetez la coupe, et, comme Eudore,
     Vous répondez : *Je suis chrétien !*

Par le siècle d'airain qui nous tient dans sa serre,
Honteux de la vertu comme on l'est d'un ulcère,
Où le serpent reproche à l'aigle de voler,
Où les Forts, à genoux, filent près des Omphales,
Où le vice entre seul aux portes triomphales,
Et d'où le dernier Dieu, l'Amour, va s'exiler ;

Ah ! par ce siècle infect, vous êtes purs, mes frères !
Vous seuls marchez debout, parmi les vents contraires :
Le peuple, en vous voyant, pense à ceux qu'il aimait.
Quand elle vient de lui, votre voix est sublime,
Et lorsque vous criez du profond de l'abîme,
Le vertige saisit ceux qui sont au sommet.

C'est que vous avez vu nos enfants et nos mères,
Que vous avez pleuré de nos larmes amères,
Que vous avez plongé dans notre désespoir...

  . . . .

      Hommes de cœur et de pensée,
      Du siècle inflexibles témoins,
      Dans l'orageuse traversée,
      Vous faites comme le Camoëns.
      Bonheur, argent, plaisir et fête,
      Vous jetez tout à la tempête,
      Tout ce qui peut vous retenir ;
      Et nageant d'une main, de l'autre
      Vous sauvez votre foi d'apôtre :
      L'Évangile de l'avenir.

Dites, — nous écoutons, nous jeunes et novices, —
Ce que le peuple souffre et ce qu'il a souffert,
Ce que vous avez vu de douleurs et de vices
     Dans les neuf cercles de l'Enfer !
     Dites : nous avons soif d'entendre,
     Afin qu'aussi nous puissions tendre
Le secours de nos bras aux damnés d'ici-bas...

  . . . .

Le siècle qui se meurt attend avec tristesse
Qu'un tuteur vienne à qui laisser en expirant
Les enfants souffreteux si vieux dès leur jeunesse,
    Lui qui vint au monde si grand.
    Hélas ! personne ne se lève
    Qui, par le verbe ou par le glaive
Relie en un faisceau le passé qui s'en va !
Et les sages du siècle assurent que la terre
Va rentrer avec lui dans la nuit solitaire
    D'où les a tirés Jéhova !

***

Après que Jésus-Christ fut mort sur le Calvaire,
Les apôtres partout annoncèrent sa foi,
Rome voulut bannir sa morale sévère
    Au nom de tout son peuple roi.
    On livrait les chrétiens aux bêtes :
    La nuit, pendant d'horribles fêtes,
On les faisait brûler pour servir de flambeaux.
Mais la réalité confirma l'ironie :
Une lueur soudaine, éclatante, infinie,
    Se projeta de leurs tombeaux !

Les Romains allaient voir mourir au Colisée
Les confesseurs du Christ condamnés aux lions ;
Il fallait ces plaisirs à la vieillesse usée
    De la reine des nations !
    D'abord, ce fut avec ivresse,
    Puis, avec un peu de tristesse ;
Enfin, ces hommes fiers, dans un morne entretien,
Baissant la tête et pleins d'une terreur profonde
Disaient : les dieux s'en vont ! Que deviendra le monde ?
    — Le monde est devenu chrétien !...

J.-P. Veyrat.

Ceux qui en appellent désespérément à ce poème pour nier la conversion religieuse de J.-P. Veyrat ne s'aperçoivent-ils pas qu'il prouve, *au contraire*, qu'au milieu même de ses erreurs politiques, le poète a gardé ses sentiments religieux ? Peut-on trouver là-dedans l'ombre d'une négation ou d'un sarcasme à l'adresse du christianisme, présenté comme le fait le plus merveilleux et le plus bienfaisant de l'Histoire universelle ?... Ces vers sont d'un démocrate candide et convaincu, mais non pas d'un incrédule ou d'un impie. Allez-vous accuser d'incrédulité et d'impiété tous les partisans du système démocratique, et, par une aberration inverse, délivrer un certificat d'orthodoxie et de communion fréquente, en dépit de l'histoire, à tous les partisans du système monarchique? De purs positivistes et agnostiques ne peuvent-ils être royalistes? Nul républicain ne peut-il avoir la foi religieuse?

De qui se moquent-ils, ces terribles logiciens?

Est-ce pour s'être apitoyé sur les « damnés d'ici-bas », que J.-P. Veyrat serait antichrétien? Mais le Christ lui-même n'a-t-il pas prononcé le *Misereor super turbam?* l'Église n'a-t-elle pas toujours été compatissante aux misères des petits et des humbles? un grand Pape ne s'est-il pas ému de la condition des ouvriers?...

Sans doute, J.-P. Veyrat n'est point encore converti aux doctrines de hiérarchie et d'unité de Joseph de Maistre, mais il n'est ici question que de sa conversion *religieuse.*

Le jour où l'expérience lui aura démontré que les meneurs de la démagogie ne sont point aussi « purs » qu'il se l'était imaginé, que plus d'un a berné le prolétariat, que la vénalité d'un Auguste-Marseille Barthélemy n'est pas une exception, que tous ne sacrifient pas à la cause populaire « bonheur, argent, plaisir et fête », ce jour-là, il maudira ces mauvais bergers. Et, comme il a pitié des « damnés d'ici-bas », il cherchera ailleurs le « tuteur » nécessaire à la société ébranlée. Ce « tuteur », il le trouvera dans cette Religion même dont il vient d'évoquer l'héroïque victoire sur la tyrannie et la corruption païennes.

Le poème *Aux Martyrs de la Foi démocratique* ne prouve donc pas que la conversion religieuse de J.-P. Veyrat n'a pas été sincère, mais, au contraire, qu'elle s'annonçait depuis longtemps. Le poète qui vit ainsi avec la pensée des luttes victorieuses du Christianisme sur l'égoïsme et le *Faust-Recht* du monde païen est déjà sur le chemin de la croyance. Le poète qui émaille ses *Italiennes* et son *Homme Rouge* d'images bibliques et évangéliques, a beau représenter, à la manière des pamphlétaires de la démagogie, un Grégoire XVI sous les traits d'un tyran, quand d'ailleurs il a reçu une éducation chrétienne comme Jean-Pierre Veyrat, il risque de s'attacher à la *substance* même des livres qu'il étudie au simple point de vue littéraire. Nombre de textes de la Sainte Écriture lui étaient familiers. *Tu es Petrus:* avant le concile du Vatican, il proclamera l'infaillibilité doctrinale du Pape. Même remarque pour l'*Imitation*, son livre de chevet. Il ne se sépara jamais de son crucifix. Si quelques traits de plume ont suffi à transformer le poème démocratico-chrétien : *Aux Martyrs de la Foi démocratique*, en un poème purement chrétien : *Aux Chrétiens du* xixe *Siècle*, cette *palinodie* ne nous scandalise pas outre mesure. La *facilité* même de l'opération nous le montre plus près du christianisme qu'il ne semble à première vue. Ce n'est pas tant l'auteur de *Aux Chrétiens du* xixe *Siècle* que nous soupçonnons d'être resté incrédule, que l'auteur de *Aux Martyrs de la Foi démocratique* que nous soupçonnons d'avoir, par un blâmable mais explicable opportunisme, simulé parfois l'incrédulité. Et nous comprenons mieux ainsi pourquoi ses amis extrémistes, pleins d'une juste défiance envers lui, se soient privés de la brillante collaboration de celui qui, après Barthélemy, fut le plus remarquable poète révolutionnaire de la monarchie de Juillet.

« ... Jean-Pierre Veyrat, avons-nous écrit, p. 45, a lui-même condamné ses égarements et chanté la joie de son retour à la vérité. Sans nier la gravité de ses printanières illusions, ni la rénovation qui fut le fruit de sa « conversion », nous n'avons garde cependant d'oublier qu'il n'a pas échappé à cette loi morale formulée par Leibnitz, — loi morale bien propre à nous inspirer à la fois confiance et humilité : « Si les hommes sont toujours moins bons que leurs vérités (— *après* la « conversion »), toujours aussi ils sont meilleurs que leurs erreurs (— *avant* la « conversion »)... Les *conversions à la Saint-Paul* sont exceptionnelles. Une biographie de converti qui comprendrait, systématiquement, deux parties en radicale opposition l'une avec l'autre... risquerait fort de sacrifier l'exactitude au pittoresque... Dans la vie ordinaire, les oppositions ne sont pas aussi tranchées. Tout s'y modifie *progressivement...* »

Mais il en est qui ne savent pas *lire*.

En plus de son expérience et de ses réflexions personnelles, Jean-Pierre Veyrat a bénéficié du mouvement général des idées de son temps. A propos de son poème philosophique *A Childe-Harold*, nous avons noté avec M. E. Estève, p. 218, qu'il subit l'influence d'une variation de l'atmosphère intellectuelle et morale, variation marquée dès 1834, par une offensive antivoltairienne et antibyronienne d'origine religieuse.

Il fut un des témoins actifs et passifs de cette évolution qui, d'une démocratie stupidement antireligieuse en 1830, aboutit en 1848 à la bénédiction par le clergé des arbres de la Liberté.

Cette époque fut animée d'un fiévreux besoin de liberté et d'un vif sentiment des misères du peuple : il vit l'action bienfaisante de l'Église s'adapter à ces circonstances nouvelles.

Le *mennaisianisme* avait séduit des intelligences comme Sainte-Beuve, Hugo, Guérin, Lacordaire, Montalembert. Quand l'aumônier du Romantisme brisa avec l'Église, beaucoup brisèrent avec Lamennais.

Jean-Pierre Veyrat, qui avait cité comme paroles d'Évangile certaines *Paroles d'un Croyant*, en vint lui-même à condamner sévèrement le prêtre révolté, dans son éloquente réfutation d'*Amschaspands et Darvands*, dont l'ignorance seule peut nier l'à-propos : « *Vous qui avez été prêtre du Christ, n'avez-vous donc plus d'entrailles? Arracherez-vous au pauvre son dernier consolateur, à la cabane son crucifix de bois (1)?* »

Parcourez la partie de la claire et solide *Histoire religieuse de la Nation française* de M. Georges Goyau concernant l'époque dont nous parlons, vous verrez qu'il était impossible qu'un Jean-Pierre Veyrat ne comprît pas la bonté de l'Église envers le Peuple : « ... durant ce régime de Juillet où *beaucoup de saint-simoniens étaient devenus de grands bourgeois*, on l'avait vue, au contraire (l'Église), se pencher vers lui (le Peuple) (2)... »

Le Breton Félicité de Lamennais et le Savoyard Jean-Pierre Veyrat !... Ce n'est pas nous le premier qui avons rapproché ces deux noms. Nous avons cité dans notre livre le jugement de Sainte-Beuve : « Chose étrange ! il se fit dans ce jeune homme à l'âme ardente (J.-P. Veyrat) la révolution précisément inverse de celle qui venait d'enlever et de transformer Lamennais. Celui-ci, de catholique absolu qu'il était, avait passé sans transition à la démocratie extrême, à la révolution. Veyrat, au contraire, de la démocratie violente et à main armée, passait et revenait au catholicisme absolu comme à l'unique remède social. Il ne se peut de plus frappant contraste ; *le talent de Veyrat, dans la seconde moitié de sa carrière, n'est pas indigne qu'on établisse le rapport.* Veyrat n'est pas seulement une des figures poétiques, c'est une des âmes, un des témoins de ce temps-ci : un Donoso Cortès de la Savoie. Nous en sommes avec lui au moment où le fleuve égaré, turbulent, qui s'est souillé aux impuretés des cités, aspire à déposer son limon, à rentrer dans ses lacs alpestres et à recouvrer la sérénité de son cours (3)... »

(1) A. B., p. 175.
(2) *Histoire de la Nation française* (G. Hanotaux) ; t. VI ; *Histoire religieuse*, par Georges Goyau. Illustrations de Maurice Denis. Paris, Plon-Nourrit. 1922, p. 582. Voir livre V chap. II : *l'Église sous la Restauration* (1802-1830), et chap. III : *les dernières Heures du Gallicanisme* (1830-1870).
(3) *Nouveaux Lundis*, t. X, p. 143.

Il a été bien compris et bien traité, notre *Donoso Cortès*, à l'historique Bureau de Rédaction de ce *Courrier des Alpes* auquel il avait insufflé son âme !... N'en parlons plus : on a mal au cœur d'y penser. L'*Univers* fut plus équitable et clairvoyant.

« Au problème individuel comme au problème social, il n'est qu'une solution, proclamait Veyrat dans son *Récit* de la *Coupe de l'Exil*... cette solution irrévocable, profonde comme le cœur humain, dépassant toutes les questions politiques et sociales, et n'en étant jamais débordée, nous ne craignons pas de le proclamer, c'est le catholicisme. »

Religion et Patrie : telles étaient les idées-mères de ce programme du *Courrier des Alpes* auquel l'*Univers* applaudit.

« Au milieu des factions de toute espèce, avait écrit Louis Veuillot en 1842, nous n'appartenons qu'à *l'Église* et à *la Patrie*... Nous ne sommes entièrement hostiles qu'à la source radicale du désordre, à l'impiété, à la dépravation des doctrines, à l'effroyable avilissement des mœurs. »

Sans s'être concertés, Louis Veuillot et Jean-Pierre Veyrat s'étaient rencontrés dans une commune appréciation des besoins de leur époque et le commun sentiment de l'urgente nécessité d'y subvenir par le plus énergique moyen de propagande moderne : non pas le simple journal de nouvelles, mais le journal d'idées, de grande information politique, religieuse et littéraire (1).

(1) On connaît la magnifique carrière de journaliste de Louis Veuillot qui, de deux ans seulement plus jeune que J.-P. Veyrat, put, lui, donner toute la mesure de son talent, ayant eu le souci de vivre jusqu'en 1883. Il avait assisté à la bataille d'*Hernani*, du côté de ces romantiques qu'à l'exemple de J.-P. Veyrat, il flagella quand il les vit infidèles à leur premier idéal religieux. D'abord rédacteur à l'*Écho de Rouen*, au *Mémorial de la Dordogne*, à la *Charte* de 1830, et à la *Paix*, il devint, à Rome, catholique fervent, et résolut de se consacrer tout entier à la défense de l'Église. L'*Univers*, qui avait 1.200 abonnés quand il y entra en 1843, en comptait 13.000, lors de sa suppression en 1860. Depuis la défection bruyante de l'abbé de Lamennais, le journalisme catholique n'eut pas de leader plus brillant ni plus redoutable. La prose de J.-P. Veyrat, qui brisa trop tôt sa plume de journaliste, est remarquable par le sentiment, les images, le rythme, l'éloquence ; mais elle n'avait pas la variété, le trait, le mordant de celle de Louis Veuillot, capable cependant, lui aussi, de s'élever à la plus haute poésie : il suffit de mentionner *Rome et Lorette*, 1841, l'*Honnête Femme*, 1842, les *Libres-Penseurs*, 1848, le *Parfum de Rome*, 1864, les *Odeurs de Paris*, 1866. Nous avons signalé le curieux chapitre de son *Çà et Là*, sur la Savoie qu'il aimait, au temps du *Buon Governo*.

XVII

I. Pour la deuxième fois, nous tenons à reproduire *in extenso* le reproche que nous adresse, p. 111 de sa diatribe, M. l'avocat Louis Raymond, — reproche dont la moitié, celle qui concerne l'œuvre de publiciste de Veyrat au *Courrier*, a déjà été mise en pièces, à la confusion du maître-chirurgien surpris en flagrant délit d'amputation de textes favorables à l'adversaire de Raymond. Il nous reste à examiner la valeur de l'autre moitié, relative à la conversion de J.-P. Veyrat :

« Le lecteur a vu, dans notre *étude* (— dans l'esprit de l'auteur, il ne s'agit pas ici d'une *improvisation*, mais d'une *étude* longuement méditée : tout a été froidement calculé et agencé) passer sous ses yeux plusieurs fragments (— hélas ! trop fragmentaires eux-mêmes !) parus dans les *Mémoires* de l'Académie de Savoie, et dus à la plume de *Pillet*. Nous avons dit que l'opinion de cet écrivain, qui avait personnellement connu Veyrat, et été son ami, était d'une *importance considérable, et c'est l'évidence même* (— notre contradicteur a pris soin lui-même, ici comme ailleurs, de couper derrière lui tous les ponts qui, le cas échéant, auraient pu lui permettre une retraite honorable. Qu'y pouvons-nous?). Nous avons *montré* que certaines de ses affirmations démentent formellement celles de Veyrat, soit en ce qui concerne sa *conversion* (— c'est ce que nous allons voir !), soit en ce qui a trait à ses qualités de journaliste et son œuvre au *Courrier* (— c'est ce que nous avons déjà vu et bien vu !). Or, *dans le livre de M. Berthier, il n'est aucunement fait mention de l'opinion de Pillet sur ces divers points... Pourquoi donc ce laissé-sous-silence gros de conséquences, cette mise à l'écart d'une opinion aussi décisive?...* »

M. l'avocat Louis Raymond s'est-il imaginé, ici comme partout, que ses lecteurs, ne possédant pas les textes auxquels il en appelle avec tant d'audace, le croiraient sur parole et incrimineraient de confiance le biographe de Jean-Pierre Veyrat?... Doucement. C'était compter sans notre réponse. Cette réponse, il nous y obligeait lui-même et par le ton et par le fond de sa polémique : nous ne pouvions laisser passer, sans mise en place et sans mise au point, des attaques aussi injustifiées contre deux noms justement estimés en Savoie et en Piémont.

.— Voici la reproduction *intégrale* du texte de *Pillet* « en ce qui concerne la *conversion* » de Jean-Pierre Veyrat ; nos lecteurs vont être, une fois de plus, édifiés (1).

« ... Je n'y ai remarqué (dans *la Fiancée du Carbonaro*) qu'un seul personnage, *Raphaël, dans lequel l'auteur a voulu se peindre lui-même. On voit que, dès cette époque, il cherchait à revenir aux croyances de sa jeunesse, à l'espérance par le repentir* (« Console-toi, tu ne me chercherais pas, si tu ne m'avais trouvé », a dit Pascal dans son *Mystère de Jésus*. — Pour bien vous rendre compte que toutes ces idées, mais appuyées sur des citations de *la Fiancée du Carbonaro*, et complétées par nous, se trouvent dans notre ouvrage, veuillez en relire les pages 118 et 210. — Vous serez une fois de plus *stupéfaits* de l'audace, plus que naïve, de notre contradicteur nous accusant d'un « laissé-sous-silence gros de conséquences »).

« Le personnage de *Raphaël*, ou plutôt *ce vif sentiment de repentir,* nous le voyons reparaître *plus clairement encore* dans un roman de la même époque : *les Fruits de la Science... roman...* ou plutôt... *autobiographie de Veyrat,* déguisée sous des noms et des aventures romanesques... (— Est-ce assez clair? Sait-on *lire?* A-t-on lu *Pillet* qui *confirme* tout ce que nous avons dit nous-même? Comment qualifier la... loyauté de l'agression dont nous avons été l'objet, nous et Veyrat, agression à laquelle on s'est livré en s'abritant derrière le témoignage scandaleusement mutilé et défiguré d'un ami fidèle du poète calomnié?). »

Pillet parle ensuite de la partie de ce roman autobiographique où l'on voit Raphaël partir pour l'exil ; il en donne de longues citations que nous abrégerons, parce que nous les avons nous-même reproduites dans notre livre (voyez pp. 56-58-104-109-111), mais en les complétant, le manuscrit authentique de J.-P. Veyrat directement sous nos yeux.

« Je voudrais, dit Pillet, transcrire ici tout ce passage. *Ce n'est plus le roman, c'est le tableau de trop réelles souffrances :*

« ... J'ai souffert, j'ai prié, j'ai maudit, j'ai pleuré !... Mon cœur a été brisé comme du verre. L'éducation de l'homme... se fait par la souffrance... Rien ne laboure profondément le cœur de l'homme comme le malheur, et rien n'est vivace comme les sentiments qui y croissent après ce rude travail. La douleur, vois-tu, élague du cœur tout ce qui est chétif et petit, toutes les plantes parasites, elle ne laisse vivre que les hautes pensées, les sentiments sublimes...

---

(1) L. Pillet : *Doc. inéd. sur J.-P. V.*, pp. 22 et seq.

Paris est la ville du doute et des luttes éternelles... Toutefois, dans cette guerre à mort entre mes croyances et le monde, je ne me rendais jamais avant d'avoir brisé ma dernière arme. Je veillais à ma foi, comme un avare à son trésor ; comme un avare, je ne lâchais que par deniers mes précieuses richesses, et seulement lorsque la *société* (— la *société!*... Avions-nous raison de parler de cette *hypocrisie à rebours* que la *société* alors fréquentée par J.-P. Veyrat exigeait de lui?) ou la *philosophie* (— elle guérira les blessures qu'elle lui a faites : « *un peu de philosophie éloigne de la religion, beaucoup y ramène* ») me les réclamait, le poignard sous la gorge... J'ai prié le Christ, qui avait eu soif sur la croix ; comme lui, je me suis abreuvé de fiel !... Désespéré, pleurant, dans une agonie affreuse, mourant presque de faim, je pris la plume, en m'écriant comme lui : « Mon Dieu, mon Dieu, pourquoi m'avez-vous abandonné?... » Et depuis lors, j'ai écrit, et depuis lors je n'ai pas une seule fois écrit sans qu'il m'en restât un remords... »

« Vous me pardonnerez, dit Pillet, cette trop longue citation. Vous penserez, comme moi, que ce n'est plus Raphaël qui parle, mais bien *le pauvre exilé qui laisse déborder son cœur...* »

Tel est le magnifique témoignage donné par le bon Pillet en faveur de la *conversion sincère* de son ami Veyrat, conversion qu'il juge, exactement comme nous, n'avoir pas été soudaine comme celle d'un saint Paul terrassé sur le chemin de Damas, mais *progressive*, opérée sous l'action de l'épreuve, de l'étude et de la prière.

M. l'avocat Louis Raymond a raison de proclamer que « l'opinion de cet écrivain, qui avait personnellement connu Veyrat, était d'une *importance considérable* ». Mais M. l'avocat Louis Raymond a eu le tort immense, — que bien peu de ses lecteurs, un instant abusés, et dont peut-être certains l'ont témérairement approuvé, oublieront et pardonneront, — d'*amputer* tout ce passage du texte de Pillet, dont l'importance est *capitale* pour établir la parfaite réalité et sincérité de la conversion progressive du poète Jean-Pierre Veyrat !... Les témoins refusent de mentir, comme toujours : qu'y pouvons-nous?

Enfin, Pillet en vient au « miracle » de la Grande-Chartreuse dont, ainsi que lui, nous avons nié la réalité :

« Vers 1838, une amie, probablement la sœur Marie-Félicité, lui écrivit pour l'engager à solliciter sa grâce... L'épitre vraie était peut-être *moins littéraire*, mais probablement *plus touchante.*

Je me *défie également* de ce séjour qu'il dit avoir fait alors à la Grande-Chartreuse, de *sa conversion subite* (— Pillet écrit : *su-bi-te = subite;* ce qui signifie : *soudaine, en coup de foudre),* de son *retour*

merveilleux (— Pillet écrit : *mer-veill-eux ;* ce qui veut dire : *miracu-*
leux, en dehors des conditions habituelles) *aux sentiments de son*
enfance. Je remarque en effet (— et nos lecteurs savent si nous l'avons
remarqué nous-même !) que, dans le roman *les Fruits de la Science,*
achevé en 1836, Raphaël de Montmayeur avait fait une retraite
pareille à la Grande-Chartreuse, et qu'il raconte déjà une conversion
opérée à l'office de minuit... »

Ce passage où Pillet exprime, avec raison, ses doutes sur la réalité
du « miracle romantique » de la Grande-Chartreuse, est le seul que
M. l'avocat Louis Raymond s'avise de citer, comme si, isolé de son
contexte, il exprimait l'opinion de Pillet sur la sincérité de la conversion de J.-P. Veyrat !... « ... Il (Veyrat) aurait fait, écrit-il, p. 24,
une sorte de retraite au couvent de la Grande-Chartreuse, et aurait
été frappé *subitement* de la grâce divine... Mais, *cette subite conversion*
religieuse est *loin* d'être certaine (— en effet, assez loin : cette litote
est encore du fin des fins !)... *Pillet, à l'opinion duquel on doit accorder*
la plus grande valeur... fait à ce sujet plus que des réserves... Bouvier
estime (— encore un témoignage auquel, on va le voir, notre honorable contradicteur, avec le grand-sabre qui lui sert de porte-plume,
a proprement coupé la tête !), *Bouvier estime* que *la fiction a une*
grande part dans cette histoire pathétique... »

Et *Berthier?...* il n'a donc pas « fait à ce sujet plus que des réserves »?... il n'a donc pas « estimé que la fiction a une grande part
dans cette histoire pathétique »?... lui qui a expressément dénié
toute réalité au miracle romantique de cette « conversion subite »
de ce « retour merveilleux » à la foi !...

Homo bonus dicendi peritus.

Des critiques compétents, trop indulgents sans doute, ont dit de
notre ouvrage : *c'est un beau livre et une bonne action.* M. l'avocat
Louis Raymond ne craint-il pas que ses lecteurs, édifiés sur les charmes
de son style et la loyauté de son exposition, ne disent de son « étude » :
un vilain livre et une mauvaise action?

A de pareils « procédés » était-il possible de *s'abaisser,* pour jeter
de la poudre aux yeux d'un jury que l'on a irrespectueusement
supposé n'être qu'une réunion de badauds à la bouche béante ou
d'ignarissimes illettrés? Pour se procurer le bizarre plaisir de noircir
un instant la mémoire du plus national, du plus idéaliste, du plus
affectueux de nos poètes, a-t-on pu risquer ainsi la malédiction du
monde érudit que l'on a essayé d'indignement berner?...

Mais non, tout ceci n'est que de la plaisanterie, sans doute, de l'*humour*, de « l'ironie imperceptible et douce », qui sait? de la « charité » (1), peut-être? — Aussi n'est-ce point le titre de *membre correspondant de l'Académie de Savoie*, « à laquelle est si indissolublement attaché le nom des Raymond » (2), que mérite « le panégyriste du gai Raymond » (3), adversaire de Veyrat, mais celui de *membre de l'Académie des Inscriptions et Belles-Lettres*, pour le moins. Car le monde savant, que disons-nous, le monde tout court, ne saurait trop le récompenser des prodigieux efforts qu'il vient de faire pour le triomphe d'une si juste cause, du travail de Bénédictin dont il se vante à si bon droit, des « multiples documents que de patientes recherches lui ont permis de découvrir, tant à Chambéry qu'à Turin » (4).

> Spectatum admissi risum teneatis amici?
>
> . . . .
>
> Sumite materiam vestris, qui scribitis, æquam
> Viribus, et versate diu quid ferre recusent,
> Quid valeant humeri.
>
> . . . .
>
> Nec sic incipies, ut scriptor cyclicus olim :
> « Fortunam Priami cantabo et nobile bellum. »
> Quid dignum tanto feret hic promissor hiatu?
> Parturient montes, nascetur ridiculus mus.
>
> *(Horat. ad Pisones.)*

— Voici maintenant l'opinion de cet « impartial et érudit *Bouvier* » dont M. l'avocat Louis Raymond a invoqué contre nous le témoignage.

Bouvier rend hommage à *Pillet* (pp. 7, 10 et seq.) :

« Si l'homme dont nous nous occupons (J.-P. Veyrat) *gagne* (il écrit : *ga-gne = gagne = fait un gain; gain = avantage, succès, profit, bénéfice) à être mieux connu* (il écrit : *mieux connu*, et non pas à demeurer *inconnu*, caché derrière « le voile qui sépare l'œuvre d'un écrivain de sa vie (5) »), il le devra au dernier survivant de ses

(1) L. R., p. 110.
(2) L. R., p. 14.
(3) L. R., p. 108. « ... le panégyriste du *triste* Veyrat ».
(4) L. R., p. 119.
(5) L. R., p. 119-120 : « ... le Lamartine des Alpes sort... bien *diminué (!)* de cette aventure. Que son *panégyriste (!)* n'en fasse *reproche* qu'à lui-même : il est souvent *dangereux* (— pas pour J.-P. Veyrat) de *soulever le voile* qui sépare l'œuvre d'un écrivain de sa vie... » L'impartial et érudit Bouvier l'a dit : « ... l'homme (Veyrat)... gagne à être mieux connu... » — Cette fois-ci, nous n'avons pas seulement « soulevé le voile », nous l'avons arraché une fois pour toutes et flanqué au feu. Tant pis pour Veyrat sans doute.

amis, *qui n'avait pas déserté son agonie et qui n'a pas renié sa mémoire...»*

Bouvier parle ensuite de la sotte bagarre de janvier 1832, à laquelle participa J.-P. Veyrat, à la cathédrale de Chambéry, durant une prédication du R. P. Guyon, Jésuite :

« Les congrégations religieuses... étaient impopulaires. La défaveur de ces apôtres... ne supposait *pas toujours* chez leurs détracteurs une *hostilité radicale contre la foi.* Les *préventions semées contre les moines...* germaient dans beaucoup de cerveaux *rebelles à l'impiété...* Beaucoup de *catholiques* même... tombaient dans la méprise commune (— c'était absurde, remarquerons-nous, mais c'était ainsi, hélas !)... Les Jésuites attrappaient, à l'ordinaire, la meilleure part de ces antipathies. Est-ce que leur prééminence intellectuelle et morale offusque le goût des classes moyennes pour les vertus et les talents médiocres? Le fait est qu'ils perdent toute faveur quand fleurissent les doctrines du juste milieu. Le règne de la tolérance fête toujours son joyeux avènement en prenant leur liberté. Le rappel de ces sentiments et de ces faits n'est pas inutile pour juger exactement la conduite de J.-P. Veyrat au début de sa vie. Le contraste fâcheux que présentent les incartades de sa jeunesse et les entreprises de son âge mûr s'atténue à l'examen. Un jour, ses ennemis, qui, selon toute vraisemblance, avaient été ses complices, lui firent honte et crime de cette dissonance. Du lointain où nous sommes placés, le discernement est plus facile... L'éruption de 1830 avait répandu sur la France un torrent de passions antireligieuses. L'Église, associée depuis 1815 au pouvoir de la monarchie légitime, n'avait pu, dans la surprise de la révolution, se dégager d'une solidarité où entrait une part de gratitude... Que la *foi* du poète vagabond ait *plongé* dans ce naufrage, on n'a nulle peine à l'admettre. Il est plus difficile de savoir *jusqu'où alla son incrédulité.* Ses *ennemis,* que blessaient, après son retour en Savoie, la rigidité de son orthodoxie et la hauteur de son dogmatisme, *affectaient* de le considérer comme un énergumène refroidi, un fanatique démonté, un sacrilège fondu en sacristain. *Intéressés à le noircir,* ils exagéraient la distance que sa pensée avait dû parcourir dans ses va-et-vient répétés. Lui-même a placé un récit de ses crises d'âme en tête de *la Coupe de l'Exil.* Dans cette autobiographie poétique, il se peint secoué par les affres du doute, torturé du besoin de croire et de voir, s'efforçant de rompre les liens des passions qui tiennent son âme captive, cherchant partout le repos intellectuel que le mensonge des systèmes philosophiques lui avait ravi.

Un hasard, derrière lequel se cachait une grâce, le conduit dans les montagnes de la Chartreuse. Il entre au couvent, il contemple à minuit les moines prosternés dans la chapelle. Il est illuminé. *La fiction a une grande part dans cette histoire pathétique.* »

Le croirait-on? Cette dernière phrase en italiques est *la seule* que cite M. l'avocat Louis Raymond comme exprimant la *pensée* de « l'impartial et érudit Bouvier » sur la *conversion* de Jean-Pierre Veyrat : *conversion* dont « l'impartial et érudit Bouvier » proclame, au contraire, très haut la réalité à toutes les pages de son étude, tout en formulant comme nous et même moins fortement que nous, ses doutes sur le « miracle » de l'office de minuit ! ! !...

Voilà le genre d'opération auquel s'est livré le panégyriste de Raymond qui, naguère, à propos d'erreurs purement secondaires, accidentelles, involontaires, nous l'avons prouvé, ne changeant rien au fond de la question, qui nous avaient échappé au cours d'une étude de grande étendue, s'efforçait de les présenter comme des erreurs essentielles et fondamentales, et qui avait le front de nous consacrer un chapitre de son factum, portant ce titre flamboyant : *Les inexactitudes de M. Berthier*, et finissant en ces termes : « Ces trois faits sont particulièrement *graves (! ! !)*, et *rien (! ! !)* ne peut les excuser. Ce sont là des *altérations caractérisées de la vérité*, et des *altérations voulues, calculées (! ! !)*... De pareils *procédés* sont *indignes d'un écrivain sérieux (! ! !)*... »

De qui sont « *dignes* » les « *procédés* » de M. l'avocat Louis Raymond qui, par de semblables mutilations, opérées de sang-froid, avec une attention minutieuse, dans une courte étude, a trouvé le moyen de trahir, du même coup, doublement et triplement, la justice et la vérité, et envers Pillet, et envers Bouvier, et envers Veyrat?... lui qui, travestissant les témoignages si sympathiques des deux premiers en faveur du second, a tenté, non seulement de frustrer à tout jamais le grand calomnié de l'acte de réparation dont ils comptaient faire bénéficier sa mémoire, mais encore a essayé d'accabler la victime de Raymond sous l'autorité des appréciations odieusement défigurées de deux amis dévoués?

Ici, comme partout et toujours, les témoins refusent de mentir, et ils protestent... de toute la force de leur muette indignation !... Ah ! si notre cher Bouvier était encore vivant !...

Il nous a été impossible, quant à nous, de réunir en un seul chapitre *les inexactitudes de M. Raymond:* il n'est presque pas une de ces pages où nous n'ayons été obligé d'en signaler quelqu'une, — énorme, essentielle, fondamentale, — pour la corriger et la rectifier.

Quelles épithètes appliquer aux *inexactitudes de M. l'avocat Louis*

Raymond? Nos lecteurs s'en chargeront. Mais, depuis longtemps, sa diatribe est morte, et plus que morte. Pour son châtiment, nous souhaitons qu'elle ait pénétré dans tous les coins et recoins de la Savoie et des alentours.

Hâtons-nous de poursuivre la citation, un instant interrompue, du loyal Bouvier, p. 15 : « ... La fiction a une grande part dans cette histoire pathétique. *Les gens que la cloche de l'Angelus ramène à l'office ne sont pas bien éloignés de l'église. Une conversion aussi soudaine ne suppose pas une profonde perversion.* Dans le tourbillon où il fut saisi en quittant la Savoie, Veyrat avait *oublié* les croyances de sa jeunesse. Il les *retrouva* douces et consolantes quand il vint s'abriter au pays natal. *Il les professa avec joie et les défendit avec une sincérité qui ne doit plus être suspecte...* »

Est-ce clair? Sait-on *lire?...* « *... une sincérité qui ne doit plus être suspecte...* »

Euréka! Révélations!... et l'on nous a donné moins que du néant.

II. Qu'on nous permette de nous citer une dernière fois. Il ne s'agit pas d'une *appréciation*, mais de deux *faits, précis, positifs*, figurant en très belle place dans notre livre, d'une importance capitale dans l'examen du « cas Jean-Pierre Veyrat », et sur lesquels, volontairement encore, on a fermé les yeux :

1° « L'épreuve le ramenait à la foi de son enfance. On disait alors : *l'autel et le trône*, quand on ne disait pas : *le trône et l'autel*. Il importe de le remarquer : Jean-Pierre Veyrat revint d'abord à *l'autel*, tout en se tenant éloigné du *trône* qu'il désirait encore voir s'écrouler. Nous constatons, nous ne jugeons pas. Il se convertit d'abord à *Dieu*, sans cesser d'être hostile au *Roi*. Dans son drame *XIII Novembre ou la Fiancée du Carbonaro*, nous trouvons une apologie du carbonarisme et des idées libertaires, mais aussi une apologie magnifique du catholicisme ; — une diatribe féroce contre la royauté, synonyme de tyrannie, et la noblesse complice de la royauté, mais aussi une glorification admirable du moine, du prêtre catholique qui ne sait que consoler, pardonner, se sacrifier. Visiblement, l'auteur, à cette époque, n'était pas encore monarchiste, et déjà il était chrétien. La conversion religieuse de Jean-Pierre Veyrat a été indépendante de sa conversion politique. Son *Raphaël de Montemayor*, après avoir passé sa jeunesse dans les plaisirs et l'incrédulité, raconte ainsi son retour à la foi :

« ... Revenir à l'espérance par le repentir, voilà toute ma vie... O
mon Dieu ! que j'ai passé des nuits à ramener, une à une, mes croyances ! à recueillir les précieuses étincelles qui sommeillaient au fond
de mon cœur ! que d'efforts pour sauver du naufrage et rassembler
les débris de ma Foi !... Je comprenais, trop tard, hélas ! que la Foi
n'est pas un sentiment stérile comme je l'avais tant répété, et que
les hommes, pas plus que les nations, ne peuvent réellement vivre
sans elle... Ceux-là étaient des insensés qui voulaient la détruire !
Sophistes impudents ! Opprobre et malheur sur leur mémoire !
Ils ont porté le poignard à la gorge de l'Humanité !... »

... Il n'est question ici que de l'état d'âme où se trouvait l'auteur
à l'heure où il composait son drame. Certes, il n'était pas encore
l'irréductible adversaire de Lamennais qu'il devait être au *Courrier
des Alpes :* on le sent toujours sous le charme des *Paroles d'un Croyant*
qui prêchait un christianisme révolutionnaire. Mais il n'était plus
l'ennemi du Pape et du catholicisme comme lorsqu'il rédigeait
l'*Homme Rouge.*

Cet écrivain qui vilipende la monarchie, qui exalte les insurgés
napolitains et les révolutionnaires piémontais ennemis de Charles-
Albert (il les nomme en toutes lettres), ne saurait être déjà monarchiste.

Cependant, il dresse devant nos yeux la sublime figure du prêtre
catholique, absolvant son pire ennemi, le Satan qui a perdu la famille
Montemayor.

Non, ce n'est point la perspective des avantages matériels que
pouvait lui procurer son ralliement à la monarchie qui a aidé à la
conversion religieuse de Jean-Pierre Veyrat : celle-ci s'annonçait
déjà, alors que celui-là ne semblait pas même possible (1)... »

2° « ... Le 26 avril 1838, il prit une grave décision... qui n'était pas
exempte de *témérité.* Il brisait publiquement, *en plein Paris,* à la face
de ses coreligionnaires extrémistes, avec tout son passé révolutionnaire, *sans être certain* (notez bien ceci) *que le roi de Sardaigne agréerait
son sacrifice et lui ouvrirait les portes de sa patrie...* Touchante confiance du Prodigue, *généreuse imprudence* qui ne saurait surprendre
de la part de ce grand idéaliste honnête homme. Dès avril 1838, il
publiait chez Souverain, éditeur, rue des Beaux-Arts, son épître
A S. M. le Roi de Sardaigne, avec une préface où nous lisons : « L'intention de l'auteur, en publiant ces vers, est de *réparer,* autant qu'il

(1) A. B., pp. 118-119.

est en lui, *le mal qu'ont pu causer ses précédents écrits...* Les changements qu'on remarquera sans doute dans les idées et les opinions de l'auteur *ne datent pas d'aujourd'hui seulement.* Ils sont venus avec son *expérience des hommes et des choses...* Il ne croit pas devoir retarder davantage *l'aveu public de ses nouveaux sentiments.* Bien qu'à sa connaissance aucun arrêt n'ait été rendu contre lui dans sa patrie, il n'a pas voulu y rentrer *sans obtenir auparavant de la clémence de S. M. l'oubli complet du passé.* Heureux de ce premier succès, *s'il ne lui est pas refusé... etc...* »

C'est daté : « 26 avril 1838 (1). »

On a beau en détourner obstinément les yeux, les *choses* ne cessent pas d'être ce qu'elles sont. Notre livre existe, notre réponse existe, comme existe, très heureusement, la diatribe de M. l'avocat Louis Raymond, *ad perpetuam rei memoriam.*

(1) A. B., pp. 124-125.

XVIII

CONCLUSION

I. Les érudits de la Savoie, du Dauphiné et du Lyonnais, qui se sont intéressés au Poète Jean-Pierre Veyrat, jugeront qu'au cours de cette discussion, nous n'en avons appelé qu'aux *réalités* historiques. L'érudition a été notre principal auxiliaire.

« On peut médire tant qu'on veut de l'érudition, c'est l'amusement de certains critiques. Mais ils ne sauraient changer la réalité qui est que la connaissance littéraire aujourd'hui, ne peut exister sans un exercice critique et une base historique. Le plus pur lettré même, s'il a un peu le goût de la précision, aime à voir le rapport de ses impressions aux faits positifs du développement de la langue et du mouvement des idées ou de la société (1). »

Nous nous sommes appliqué à considérer une question historique sous *toutes* ses faces sans exception, nous moquant de ces « malins » qui affectent de ne voir que le côté laid des choses, et qui, en histoire, rappellent étrangement ce *Monsieur Fleurant* du *Malade imaginaire*, auquel Béralde réplique : « Allez, Monsieur, on voit bien que vous n'avez pas accoutumé de parler à des visages. »

Nous avons loyalement rétabli dans leur intégrité des documents nombreux et importants qui avaient été outrageusement amputés, mutilés, défigurés, pour le besoin d'une cause, avant d'en faire l'objet de notre exégèse.

Nous avons compris que l'histoire est une science morale qui réclame un sens critique et psychologique toujours en éveil. Établir des fiches, copier des documents, aligner des textes et références de bouquins, cette besogne, indispensable mais purement matérielle, est à la portée du premier courtaud de boutique venu. Quand il s'agit de l'*exacte interprétation* des documents assemblés, ah ! c'est une autre affaire, et autrement délicate et difficile.

Notre honorable contradicteur :

1º S'est livré à un effrayant travail d'*amputation* et de *mutilation* de tous les textes qui contredisaient sa thèse.

2º Il a *interprété à contre-sens* tous ceux qu'il a cités intégrale-

(1) Gustave Lanson : préf. *Man. bibliograph. de la Litt. fr. moderne*, t. IV.

ment, et qui, interprétés comme ils doivent l'être, concordent tous avec notre manière de voir et la confirment.

3º Il ne s'est *aucunement documenté* sur *l'atmosphère politique, religieuse et littéraire* de la Savoie, à l'époque du différend, et, par suite, il n'a pas compris les *actions* des personnages qui y vécurent.

4º Il n'a *pas compris* non plus l'*intérêt général,* l'*opportunité* ni la *portée philosophique* de l'œuvre du *Donoso Cortès de la Savoie,* si vite terminée, grâce à la mauvaise volonté du directeur-propriétaire du *Courrier des Alpes.*

5º Il s'est affirmé *radicalement dépourvu de toute sensibilité esthétique,* de tout *sens des nuances,* de toute *finesse psychologique :* qualités particulièrement nécessaires pour juger une âme de *poète.*

6º Il s'est montré incapable de tout mouvement de *bonté* et de *pitié,* qualités exigées cependant par l'*équité,* sinon par la justice, quand il s'agit de juger un *grand malade.*

7º Nous ayant promis des *révélations* et se donnant l'air — pour impressionner le gros public ignorant de la question, — d'avoir fait des *révélations* écrasantes pour la mémoire de Jean-Pierre Veyrat, il n'en a faite *aucune,* se contentant de démarquer, de sasser et ressasser celles qu'avait loyalement faites M. A. Berthier, mais en les isolant du contexte de M. A. Berthier, de manière à en fausser la véritable portée : ses *révélations,* comme il a été *démontré,* ont toutes et toujours consisté en des *voiles* épais jetés sur les torts de Raymond et sur les mérites de Veyrat.

8º En ce qui concerne spécialement les rapports Veyrat-Besson, il a, sans apporter *aucune preuve* à l'appui de ses dires, *défiguré* le véritable caractère qu'ils eurent à leurs *débuts,* et *exagéré leur durée,* en ce qu'ils eurent de *répréhensible.*

9º En ce qui regarde la « conversion » de Veyrat, ses « procédés » ont été particulièrement blâmables, parce qu'ils tendaient à transformer en *accusateurs* deux *amis* dévoués qui voulaient justement *défendre* un grand calomnié.

10º Il s'est efforcé de *passionner le débat,* par l'introduction de la note *funèbre* ou *satirique* dans une question d'histoire où la *sérénité* et le *calme* étaient *de rigueur.*

11º Pour répandre quelque lustre sur l'insignifiante figure d'écrivain de l'adversaire de Jean-Pierre Veyrat, il a eu recours au subterfuge de *hors-d'œuvre* particulièrement malheureux ici, parce qu'ils sont de nature (et le fait s'est produit) à engendrer la *confusion* dans l'esprit du lecteur sans défiance : *hors-d'œuvre* constitués par le panégyrique et l'oraison funèbre soit du Raymond qui a *précédé* comme journaliste l'adversaire de Veyrat, soit du Raymond qui a *succédé* audit adversaire.

12° Prétendant écrire *l'histoire des débuts de la Presse en Savoie*, il a *jeté un voile* (c'est sa méthode originale et habituelle de faire des *ré-vélations!*) sur l'aridité et la pauvreté lamentables de l'unique journal de Savoie, dont tous se plaignaient ou se gaussaient, excepté le bénéficiaire du « précieux privilège » ; — il a donné le titre de *fondateur* du *Courrier des Alpes* à ce Raymond qui fonda ce journal à son corps défendant, et grâce à l'initiative et aux démarches du seul Veyrat ; il n'a pas même accordé à Veyrat le titre de *co-fondateur* du *Courrier;* — il a voulu frustrer notre *Donoso Cortès* de la gloire qu'il a incontestablement méritée d'avoir été *le rénovateur de la Presse Savoyarde.*

Il est inutile de poursuivre la récapitulation des caractéristiques, trop connues maintenant, de ce pamphlet-plaidoyer *pro domo* qui est un défi aux réalités les mieux établies et qui nous sont les plus chères de l'Histoire politique et littéraire de notre Savoie.

« ... Veyrat, *révélé par nous sous son véritable jour (! ! !)*, s'écrie M. l'avocat Louis Raymond, dans sa péroraison, p. 120, *restera désormais comme homme l'être suspect*, que dépeignaient sévèrement, mais justement, les gouverneurs *Casazza* et de *La Planargia*, *interprètes de l'immense majorité (! ! !) de la population chambérienne...* »

« Révélé sous son véritable jour », Jean-Pierre Veyrat apparaît, au contraire, comme un idéaliste, *victime de sa lamartinienne confiance dans les hommes*, qui a été *systématiquement* traité en « suspect » par des gens *intéressés* à le noircir, et comme tels dépourvus de toute autorité.

Quels sont-ils, ceux qui ont « suspecté » la bonne foi de J.-P. Veyrat? Ceux-là d'abord qui, lui ayant *bourré le crâne* avec leurs idées démagogiques et antidynastiques, les vrais responsables de la bagarre de 1832, furent cause de son exil.

Il part pour l'exil, comptant naïvement sur leur aide fraternelle. Pour la politique il renonce à sa carrière de médecin.

Il lance ses *Italiennes*, où il salue son inspirateur Auguste-Marseille Barthélemy, le poète de *Némésis*, du titre de « géant », parce que, dans sa candeur naïve, il le croit l'invincible athlète de la démocratie, l'incorruptible prophète de la « sainte canaille ».

Il recueille, avec son ami Berthaud, dans l'*Homme Rouge*, le compromettant héritage de *Némésis*.

Il sacrifie dans la lutte argent, santé, avenir, espoir de retour en Savoie.

Le succès ne répond pas à ses efforts. Sa santé s'ébranle, ses ressources s'épuisent ; la misère devient affreuse. Les chefs de l'État-Major démagogique ne lui tendent pas la main. Il voit des Saint-Simoniens devenir grands bourgeois. Ses complices de Savoie trouvent l'*Homme Rouge* pittoresque, conspiraillent avec prudence, se gobergent avec délices dans le nid qui les abrite, et... ne lui envoient aucun secours. « ... De tous les jeunes gens qui m'avaient voué une éternelle amitié, gémit son *Raphaël de Montmayeur*, bien peu se sont souvenus de moi ; parmi ceux-ci, nul ne se soucie plus de ce qui m'arrive. Mes amitiés de jeunesse ont été emportées à la première rafale... Ma fortune est celle d'un pèlerin : la pauvreté (1)... » Il résiste jusqu'à l'extrême limite de ses forces. Il apprend la cause de la disparition de *Némésis :* le « géant », le poète à la fière devise : *Vitam impedere vero,* s'était très bravement *vendu* au « tyran » Louis-Philippe pour 80.000 francs !... Il est désespéré, désemparé, perdu.

Les utopies rousseauistes et lamartiniennes sur la bonté native de l'homme sont plus dangereuses encore que le pessimisme d'un La Rochefoucauld, qui du moins nous invite à ne pas nous fier si facilement à nos semblables !

Eugène Dessaix s'écriait avec raison :

> ... pendant ton exil, qui, d'une main sincère,
> T'a présenté l'obole et le pain du proscrit?...
> Qui t'a dit : Prends courage, ami, je suis ton frère !...
> Pour alléger tes fers quel être tutélaire
> T'a crié : Me voilà !... Personne n'a rien dit (2) !...

Et Bebert :

> Au seuil de *Némésis*, des lèvres du poète
> Il avait entendu l'affreux ricanement,
> Il avait entendu : — que l'or fait le prophète,
> Qu'aux rives de la Seine il se paye ou s'achète
> Sur le crédit de l'homme, — au mépris du serment (3).

Alors, le pauvre Jean-Pierre s'aperçoit qu'il a été indignement berné. Il maudit les mauvais bergers qui l'ont égaré. L'épreuve et l'expérience le ramènent au passé qu'il avait déserté. Il demande pardon à Dieu et au roi et il revient en Savoie.

(1) A. B., p. 106.
(2) A. B., p. 162.
(3) A. B., p. 193.

Là, il veut réparer le mal qu'il a pu faire ; par le journal, il veut travailler au succès de la bonne cause. Hélas ! de nouvelles tribulations l'attendent. Il se heurte au bénéficiaire du « précieux privilège », en même temps qu'à la rancune de ses anciens coreligionnaires politiques !...

Et voilà pourquoi certains ont voulu traiter J.-P. Veyrat comme un « être suspect », en dépit des hautes marques d'estime que lui ont prodiguées les plus respectables personnages du temps qui, seuls cependant, méritent créance, n'étant point, comme les précédents, à la fois juges et parties dans ce débat.

On peut encore, sans doute, se croire obligé *en conscience*, après avoir feuilleté à la hâte notre Étude bourrée de documents positifs, on peut se croire obligé *en conscience* de faire chorus contre l'infortuné Jean-Pierre Veyrat, avec les heureux bénéficiaires du « précieux privilège » qu'il avait contrariés, ou les extrémistes rouges qui l'avaient égaré et lâchement abandonné... Car *il faut*, à tout prix, même au prix de la vérité ou de la simple vraisemblance, que Jean-Pierre Veyrat demeure un « être suspect » !

Des *consciences* mieux éclairées en jugeront autrement : il suffit de dévoiler l'origine desdites « suspicions » pour les dissiper à tout jamais.

Jean-Pierre Veyrat sort, la tête très haute, pleinement innocenté, et même grandi, de cette épreuve dont nous avons été involontairement la cause occasionnelle.

« Son endurance et son activité, avions-nous écrit, p. 182, avaient été vraiment savoyardes. La main glacée de la mort, seule, avait pu l'arracher aux cornes de la charrue dont il laissait le soc luisant encore à moitié enfoncé dans la glèbe du champ familial... »

Il avait dû quitter le « champ » du *Courrier des Alpes*. Tout de suite il avait essayé d'en créer un autre : l'*Abeille*. Quelle énergie chez ce moribond !... Quelle ardeur au travail chez le fils du Grand Paysan de Grésy-sur-Isère !

Ainsi, quand l'inondation a emporté *sa terre*, le laboureur de Savoie, sans retard, empoigne sa houe, et, dans la friche voisine, se met à en *faire* une autre.

Que c'est beau !...

Repose-toi, Jean-Pierre, repose-toi avant de mourir ! Tu ahanes à la tâche depuis 1832 ; nous sommes en avril 1843 ; en novembre de l'année prochaine, une autre *terre* t'attend...

Non, il n'a pas voulu se reposer : la Camarde seule a eu pitié de lui, qui l'a enfin étendu sur le lit du suprême repos. Et l'on songe à la *Complêinta de la Pioche* de notre *Dian de la Jeânna :*

> ... Puis, viendra le jour où l'on sera usé,
> Où ce sera fini de batailler :
> Pioche, alors on aura une excuse
> Moi pour dormir, toi pour te rouiller...

Toutes les « révélations » de M. l'avocat Louis Raymond, et les rectifications qui les ont accompagnées, ont abouti à mettre en relief cette initiative et cet héroïsme admirables.

Le triomphe de la cause de Jean-Pierre Veyrat a été complet, éclatant ; nous ne le voulons écrasant pour personne. Il nous suffit d'avoir *raison*, nous refusons d'avoir raison *de quelqu'un*. Si injuste et insolente qu'ait été l'agression, nous tenons à ne pas nous en souvenir. S'il ne s'était agi que de nous, nous aurions gardé le silence. Mais il s'agissait d'un point important de l'Histoire de notre Savoie, relatif à la Presse, à la Politique et à la Littérature. Il était temps que cessât ce scandale : voir notre petite patrie proclamer premier de ses poètes un poète *lyrique* dont le *moi* était l'objet de « suspicions » aussi humiliantes qu'injustifiées.

Nous avons dit le bien que nous pensons de la famille Raymond et le bien que nous pensons de la famille Veyrat, l'une et l'autre filles actives et dévouées de notre Savoie. Le reste n'est qu'un incident ou un accident, — certes, très regrettable, — mais qui ne saurait atteindre l'honorabilité d'aucun nom.

Jean-Pierre Veyrat n'a jamais manqué chez nous de protecteurs, d'admirateurs, de consolateurs et d'amis. Ne donnons pas l'impression à l'étranger qu'il ait vécu parmi ses compatriotes comme Ovide au milieu des Sarmates : injure que la Savoie ne supporterait pas. Raymond lui-même n'a pas osé refuser l'insertion de ces lignes équitables dans le *Courrier* du 21 novembre 1844 :

« Lundi dernier, a eu lieu, dans l'église métropolitaine de cette ville, le service funèbre pour l'âme de Jean-Pierre Veyrat, décédé à Chambéry, le 9 de ce mois... — En 1842, il fut attaché au *Courrier des Alpes* en qualité de rédacteur et lui donna comme *tel quelques articles d'une portée philosophique et morale vraiment remarquable...*

Quelques personnes ont regardé Veyrat comme un homme marqué du sceau de la réprobation, et se sont servies de ce *prétexte* pour le rejeter dans l'*isolement*, à cause de son *changement d'opinion* et de son *retour à de meilleurs principes...*

Lorsque Veyrat quitta la Savoie, il la quitta en exilé ; il la quitta

à 22 *ans*, c'est-à-dire à cet âge où l'on sent tout avec feu, inconsidé-
rément, et où l'on s'exprime de même. Est-il donc *étonnant* que sept
années de privations et d'expérience sur la terre d'exil aient apporté
quelque modification à cette organisation ardente où la tête jouait
un plus grand rôle que le cœur? Est-il *étonnant* que ses illusions
soient tombées une à une, à la vue de la défection d'écrivains qu'il
regardait comme ses oracles, et qu'il ait *obéi à sa conscience et à la
raison lorsque tant d'autres sacrifiaient au veau d'or?* Il serait donc
absurde de faire rejaillir sur Veyrat comme une tache ou seulement
un blâme sa conversion politique. Au reste, *il ne laisse pas de fortune,
mais il laisse dans le Clergé, la Magistrature et les Lettres, des admirateurs* autant que des *amis* (1)... »

Voilà ce que pensait et disait notre Savoie. Jamais les deux *grands
vizirs* Casazza et La Planargia, dont l'autorité est ici invoquée, très
paradoxalement et aussi très humblement, contre un Savoyard,
n'ont été, à un point de vue quelconque, les « interprètes de l'immense
majorité de la population chambérienne ». En 1848, le gouvernement
sarde lui-même a jugé prudent de nommer à leur place un bon et
authentique Savoyard.

Les véritables « interprètes de l'immense majorité de la population », non seulement « chambérienne », mais savoisienne, ont été
eux-mêmes de bons et authentiques Savoyards : les Martinet, les
Billiet, les Rendu, les Marjolet, les Pillet, les Charvaz, les Bebert,
les Costa, les Gondrand, les Dessaix, les Puget, les Ferraris, les
Micoud, les Davat, les Marin, les Replat, les Dépommier, les Ménabréa, ceux de chez nous qui ont compris, encouragé, protégé et
consolé Jean-Pierre Veyrat.

Mais quelle pitié de voir le généreux comte Piémontais Solaro
de La Marguerite, bienfaiteur de la Presse Savoyarde et ami de nos
littérateurs, *systématiquement* immolé aux mânes d'un La Planargia,
étouffeur de notre Presse et détracteur de nos écrivains nationaux !...
La Savoie n'oublie pas qu'en ce temps-là, si le prince était intelligent,
chevaleresque, savait comprendre, sourire, pleurer même et pardonner, *le Gendarme était sans pitié*, ne comprenait pas toujours...

Que les descendants du noble Solar et de ses fidèles, — en particulier M. le comte Charles Lovera di Castiglione et M. le comte Louis
Provana di Collegno, gentilhomme de S. M. la Reine-Mère d'Italie,
l'un et l'autre attachés à la Savoie par deux de nos plus antiques
familles, les Hallo des Ussayes et les Morand de Saint-Sulpice, —

____

(1) A. B., p. 335.

reçoivent ici l'expression de la sincère reconnaissance que garde à la mémoire de ce vrai gentilhomme un ami du vieux Piémont et un bon Français, ardemment dévoué à sa grande Patrie, et respectueux de la glorieuse histoire de sa chère Savoie.

« ... Plus personne, écrit, p. 123, M. l'avocat Louis Raymond, après nos *révélations* (— où sont-elles, que valent-elles, ces mystérieuses *révélations?...*), ne croira à l'injustice de *l'arrêt populaire* prononcé en 1844, et confirmé en 1848... »

1844 : il s'agit des funérailles désolées de J.-P. Veyrat, sur lesquelles, jusqu'à M. l'avocat Louis Raymond exclusivement, *tous* les écrivains savoyards sans exception, interprètes autorisés du regret populaire, s'étaient attendris. On peut se tromper un instant, surtout lorsque l'on n'est averti que par l'unique et ingrat *Courrier des Alpes*, mais on a du cœur en Savoie.

1848 : on se réjouit de l'échec de la souscription publique ouverte par la revue *l'Abeille savoisienne*, ennemie du *Courrier des Alpes*, à l'effet d'élever un monument à Jean-Pierre Veyrat, au cimetière de Chambéry. Pensée généreuse, hommage savoyard bien précieux pour la mémoire du poète, et dont son adversaire n'a jamais bénéficié.

« J.-P. Veyrat est la plus grande illustration poétique de la Savoie, écrivait Alfred Puget dans *l'Abeille savoisienne* du 29 janvier 1848. C'est comme *poète* que nous provoquons en sa faveur les sympathies du public. Nous appuyons à dessein sur ce mot, parce que nous savons qu'il est des gens qui, *à raison de la conversion politique et religieuse* de Veyrat, croiraient se compromettre en jetant une fleur sur sa tombe. »

L'appel ne fut pas entendu, et il est facile d'en découvrir la raison. Il retentissait à un *moment inopportun*.

En 1848, les partisans si nombreux du régime *constitutionnel* enfin accordé, se rappelaient avec amertume que Veyrat s'était rallié au régime *absolutiste* aboli (1), et ils n'avaient pas tous l'idéalisme des rédacteurs de *l'Abeille*.

---

(1) J.-P. Veyrat a chanté les fastes de cette Maison de Savoie qu'il avait calomniée, et affirmé son attachement indéfectible au prince qui l'avait sauvé. Mais son œuvre *domine les questions de partis politiques :* « Je m'étais retiré, écrit-il dans son *Récit*, pour n'y plus rentrer, du champ de la politique militante ; les mouvements et les révolutions purement politiques ne sont que des accidents dans la question sociale ; l'avenir me semblait menacé de plus haut... » Et ailleurs : « Pour quiconque porte un cœur d'homme et ne veut pas laisser à ses enfants un avenir de sang et de ruines... et a pesé dans sa conscience le pouvoir dissolvant des réactifs introduits par la philosophie moderne dans la civilisation chrétienne, le moment est venu de ceindre la cuirasse et l'épée ; il ne s'agit pas seulement de savoir si un peuple disparaîtra de la carte ou si l'empire passera de César à Pompée... » Son œuvre de prosateur a une portée *générale* et conserve son actualité, de même que son œuvre de chantre de la Mère-Patrie.

D'autre part, l'*Abeille* harcelait de ses coups d'aiguillon le *Courrier des Alpes*, qui, en dépit des torts passés de Raymond envers Veyrat, demeurait *le bon journal*.

Ce sont donc de simples raisons *politiques* qui ont fait échouer le projet de l'*Abeille*, et non pas, comme le prétend M. l'avocat Louis Raymond, une sorte de dédain qui, à travers le poète indiscuté, aurait atteint l'homme en J.-P. Veyrat.

« Une seconde fois, s'écrie-t-il, *le grand tribunal de l'opinion publique* avait prononcé. » — Oui, mais non pas dans le sens qu'il plait à M. l'avocat Louis Raymond d'imaginer.

Du reste, « le grand tribunal de l'opinion publique » a été autrement sévère pour le rédacteur de *la Feuille Sèche* et ses procédés envers son rédacteur politique et littéraire au *Courrier*. « Le grand tribunal de l'opinion publique », non seulement n'a jamais songé à ériger un monument à l'adversaire de J.-P. Veyrat, mais encore il a « oublié » de donner à « la plus petite ruelle » de Chambéry le nom de ces deux Raymond étrangers au débat, dans le rayonnement desquels on a fait disparaître l'ennemi du poète : c'est M. l'avocat Louis Raymond lui-même qui s'en plaint.

Nous comprenons ce pieux regret, mais en nous affligeant du regret que l'on semble éprouver à voir une rue de Chambéry s'honorer du nom de notre *Lamartine*.

Jean-Pierre Veyrat mérite mieux encore, et, tôt ou tard, il aura mieux.

On n'érigera pas au Poète Savoyard une *Fontaine des Chimères*, selon le rêve que nous prête plaisamment M. l'avocat Louis Raymond, mais un monument très simple et très expressif, que réalisera *con amore* notre distingué compatriote, le sculpteur Marius Mars-Valett, qui déjà y a songé : une Savoie ouvrant ses deux bras à son Poète, à son Enfant qui, avant comme après sa « conversion », pendant et après son exil, n'a cessé de penser à elle et de l'aimer de toute la force de son cœur :

> Terre de mes aïeux, ravissante contrée,
> Reine aux flancs de granit de ton peuple adorée,
> Qui portes ton front pur plus haut que l'aquilon
> Et reposes tes pieds dans les fleurs du vallon,
> Chaste Vierge des monts dont le sourire enivre,
> C'est à ton peuple seul que ta beauté se livre ;
> L'étranger ne sait pas tes mystères d'amour...

> C. E. — *La Patrie absente.*

Jusqu'ici il planait sur la mémoire de J.-P. Veyrat une sorte de nuage impalpable, joie de ceux qui avaient intérêt à « suspecter » le poète : fantômes d'accusations, larves d'idées qu'il était impossible de saisir à la gorge.

Ces fantômes et ces larves ont, — heureusement, — pris corps dans la Réponse de notre contradicteur, avec le maximum de vraisemblance qu'ils pouvaient revêtir.

On en a vu l'exacte valeur.

La diatribe de M. l'avocat Louis Raymond est à jamais *exorcisée*. Ce qui en subsiste confirme notre thèse.

La forteresse s'est écroulée aux trois quarts ; dans la partie qui reste debout, la gloire de Jean-Pierre Veyrat, rénovateur de la Presse Savoyarde, s'installera confortablement.

Nous regrettons le genre de publicité, trop retentissant à notre avis, donné à cette discussion. Mais nous ne sommes pas fâché que l'on nous ait *obligé* à intervenir personnellement, pour rendre un suprême devoir de justice envers la mémoire du plus grand poète de la Savoie.

L'adversaire de J.-P. Veyrat au *Courrier des Alpes* nous demeure indifférent : il ne nous a intéressé que dans la mesure où il intéressait J.-P. Veyrat. Nous n'avons à formuler aucun jugement sur l'*ensemble* de sa vie et de son caractère. En ce qui regarde son désaccord avec J.-P. Veyrat, chacun le jugera d'après ses faits et gestes.

Le comparant au Savoyard François Buloz, fondateur et directeur de la *Revue des Deux Mondes*, nous avons parlé de « médiocrité d'intelligence et de cœur ». Nos lecteurs n'ont besoin de l'invitation de personne pour changer notre expression, si bon leur semble, et pour la remplacer par une autre plus conforme à la réalité des choses.

Puisse le directeur-propriétaire du *Courrier des Alpes* gagner au change : nous y applaudirons de grand cœur.

Mais n'oublions jamais que *l'unique* Journal de Savoie, jusqu'alors aride, étriqué, embarrassé dans les liens d'une inintelligente censure dont personne n'avait songé à le délivrer, a été désentravé, agrandi, amélioré par la seule initiative, le seul travail intellectuel, les seules démarches de Jean-Pierre Veyrat, qu'il a dû à notre *Donoso Cortès* jusqu'au nom dont il s'est si longtemps paré, et qui est le nom à peine modifié de sa *Revue des Alpes*.

Nous écrirons peut-être l'*Histoire du Courrier des Alpes*, dont nous avons déjà réuni les éléments : il nous sera *impossible* de voiler le rôle considérable joué par J.-P. Veyrat dans la fondation de cette feuille d'où il fut exilé. Qu'on se rassure : l'historien du *Courrier des*

Alpes ne songera pas à venger les injures que l'on a faites au biographe de J.-P. Veyrat.

Pourquoi A. Claret, gérant du *Courrier*, n'a-t-il pas publié cette Histoire de la Presse de Savoie dont, en 1855, il avait annoncé l'apparition?... Nous ne le savons.

Mais il est une chose dont nous sommes sûr maintenant : il sera désormais impossible, dans une Histoire de notre Presse, de passer sous silence ou de travestir le rôle bienfaisant de Jean-Pierre Veyrat.

« Le poète de *la Coupe de l'Exil*, écrivait Bouvier, ne fut pas de ces écrivains à qui la postérité ne doit rien, parce qu'ils se sont fait payer comptant par leurs contemporains. Sa créance, quand il mourut, restait intacte... Nous souhaitons qu'un de nos compatriotes l'acquitte tout à fait... »

Cette « créance », nous nous étions donné la peine et le plaisir de l' « acquitter », sinon, « tout à fait », du moins en grande partie, nous sommes-nous laissé dire. Toutefois, l'objet de notre Étude ne nous avait pas permis de nous *arrêter* à la question, d'un intérêt trop étroitement régional, de la fondation du *Courrier des Alpes* (1). Or, sur ce chapitre, pas plus que sur les autres, J.-P. Veyrat ne « s'est fait payer comptant par ses contemporains », bien loin de là !... C'est donc un devoir de stricte justice de rendre hommage

Au grand calomnié Jean-Pierre Veyrat,
infatigable ouvrier,
rénovateur de la Presse Savoyarde.

II. C'est un aspect peu remarqué jusqu'ici du *piccolo mondo antico* sarde, au temps du *Buon Governo* et du *Buon Rè Carlo-Alberto*, que nous avons dû évoquer pour « situer » le différend et le rendre intelligible. Idéalisme généreux, sens des réalités positives, espérances et désillusions, conflits d'intérêts, initiatives, routines, dévoùments, haines, amitiés sincères, cancans de petite ville, talents divers, souffrances et labeurs : l'homme, avec ses grandeurs et ses faiblesses, se retrouve partout et toujours au milieu des décors changeants de

---

(1) Nous nous étions contenté d'écrire, pp. 171-172 : « ... Ce projet de *Revue* ne se réalisa pas. Veyrat y suppléa par le moyen d'un journal. Il y avait alors en Savoie une petite feuille hebdomadaire publiée à Chambéry, sage, terne, aride, ironiquement surnommé *feuille sèche*, rédigée par C. M. Raymond. C'était le *Journal de Savoie*. Veyrat résolut de la faire *verdir*, d'en multiplier les feuilles qui abriteraient fleurs et fruits. Ainsi fut créé le *Courrier des Alpes...* »

l'Histoire... Valons-nous mieux que nos aïeux? Avons-nous moins qu'eux besoin de cette Religion qui leur donna le courage de vivre, les aida à dominer leurs passions, à se vaincre eux-mêmes, qui fut leur plus ferme appui et leur plus douce consolation?...

Parmi les voix innombrables qui font l'immense murmure de l'Histoire, certaines ont un accent plus pénétrant et plus profond, qui nous émeut toujours, en dépit des années écoulées : les voix dolentes de ceux que la vie a éprouvés plus cruellement que les autres. Elles réveillent en nous cette mélancolie qui sommeille au fond de toute âme humaine.

Voici les dernières plaintes de Jean-Pierre Veyrat qui, après tant de fatigues, de déceptions et d'amertumes, se sentait mourir avant d'avoir pu exprimer tout ce qu'il se sentait *là*, dans la tête et dans le cœur :

. . . .

. . . .

. . . .

L'insulte a trop longtemps passé sur mon front chauve ;
Ils m'ont traqué partout comme une bête fauve ;
Ils ont mis sur ma bouche un frein qu'ils ont serré,
Puis, ils ont dit : Qu'il parle ! — Eh bien, je parlerai.
Ils l'ont ainsi voulu ! De leurs mains imprudentes
Ils ont rompu le sceau sur mes lèvres ardentes,
Sans penser que le feu couvait dans le foyer,
Et qu'à leur moindre souffle il pouvait flamboyer.

J'en atteste les cieux, les hommes et la terre,
Je n'ai point recherché cette impudente guerre.
Mon épreuve finie et mon temps accompli,
Je ne demandais rien au monde que l'oubli ;
Et percé jusqu'au cœur par une flèche impure,
Rien qu'un antre désert où panser ma blessure,
Mon île de Lemnos, mon rocher sombre et nu,
Où cacher mes longs jours, désespoir inconnu !
Les oiseaux de la nuit pour répondre à ma plainte,
La mer pour écouter ma funèbre complainte !...
J'en atteste les cieux !... jusqu'au dernier moment,
J'ai contenu mon cœur dans son cruel tourment ;
Et j'avais cependant, au fond de ma cellule,
Gardé l'arc invincible et les flèches d'Hercule,
Et je n'ai pas laissé gronder sur l'arc vengeur
Ce même trait de feu qui dévore mon cœur !

Que n'ai-je pas souffert? quel rocher de misère
N'ai-je gravi? quels pleurs ignore ma paupière?
Depuis l'âpre indigence et l'humble pauvreté
Jusqu'aux pleurs du proscrit et du déshérité ;
Depuis l'ardent souci que chaque jour ramène
Jusqu'aux grands désespoirs de la pensée humaine ;
Des tourments de l'enfance à ceux de l'âge mûr ;
De la lâcheté vile, au regard louche et dur,
Distillant son venin dans l'ombre et le mystère,
Jusqu'à la calomnie écumant de colère ;
La science de l'homme et son breuvage amer,
L'absence de la source et la soif du désert ;
La mer de ma douleur grondant toujours plus haute,
La mort à mon foyer s'installant comme un hôte,
Mes amis dissipés sans qu'il m'en reste un seul.
Pour jeter sur mon front l'eau sainte et le linceul ;
Poursuivi sans pitié, chaque jour de ma vie,
Aujourd'hui par le sort et demain par l'envie ;
Le deuil, l'outrage... tout, excepté le remord,
Que n'ai-je pas souffert?... et je ne suis pas mort !...

Et je traîne une vie, hélas ! si désolée,
Que mon âme déjà semble s'être exilée,
Et n'avoir oublié dans son retour aux cieux,
Que d'éteindre la vie et le jour dans mes yeux.
Et comme un vain roseau je me livre à l'orage,
Et je ne tente plus d'échapper au naufrage,
Tant mon bras est rompu par le rude élément !
Tant la vie a blessé mon cœur profondément !
Et c'est là, les grands cœurs, sur la grève déserte,
Dans ce dernier champ clos, qu'ils ont juré ma perte ;
Au sortir de l'écueil dont les flots m'inondaient,
Tous ces fiers ennemis, c'est là qu'ils m'attendaient !

Non pas avec le fer d'une loyale épée,
Cette arme était pour eux trop noblement trempée ;
Non pas avec l'acier de l'âpre vérité,
Mais avec le dard nu du mensonge irrité.

Les uns, serpents honteux cachés sous le feuillage,
M'attendaient dans les fleurs pour me mordre au passage :
Les autres plus hardis, au sortir du festin,
Allumés par l'orgie et les vapeurs du vin,
Agrafaient sur mes reins de leur lourde ironie
Le manteau de l'insulte et de la calomnie,

Et, me voyant passer pâle comme la mort,
Disaient : « Il a fléchi soûs le poids du remord !
Il a tué son cœur et n'est qu'une statue... »
— Et pourtant, ô mon Dieu, c'est mon cœur qui me tue !
Et je meurs aujourd'hui de n'avoir pas trouvé
Pour le monde et pour moi l'amour que j'ai rêvé !
Tu le sais ! il suffit ; que le monde l'ignore,
Qu'il outrage à loisir ceux que le cœur dévore,
Qu'il attache à leurs pas l'aspic et le serpent,
Dans leur étroit sentier qu'il se glisse en rampant !
Le monde est ainsi fait... qu'il poursuive son œuvre !
Je n'écarterai point mes pas de la couleuvre,
Et, dût à son venin tout mon sang s'embraser,
Je ne lèverai pas le pied pour l'écraser !

O barde des vieux jours, ô maître de la lyre,
Père de l'épopée, ouvre le long martyre,
Le chemin de douleur où tes fils marcheront,
Le désespoir au cœur, la calomnie au front !
Va ! pauvre mendiant, aux portes d'Ionie,
Chanter les strophes d'or que moula ton génie,
Pour qu'on jette à tes pieds, des tables du festin,
Comme au chien de la rue un vil morceau de pain !
Et ton poème est là, seul et grand témoignage
Que l'homme et l'univers existaient à cet âge,
Long cantique de gloire, hymne des premiers temps
Que les siècles en chœur ont chanté trois mille ans !

Que d'autres ont passé par cette route ardente,
Et Camoëns et Milton et le Tasse et le Dante...
. . . .
O Ferrare, ô Florence, ô Londre, antres impurs,
Honte à vous ! le poète a pleuré dans vos murs !
La lyre est devenue étrangère à vos fêtes,
Honte à vous ! vous avez massacré vos prophètes !
Vous les avez vêtus de la robe des fous,
Et frappés jusqu'au sang... honte et malheur à vous !
Oui, tombez, ô mes pleurs, et que ma douleur crie !
Oui, saigne, ma blessure, et que le monde en rie !
Oui, chante, ô rossignol, aveugle harmonieux,
Chante, c'est pour cela qu'on t'a crevé les yeux !

Brise ton front royal aux barreaux de ta cage,
Superbe prisonnier, hôte du mont sauvage !
Ton regard ne luit plus comme un brûlant éclair,
Ton aile traîne à terre, ô monarque de l'air !

Ta serre vainement se crispe sur ta chaîne,
Tu n'es plus de toi-même, hélas ! qu'une ombre vaine !
Meurs, il est temps ! l'enfant d'hier à peine né
Peut cracher sur ton front chauve et découronné,
Arracher cette plume à ton aile abattue,
Qui te portait hier dans la foudre et la nue,
Et poser de ses mains, comme un jouet d'enfant,
A son débile front ce signe triomphant !
Lorsque la terre insulte à ton dur esclavage,
Noble captif ! les cieux pleurent dans le veuvage.
Va, meurs ! tu n'es pas fait pour vivre dans les fers,
C'est à toi qu'appartient le royaume des airs,
Et si Dieu t'a donné ta serre souveraine,
C'est pour porter la foudre et non pas une chaîne !

Et c'est ainsi partout, et c'est ainsi toujours (1) !
N'est-il pas vrai, Byron, martyr des derniers jours?
Oh ! qui jamais a su ta douleur tout entière,
L'amertume des pleurs tombés de ta paupière,
L'ampleur de la blessure en ton cœur ulcéré,
O Job de la pensée, ô grand désespéré !

Et moi qui ne suis pas l'oiseau des hautes cimes,
Comment suis-je tombé comme eux dans ces abîmes,
Et comment m'a frappé l'arc des audacieux,
Moi qui n'ai pas bâti mon aire dans les cieux (2)?...

———————

. . . .
Me voici comme Job sur ma funèbre couche ;
La malédiction va sortir de ma bouche,
Le cri de l'opprimé va monter jusqu'à toi :
O terre, sois témoin ! Dieu vengeur, entends-moi !

(1) Vigny a également soutenu dans *Stello* que le poète était le martyr de toute société et de toute forme de gouvernement (Gilbert, sous la monarchie absolue : Chatterton, sous la monarchie constitutionnelle ; André Chénier, sous la république). Thèse très contestable, qui cependant a un fond de vérité : « Sous toutes les latitudes et dans toutes les sociétés, remarque Émile Montégut dans *Nos Morts contemporains*, les poètes ont été et seront éternellement malheureux : mais pour trouver le secret de leurs infortunes, ce n'est pas à la société, c'est à la nature qu'il faut s'adresser. Les tragédies abondent dans leur histoire ; ce qui m'étonne, c'est qu'elles n'y soient pas plus nombreuses ; car, par nature, le poète est appelé à une fonction si exceptionnelle, si extraordinaire, qu'il ne peut y avoir pour elle de rétribution certaine dans les sociétés humaines. » — Le martyre du poète Jean Pierre Veyrat a bien été réel, et la faute n'en est pas à lui seul, mais aussi à l'hostilité des circonstances et des hommes.

(2) *Station poétique à l'Abbaye de Haute Combe : la Veille du Poète : Quatrième Heure.*

Je te consacre ici mon sang et mes alarmes,
Une libation de mes plus tristes larmes !
Pour mes nuits sans sommeil et mes travaux sans fruit,
Pour ma vie en ruine et mon bonheur détruit ;
Pour les pleurs trop amers que je n'ai pu répandre,
Pour mon foyer en deuil dont ils ont pris la cendre,
Pour ma moisson brûlée et mon champ dévasté,
Pour le mal qu'ils m'ont fait et qu'ils m'ont souhaité,
Qu'ils soient tous... Ah ! le sang coule aux flancs du Calvaire !
Qu'ils soient tous pardonnés ! pardonne-leur, mon Père !

. . . .

Qu'ils récoltent l'olive où j'ai cueilli l'épine !
Souris à leurs palais bâtis sur ma ruine !
A sa vivante artère ils ont saigné mon cœur,
Ne viens pas voir couler mon sang... pardonne-leur !

Voilà mon anathème et mon cri de vengeance !
Ils pèseront un jour, grand Dieu, dans ta balance !
Eux-même un jour peut-être, ils me pardonneront
Le don triste et fatal dont j'ai le signe au front.
Mes pleurs de leur colère auront éteint la flamme,
Ma voix aura trouvé son écho dans leur âme,
Ma tombe inclinera tristement leur regard...
Mais, ce jour, ô mon Dieu, se lèvera bien tard (1) !

« C'est par de tels cris arrachés des entrailles, a dit Sainte-Beuve, par cette largeur d'épanchement et d'essor à quelques endroits de sa veine, que Veyrat mérite de survivre. »

Veyrat « mérite de survivre », mais au prix de quelles tortures l'a-t-il mérité !

... Au creuset du malheur il épura sa vie...
Mais, poète, sa main tenait un archet d'or.

. . . .

Paix à lui maintenant !... N'outragez pas sa lyre (2) !...

(1) *S. P. la Veille du Poète : Cinquième Heure.*
(2) Bebert : *A Jean Pierre Veyrat.*

FIN

TABLE DES MATIÈRES

Avant-Propos .... pp. I-XI

Portrait de J.-P. Veyrat, après son retour d'exil.

    I. — « Le Différend Raymond-Veyrat » par Me Louis Raymond :
pamphlet et plaidoyer *pro domo*. — Hostilité gratuitement
supposée : notre très bienveillant silence sur l'accueil que
reçut en Savoie *l'Ermite de Saint-Saturnin*, de G.-M. Raymond, publié en volume. — Texte mal interprété : oubli
systématique du *contexte* et de la *source historique* de notre
relation, nettement mentionnée par nous. — Raymond et
ses *actes* .... pp. 1-7

    II. — Un « précieux privilège ». — Un « concurrent » dange-
reux .... pp. 7-10

    III. — Schéma de l'affaire Veyrat-Raymond. — Caractéristiques du
plaidoyer *pro domo* de Me Louis Raymond. — *Is fecit cui
prodest :* présomption nettement en faveur de J.-P. Veyrat .... p. 10-13

    IV. — *L'Homme Rouge* et le *Bolchevisme*. — Le *Différend* et la *Reli-
gion*, selon Maître Louis Raymond. — J.-P. Veyrat et le
Clergé .... pp. 13-19

    V. — « Ostracisme déplorable ». — « Arrêts injustes ». — Notre
« sagesse » à nous. — « Corvée réellement dangereuse » :
après que *Puthod* eut transféré au Verney le Bureau de Rédaction du *Courrier*, Raymond eut le triste courage de *défendre*
au sous-rédacteur d'aller lui-même au domicile de Veyrat,
malade et haletant, pour lui soumettre son travail. — Négligence des intéressés ; interprétation erronée ; susceptibilité
anachronique .... pp. 19-22

    VI. — Les « documents Raymond » avérés *inopérants* et radicalement
dénués de toute valeur probante : bribes de la *moitié* du dossier
Veyrat-Raymond (côté Raymond) jadis étudié au grand
complet et sans passion par des juges autorisés *qui n'ont
pu se prononcer.* — Le *sérieux* des griefs de Veyrat. — Les
gouverneurs du duché de Savoie sous le *Buon Governo :* del
Valmonte, della Planargia, Olivieri, successeurs de l'excellent
marquis d'Oncieu. — La cause de leur impopularité. — Le
« prisme évangélique », le « système envahisseur » et l'indé-

pendance du Clergé, selon Sua Eccellenza della Planargia. — Les comtes Avet et Solaro della Margherita, partisans du développement de la Presse Savoyarde et protecteurs de J.-P. Veyrat. — *Grossières erreurs* du rapport *Casazza del Valmonte*. — *Grossières erreurs* des rapports *La Planargia* : aucune mention d'une faute quelconque *actuelle* à la charge de J.-P. Veyrat ; — pures préventions créées par le *passé* de J.-P. V. ; — phobie de *l'Homme Rouge* ; horreur d'une Presse moins étroitement bâillonnée que la terne et docile *Feuille Sèche* de Raymond. — Autant que pour J.-P. V., ces rapports sont *injurieux pour Raymond lui-même* et l'ensemble des *écrivains et lecteurs savoyards*. — En revanche, ils dissipent le vague soupçon *lâchement* répandu contre J.-P. V. d'avoir été un agent du pouvoir...................... pp. 22-33

VII. — L'*incandescent* avocat-journaliste C.-M. Raymond, qu'il est *impossible* de confondre *personnellement* avec le *glacial* professeur de mathématiques et journaliste J.-M. Raymond, ennemi de J.-P. Veyrat, dont nous avons nettement caractérisé le style et la manière : simple confusion de *prénoms* emphatiquement présentée par Me Louis Raymond comme une erreur de *personnes*...................... pp. 33-37

VIII. — Me Louis Raymond recourt à des *hors-d'œuvre* pour jeter un glorieux reflet sur la figure d'écrivain terne, terreuse, effacée, insignifiante du *glacial* rédacteur de *la Feuille Sèche*, ennemi de Veyrat : panégyrique du vieux G.-M. Raymond ; panégyrique, oraison funèbre et portrait de l'*incandescent* avocat-journaliste C.-M. Raymond, tous deux étrangers au débat.. pp. 37-40

IX. — Signature *inutile :* l'absence même de toute signature R. ne saurait empêcher l'article nécrologique concernant Veyrat, paru dans le *Courrier* du 26 novembre 1844, d'être *l'expression fidèle de la pensée de Raymond* qui, à cette date et depuis la mort de Veyrat, était *seul* à la tête de ce journal et *seul* avait le contrôle des articles qui y paraissaient.... pp. 40-42

X. — *Insignifiantes* omissions typographiques, *visiblement involontaires et n'enlevant rien à la substance du texte*, emphatiquement présentées par Me Louis Raymond comme volontaires et graves : texte *intégral* hautement *favorable à J.-P. Veyrat*... — Une lettre de reproches et de demande d'éclaircissements du comte Solar à Raymond, après la mort de J.-P. Veyrat. — *Une conclusion paralogique ou sophistiquée* émise, de par le Roi, par Me Louis Raymond.................... pp. 42-47

XI. — « A une Victime de la Calomnie ». — « A Madame la Comtesse Marin ». — « Les Larmes de la Reine ». — « Les Larmes du Roi »... avec commentaires *très significatifs* de Me Louis Raymond.. pp. 47-53

XII. — L'atmosphère intellectuelle et politique de la Savoie, au retour d'exil de J.-P. Veyrat. — Orages prévus par J.-P. Veyrat. — Ce qu'était le fameux et unique *Journal de Savoie: la Feuille Sèche* par excellence. Témoignage du placide et souriant idoloclaste Pillet. — « Antipathie native » de Raymond contre le poète J.-P. Veyrat, « encore aggravée » par le dédain des Savoyards pour la piteuse *Feuille Sèche:* dédain *universel,* manifesté *bien avant* le retour d'exil de J.-P. Veyrat, et faussement attribué par Raymond à des manœuvres de Veyrat ou de ses « partisans ». — Les premiers articles de Veyrat au *Courrier des Alpes:* vulgarisation licite, nécessaire, réclamée et applaudie par toute l'élite savoyarde et piémontaise, du Prospectus de la *Revue des Alpes* de Veyrat engloutie avec armes et bagages dans le *Courrier* du même nom, — magnifique article de revue dont « quelques » exemplaires seulement avaient été distribués aux ministères et aux notabilités. — La colère de Raymond, due au partage de son « précieux privilège », déchaînée *avant* même l'apparition desdits articles. — « Regardez Ariston, regardez Périandre... » — Accueil fait, à Chambéry et à Turin, au projet de J.-P. V. : la « conspiration » pacifique et patriotique d'un groupe d'hommes de tête et de cœur, Savoyards et Piémontais, à l'insu du *Paladin de l'Étouffoir,* marquis de La Planargia. — Le Clergé, la Censure des journaux et l'Autorité politique. L'attitude des Chanoines Chevray et Rendu et de Mgr Alexis Billiet *travestie.* Une lettre de La Planargia *amputée* dans une partie *essentielle* pour le besoin de sa cause *par Me Louis Raymond.* — Oppositions faites au projet de Veyrat par le journaliste Raymond au nom de son « précieux privilège » et par le Gouverneur La Planargia au nom de son étouffante politique et de son mépris pour les sciences, les lettres et les arts, et nos écrivains nationaux. — « Après *plusieurs* entrevues, *M. Raymond a fait à M. Veyrat des propositions...* qui ont été rédigées en *traité...* » — Rôle du comte Solar et du chevalier de Buttet. — Raymond n'avait pas le *droit* de reprocher dans la suite à Veyrat ce qui ne l'avait *pas empêché de traiter* avec lui. — *Perfides insinuations de Raymond contre Veyrat.* — Généreuses intentions et parfaite équité de l'*intègre et vrai gentilhomme Solar de La Marguerite,* gratuitement insulté par Me Louis Raymond. — Un numéro du *Courrier,* privé par Raymond d'un magistral article de Veyrat, est rédigé par Raymond *à coups de ciseaux.* — Raymond n'insère que sous menace de procès le judicieux et éloquent article de Veyrat sur l'*Industrie* et le relègue à la fin du journal. — Opportunité et utilité des articles de J.-P. Veyrat. — Cruel retour des choses et leçon d'abnégation personnelle quand il s'agit d'une *Cause.* — *Témoignage de Pillet, en faveur de Veyrat-journaliste, travesti par Me Louis Raymond, grâce à une scandaleuse amputation de texte.* — *Dépréciation* platement *intéressée* et ridiculement *systématique* des articles de notre

Donoso Cortès. — M*ᵉ Louis Raymond et son Histoire des Institutions Juridiques*. — Les articles de Veyrat appréciés par des *juges compétents et impartiaux*. — Raymond accorde au comte Marin exactement ce qu'il refuse à Veyrat. — Raymond se livre à un « chinage » odieux contre Veyrat, rédacteur principal du *Courrier*. — L' « orgueilleux » Veyrat n'a jamais agi en égoïste prétentieux : ses sentiments à l'égard des écrivains savoyards ; son désir de favoriser les études historiques et littéraires en Savoie. — Endurance et activité prodigieuses de Veyrat songeant, — et *très légitimement*, — à fonder *l'Abeille*. — J.-P. Veyrat *co-fondateur* du *Courrier des Alpes* : *l'initiative intellectuelle* est de lui *seul*............ pp. 53-110

XIII. — *Les très heureux et très loyaux Emprunts de M. Berthier*. — La destinée du Tasse et celle de J.-P. Veyrat. — Les « héritiers préciputaires du ciel », persécuteurs d'un poète moribond. — *Les stupéfiants Emprunts de Maître Louis Raymond :* terrible jeu de *puzzle*, avec pièces *escamotées* ou *mutilées, textes amputés* ou *travestis*. — *Les cacophonies, solécismes et barbarismes de M*ᵉ *Louis Raymond*. — Chlorophylle et Aniline. — « S'arrêter à propos... »........................ pp. 110-125

XIV. — Expressions *exagérées* et *imprudentes* de Mᵉ Louis Raymond. — Un jugement de J. de Maistre. — Un parallèle dangereux........................ pp. 125-128

XV. — Raymond, collaborateur de Veyrat à la *Station poétique*. — Pour faire cuire son œuf, l'apologiste de *la Feuille Sèche* met le feu à toute une aile de notre Panthéon littéraire savoyard. — Indulgence humiliée pour le *grand-vizir* de la Savoie ; injuste sévérité envers le *loyal et généreux comte Solar*, ami de notre pays. — *Lacunes à combler* dans l'Histoire de notre Savoie et ailleurs........................ pp. 128-140

XVI. — Portrait de J.-P. Veyrat, après sa campagne du *Courrier des Alpes*, par son ami Ménabréa. — La fiancée du poète : Élise Martin. — Mᵐᵉ Hélène Veyrat-Besson. — Pierre-*Adéodat* Veyrat. — Conversion *progressive* de J.-P. Veyrat. — *L'Aïeule-Maison*. — J.-P. Veyrat et *les Roquevillard*. — J.-P. Veyrat et *les Yeux qui s'ouvrent*, de M. Henry Bordeaux. — Roman passionnel et fausse Histoire. — *Aux Martyrs de la Foi démocratique*. — J.-P. Veyrat et l'abbé de Lamennais. — J.-P. Veyrat et Louis Veuillot................ pp. 140-167

XVII. — *Textes de Pillet et de Bouvier* relatifs à la « conversion » sincère de J.-P. Veyrat, *impudemment amputés par Maître Louis Raymond :* leur reconstitution *intégrale*. — Deux *faits* indéniables concernant la « conversion » de J.-P. Veyrat, nettement mentionnés par nous, *systématiquement omis par M*ᵉ *Louis Raymond* .... pp. 167-177

XVIII. — *Conclusion*. — Le poète Jean-Pierre Veyrat et son ennemi Raymond *exclusivement* jugés d'après leurs *actes* et d'après des *textes authentiques et complets*. — Les 12 tares principales de la diatribe pseudo-historique de Me Louis Raymond. — Témoignage du *Courrier des Alpes* lui-même en faveur de J.-P. Veyrat défunt. — Les véritables « interprètes » des sentiments de la Savoie sur Jean-Pierre Veyrat. — *Hommage au comte Solaro della Margherita*, présenté à ses descendants et à ses fidèles : M. le comte Charles Lovera di Castiglione et M. le comte Louis di Collegno, gentilhomme de S. M. la Reine-Mère d'Italie. — Les funérailles de Jean-Pierre Veyrat et la souscription ouverte en sa faveur par *l'Abeille Savoisienne*. — *La rue Jean-Pierre Veyrat*, à Chambéry. — Le futur monument *Jean-Pierre Veyrat : au chantre de notre Savoie et au rénovateur de la Presse Savoyarde*. — Les dernières plaintes du *Poète mourant*............... pp. 177-193

Table des Matières................................. pp. 193-197

Appendice. — A. Jugements historiques sur le comte Solar de La Marguerite............................... pp. 199-200

B. La fiancée du poète : Élise Martin........ pp. 200-202

C. Observations sur un compte rendu de M. Louis de Mondadon......................... pp. 202-204

D. Opinions de la Presse Savoyarde et Dauphinoise sur le *Poète Savoyard Jean-Pierre Veyrat*. — Curieuse correspondance Dunoyer-Davat-Veyrat. pp. 204-210

APPENDICE

———

A

Voici deux jugements équitables portés par deux historiens aux idées *libérales*, l'un *Italien*, l'autre *Français*, sur l'*absolutiste* Solaro della Margherita, protecteur du poète Jean-Pierre Veyrat. (La graphie *della Margarita* adoptée par nous dans la bibliographie de notre *J.-P. V.* est exacte mais archaïque : c'est le titre *féodal* de Solaro.) L'idéal d'après lequel MM. E. Passamonti et Ch. Dejob apprécient Solar n'est pas le nôtre. Leurs jugements n'en sont que plus précieux ici, puisqu'ils contiennent le maximum de sévérité que peuvent se permettre des historiens sérieux, qui ne confondent pas histoire et pamphlet :

a) — « ... une personnalité apparait... dans la Correspondance du comte de Sambuy, personnalité que les historiens de la période libérale calomnièrent ou négligèrent, et qui est aujourd'hui réhabilitée lentement mais continuellement par des écrivains sans parti-pris et sévères : le comte Solar de La Marguerite. Cet homme auquel le royaume de Sardaigne dut en si grande partie son *renouveau politique et économique*, avec la possibilité d'entreprendre l'œuvre du « risorgimento » de l'Italie, fait voir sa forte trempe d'homme d'État... apercevant dans les différentes questions la ligne droite et utile pour le Piémont, élevant même au moment donné la voix, non menaçante, mais résolue contre ceux qui, dans les sages ménagements, voulaient voir de la faiblesse et de l'accommodement... »

— Eugène Passamonti, dans *Il Risorgimento italiano* (nuova serie pubblicata dalla Società Storica Subalpina) vol. XIV luglio-dicembre 1921 fasc. III-IV ; Turin, Bocca, 1921. — C'est le compte rendu de la publication de M. le comte Mario degli Alberti dans la *Biblioteca di Storia italiana recente*, de la *R. Deputazione sovra gli studi di Storia Patria per le antiche provincie e la Lombardia : la Politica estera del Piemonte sotto Rè Carlo-Alberto, secondo il carteggio del comte Vittorio-Amedeo Balbo Bertone di Sambuy, ministro di Sardegna a Vienna, 1835-1846.*

b) — « ... un homme qui, pendant une quinzaine d'années a incarné dans les Conseils de Charles-Albert l'absolutisme en politique et, en matière religieuse, la soumission au Vatican, l'homme qui, **tombé** du pouvoir, est redevenu bientôt à la Chambre des Députés le fougueux défenseur de sa doctrine... C'est le comte Clemente Solaro della Margherita, ministre des Affaires étrangères, et, en fait, chef du Cabinet dans la seconde moitié du règne de Charles-Albert. En 1854, la *Civiltà Cattolica* dit que tels et tels autres étaient des candidats catholiques, mais qu'avec Solaro, c'était le catholicisme qui se portait aux élections... — ... La Rive... le loue de n'avoir parlé, dans son *Memorandum-storico-politico*, que de son administration, non de sa personne, d'avoir ménagé l'honneur de ses adversaires : « Il y a, dit-il, dans cette réserve un sentiment profond de la véritable dignité. » Grand éloge quand on l'adresse à un homme d'État... — ... Carlo Tivaroni (historien aux idées libérales) nous garantit que pour les faits on peut se fier à la parole du narrateur et que Solaro, à la fin, se retira *vaincu, mais non plié, de luttes où il avait porté la ténacité d'une conviction profonde, un caractère loyal, en conservant l'intégrité de sa vie privée...* Ne prenons pas ses déclarations (absolutistes) à la lettre, car il est fier de servir une dynastie à qui, en huit siècles, on ne peut pas reprocher un seul acte de tyrannie... — ... dans ses *Ricordi*, Massimo d'Azeglio rendait également témoignage au *noble caractère* de Solaro... ». — Charles Dejob : *Feuilles d'Histoire*, 1er septembre-1er décembre 1914 : *Deux Piémontais*.

Conservateur, il n'humilia jamais sa patrie devant l'Autriche conservatrice. Absolutiste, il fut autrement libéral pour la Presse savoyarde que S. E. le marquis della Planargia, gouverneur du Duché de Savoie ; il n'avait pas comme celui-ci la phobie du « prisme évangélique » en même temps que celle des Sciences, des Lettres et des Arts. Piémontais, il aima notre Savoie, y encouragea les initiatives intelligentes. Des hommes francs, consciencieux comme Solaro, ignorent le *mensonge* et le *machiavélisme*, et *personne* n'a le droit de les *confondre*, ni même, — quand on se trouve mis en cause sans rime ni raison, — de les *laisser* confondre en gardant un lâche silence, avec certains ministres italiens (— *adversaires* de Solaro !... ô érudition ! ô *bon sens ! ! !)* dont la Savoie eut à se plaindre et dont parle sévèrement M. de Maugny.

B

Mlle Élise Martin, sa cousine et fiancée, était fille d'une Veyrat de Grésy-sur-Isère et de Jacques Martin, conducteur des Messageries reliant Savoie et Piémont (Chambéry-Turin, par le Col du Mont-Cenis), originaire du Bourg-Saint-Maurice. C'était une personne d'une rare distinction.

C'est à elle que songeait Jean-Pierre Veyrat, durant son exil, quand il rimait cette poésie dont nous avons cité quelques vers dans notre Étude, — émouvant dialogue entre le malheureux torturé par « le mal du pays » et une Parisienne qui s'efforce vainement de le consoler :

L'Étrangère.

— Oh ! chante-moi, disait cette fille étrangère,
Un de ces refrains d'or à la rime légère...

. . . .

— Non, lui dis-je ; au chasseur, il lui faut la montagne,
Au simple enfant des monts une simple compagne ;
Je suis enfant de ceux qui boivent aux torrents.
Ma cabane est auprès de la sombre avalanche ;
Nos femmes ont le cœur comme la neige blanche ;
    Nos fils sont robustes et grands !

. . . .
— Bois dans ma coupe, enfant des tristesses sauvages.
Bois !... notre vin de France est le roi des breuvages,
La femme de Paris la reine des beautés...

. . . .

— Il croît dans mon pays une fleur merveilleuse :
Elle lève au matin sa tête radieuse,
Tourne avec le soleil et le suit lentement...

. . . .

Son pied, sans se tacher, eût marché dans la fange ;
Son beau front accusait l'ignorance de l'ange ;
Elle ne connaissait rien du siècle, et jamais
Sa pensée en jouant, rieuse et vagabonde,
N'effleura les sentiers où s'agite le monde :
    C'est pour cela que je l'aimais !

Seulement, elle avait au fond de son cœur vierge
Un sentiment divin...
Mystérieux secret de prière et d'amour...

. . . .

Élise Martin refusa de se marier : elle demeura auprès de sa mère devenue infirme. Elle ne fut jamais en butte à la calomnie : espérons qu'il ne se rencontrera pas un butor pour picorer, parmi les strophes qu'elle inspira, quelque prétexte à fielleux dénigrement.

Elle survécut cinquante-trois ans à l'infortuné Jean-Pierre Veyrat, — calme, rangée, sans romanesque (charmant secret de longévité). Elle mourut en avril 1897, âgée de 82 ans, à Tournon, près de Frontenex, dans sa propriété de Villard-Rosset. Son salon était orné du portrait du poète ; on trouva dans sa bibliothèque *la Coupe de l'Exil* et la *Station poétique à l'Abbaye de Haute-Combe*.

— Nous tenons ces intéressants renseignements de la famille du Dʳ Martin, du Bourg Saint-Maurice, ancien député au Parlement Sarde, cousin d'Élise Martin. Nos sincères remerciements.

C

Le goût le plus délicat et le plus sévère a le droit de se complaire quelquefois en la société d'artistes distingués, différente cependant de celle des altissimes que l'Alighieri nomme « le cortège des princes du chant sublime ». L'essentiel est de ne pas oublier les justes *hiérarchies*. — Quand, avec Sainte-Beuve, nous appelons J.-P. V. un « Donoso Cortès de la Savoie », nous indiquons une indéniable *analogie* dans la conversion, les idées et l'éloquence des deux écrivains, mais non pas une *égalité dans le talent*. Nous l'avons dit, J.-P. V. n'eut ni le temps, ni les moyens matériels, ni les encouragements suffisants pour donner toute sa mesure. — L'expression « le Lamartine des Alpes » *n'est pas de nous*, mais des *contemporains* eux-mêmes du poète ! C'était notre *devoir* de la reproduire comme expression synthétique de l'admiration de la Savoie, mais nous nous sommes bien gardé pour notre compte de la prendre à la lettre : « ... Le succès fut énorme, écrivions-nous. On porta aux nues Jean-Pierre Veyrat ; on le décora du titre retentissant de *Lamartine des Alpes*... — ... Toutefois, quoique, *souvent*, il égale un Lamartine par l'abondance et la noblesse des sentiments... quoique, souvent, il atteigne le *grand*... J.-P. V. ne saurait, *habituellement*, être mis sur le même rang que les maîtres du Romantisme... » *(Le Poète sav. J.-P. V.*, pp. 158 et 300). — Nous avons donc été surpris des dernières lignes du compte rendu qu'a bien voulu donner de notre ouvrage M. Louis de Mondadon, dans les *Études*, 5 juillet 1922 :

« Adversaire des grands romantiques, vaudevilliste, critique et poète, Jean-Pierre Veyrat n'a laissé dans la littérature qu'un assez pâle souvenir. Sainte-Beuve lui consacra deux articles *(Nouveaux Lundis,* t. X, juin 1865). D'autres le mentionnent, mais comme à regret, semble-t-il... encore se rattrapent-ils par des mots cruels à son adresse. M. van Bever, par exemple, qui le cite parmi les poètes du terroir, le définit « un poète excessivement médiocre qui sut *cependant* trouver des accents pour émouvoir ses compatriotes ». *M. Alfred Berthier proteste avec raison contre le dédain inique,* dû surtout, selon lui, à des rancunes politiques et à des haines religieuses. Il entend élever à l'artiste méconnu un mausolée digne de son noble et douloureux génie. Grâce à son érudition patiente, nous connaîtrons tout de l'homme et de l'œuvre... il redit les efforts et les luttes, il nous montre le chrétien convaincu, ardent, qui cherche les coups et sacrifie de bon cœur la gloire à la vertu. *Nous sommes émus, nous admirons.* Non pas pourtant sans des *réserves :* auteur de second ordre, Jean-Pierre Veyrat *méritait-il* une étude si compacte? Le monument *trop fastueux* ne semble pas proportionné ; il écrase un peu le personnage... — ... lorsqu'il salue le « Lamartine des Alpes » je crains que l'éloge ne dépasse vraiment le mérite. »

Que la *Savoie* ait appelé Jean-Pierre Veyrat « le Lamartine des Alpes », c'est. un *fait* indépendant de notre volonté, un fait dont nous devions tenir compte dans l'étude d'un poète *du terroir.* Il est absolument inadmissible que, dans l'appréciation des poètes de *son* terroir, la Savoie n'ait pas voix au chapitre. Quand nous disons *la Savoie,* nous entendons *l'ensemble* des lecteurs instruits du pays, ceux, comme dit Molière, qui « se laissent aller de bonne foi aux choses qui les prennent par les entrailles, et ne cherchent point de raisonnements pour s'empêcher d'avoir du plaisir », — et non pas tel politicien ou tel littérateur, qui, dans leurs préjugés, leur esthétique, peut-être leur vanité, ont tout ce qu'il faut, — comme nous, juste ciel ! — pour se tromper avec délices. Mais ce n'est pas une raison pour *surfaire* Jean-Pierre Veyrat. Le « mausolée » que nous avons élevé au poète infortuné qui n'eut pas de tombeau, est-il vraiment « trop fastueux »? Nos compatriotes ne l'ont pas cru, on va le voir. En tout cas, il a rappelé l'attention publique sur un talent méconnu : c'est le principal. Ce poète, nous l'avons surtout *situé, caractérisé* et *expliqué;* quand nous l'avons *comparé* à d'autres, nous avons pris la précaution de le faire avec une *mise au point* aussi exacte que possible. Le titre complet de notre ouvrage est déjà très caractéristique : « *Autour* des grands Romantiques. »

D

Nous remercions la presse de Savoie, spécialement la *Savoie litté-raire et scientifique*, la *Croix de Savoie*, l'*Écho de Maurienne*, des bienveillants comptes rendus qu'ils ont donnés de nos modestes travaux, — et le *Conseil Municipal de Chambéry* des précieuses féli-citations qu'il a bien voulu nous adresser (séance du 3 juin 1921) pour notre « important apport à l'histoire philosophique et littéraire de la Savoie ».

Les appréciations qui suivent concernent exclusivement notre Étude biographique et littéraire : *Autour des grands Romantiques : le Poète Savoyard Jean-Pierre Veyrat :*

1º Extrait de la *Revue Savoisienne* (organe de l'*Académie Flori-montane* d'Annecy), Nº du 4e trimestre 1921 :

« *Le Poète Savoyard Jean-Pierre Veyrat* (1810-1844), par Alfred Berthier, docteur ès Lettres.

Les publications relatives à Jean-Pierre Veyrat sont assez nom-breuses ; M. Berthier nous en donne une liste complète..... Mais *jamais* le sujet n'avait été traité avec l'ampleur, et les données — on peut dire définitives — de l'ouvrage qui nous occupe.

Non seulement l'auteur n'ignore *rien* de ce qui intéresse Veyrat et son œuvre, mais il s'affirme comme *un maître dans l'art d'apprécier des situations souvent délicates, de remettre les choses au point et de corriger des appréciations basées sur des études superficielles.*

Avec une *connaissance approfondie du milieu ambiant*, il passe en revue la jeunesse du poète, ses essais malheureux, ses relations, soit avant l'exil (1810-1832), soit durant son exil (1832-1838), soit après le retour dans la patrie (1838-1844).

Des pages nombreuses, inspirées par un esprit judicieux et averti, sont consacrées au prosateur et au poète, et le tout est parsemé de citations merveilleusement choisies, qui justifient les opinions du critique et donnent du relief à sa démonstration.

Le travail de M. Berthier est complet : l'étude littéraire est menée de front avec l'étude biographique, car il reconnaît avec Sainte-Beuve, en parlant de Veyrat, que « sa vie et son œuvre sont une même chose ».

A ses yeux, les *Italiennes* et l'*Homme Rouge* ne peuvent guère intéresser que comme pièces curieuses et documents psychologiques. *La Coupe de l'Exil*, par son indéniable originalité, par l'émotivité d'une âme essentiellement frémissante, et malgré certaine monotonie, certaines duretés, négligences et impropriétés dans le style, est une œuvre remarquable, vivante et personnelle ; dans la *Station poétique à Hautecombe*, on sent palpiter une âme passionnément éprise de sa patrie, et, dans son ensemble, ce poème est l'expression fidèle de l'âme nationale de l'héroïque et religieuse Savoie.

M. Berthier ne ferme pas les yeux sur les longueurs, les pénibles imprécisions, « l'abus de la note triste et des glas perpétuellement égrenés par le bourdon de la commémoration des morts » ; mais il voit dans Veyrat un artiste d'une habileté remarquable, « qui a monté sa lyre avec les fibres mêmes de son cœur », et qui a vécu tous ses poèmes « avec une vive et trépidante sensibilité ».

Ce livre est un véritable monument, érigé au premier de nos poètes savoyards, et il restera comme un des joyaux de notre littérature. »

« F. M. »

2º Extrait de l'*Écho de la Ligue des Femmes Françaises*, août 1921.

« *Le Poète Savoyard Jean-Pierre Veyrat*. — Maurice Barrès vient d'adresser des éloges bien mérités à l'auteur d'un récent ouvrage : *Le Poète Savoyard Jean-Pierre Veyrat*, étude biographique et littéraire, par M. l'abbé Alfred Berthier, docteur ès Lettres...

C'est un travail considérable qui invite à l'étude et à la réflexion. L'auteur reconstitue la période qui va de 1820 à 1844 environ, et, dans ce cadre, il a peint avec vivacité la figure de son héros : un poète malheureux...

J.-P. Veyrat, fils de paysans pieux, fut conquis par le charme de cette liberté que les sectes veulent imposer aux peuples. A vingt-deux ans, il dut s'exiler en France, où Mazzini venait de fonder à Marseille le groupe de la Jeune-Italie, où Lyon et Paris étaient des foyers de conspiration démagogique.

Mais dans ce temps-là, les partis avancés ne nourrissaient pas toujours leur homme... J.-P. Veyrat, abreuvant d'injures versifiées les gouvernements et l'Église, mourait littéralement de faim, de froid et de misère.

Comme aujourd'hui toutefois, des maçons mieux inspirés se faisaient conservateurs ou servaient brillamment leurs propres intérêts...

Heureusement pour son salut éternel, J.-P. Veyrat ne fut point des sectaires veinards. L'épreuve, l'influence d'une de ses sœurs, religieuse à Chambéry, la bonté d'un évêque, la clémence de Charles-Albert, le ramenèrent dans ses belles montagnes, et, mieux encore, aux antiques traditions catholiques et royalistes.

Sa conversion est dépeinte par M. l'abbé Berthier avec délicatesse. Elle se manifesta par un prosélytisme ardent, avant même que le poète eût mis d'accord sa vie privée et ses croyances reconquises.

Et ceci dénote sa sincérité.

Parmi les actuels défenseurs de l'Église, un des meilleurs n'est-il pas, de son propre aveu, incroyant : le grand Charles Maurras? Cette attitude est préférable à la dévotion, qui s'incline respectueusement devant les lois de persécution, devant les institutions mortelles aux âmes françaises.

J.-P. Veyrat mourut à trente-quatre ans... *Journaliste* plein de verve, de concision, d'éloquence, il consacra les six dernières années de sa vie à la défense des principes que ses premières années avaient combattus, persécuté lui-même, — on se croirait en 1921, — par les gens *bien pensants* que sa fermeté et sa clairvoyance offusquaient.

Le chapitre où l'auteur étudie les *Idées de J.-P. Veyrat converti* offre des considérations excellentes sur la tradition, le rôle de l'Église, la liberté, la littérature, considérations qui développent, qui adaptent à notre époque certaines vues du grand Joseph de Maistre.

« Au problème individuel, comme au problème social, il n'est qu'une solution : c'est le catholicisme. »

Et ailleurs : « Tant que le Travail ne sera pas devenu chrétien dans son principe et dans sa fonction intime, écrit J.-P. Veyrat, il n'y aura que misère, dégradation, servitude, avilissement physique et moral pour l'ouvrier, incertitude, ruine et déshonneur pour le maître » (p. 227).

Les idées de J.-P. Veyrat, les événements auxquels il fut mêlé, les redoutables problèmes judéo-maçonniques d'alors, plus redoutables et plus pressants aujourd'hui, la nécessité plus impérieuse du retour à Dieu qu'il réclamait déjà pour les peuples et les individus, retiennent *l'attention sur sa prose de polémiste catholique. Elle est d'ailleurs animée de fermeté, de raison et de feu.*

Louis Veuillot, qui s'y connaissait, a écrit :

O prose, mâle outil et bon aux fortes mains !

. . . .

M. l'abbé Berthier se doute-t-il que, dans son livre, il se révèle lui-même et nous fait reconnaître les traits attachants de nombre de prêtres savoyards?

Mais oui. J'y reconnais ce réalisme savoyard qu'il nous définit ; j'y vois cette bonté indulgente, un peu froide à l'abord, et qui cache des trésors.

Soit depuis le site de Grésy-sur-Isère, soit depuis les collines qui entourent Chambéry, l'auteur a pu compter nombre de clochers de ses confrères.

C'est un de ceux-là qui condamne sa table au régime du pain sec, afin de subvenir aux frais de son école libre. C'en est un, ce pasteur à cheveux blancs, qui poursuit jusque dans la ville sa brebis égarée, la défend, la ramène. C'en est un autre, ce curé de la montagne, qui s'impose durant deux mois une course journalière de quatre heures, afin de soulager par des piqûres un malade qui ne doit pas guérir...

M. l'abbé Berthier s'est révélé de leur race dans ses pages. Elles sont une œuvre d'apôtre par leur portée morale ; elles sont une œuvre de charité et de miséricorde par l'apologie du poète malheureux. Elles constituent une *œuvre belle et bonne*, et qu'il est utile de répandre. »

« C. S. H. »

Il nous semblait bien qu' « au point de vue social », notre livre était, pour le moins, « sans danger » : nous remercions *les Femmes Françaises* de nous avoir complètement rassuré sur un point aussi important.

— Le poète J.-P. Veyrat fut un *grand ami du Dauphiné*. Nous avons parlé, p. 313 de notre Étude, de ce *livre de famille* qu'il se proposait d'écrire sur les *frères Savoyards et Dauphinois: Voyage dans les Alpes de Savoie et du Dauphiné :* « C'est ici un *livre de famille* écrit pour des enfants de la même mère, disait-il ; c'est à *nos frères* que nous en demandons le succès, et nous l'espérons de leur affection. Si nous avons écrit à son frontispice le nom du *Dauphiné* à côté de celui de la *Savoie*, c'est que nous regardons ces deux provinces comme *deux sœurs :* sœurs, en effet, d'une si grande ressemblance qu'il faut regarder de bien près à la limite politique pour voir qu'elles ne sont pas une seule et même contrée. »

On ne s'étonnera donc pas que nous reproduisions ici l'opinion de la Presse dauphinoise sur le Poète Savoyard J.-P. Veyrat.

3º Extrait de la *Croix de l'Isère*, 14 avril 1921.

Il n'est pas trop tard pour parler encore des deux beaux et bons ouvrages pour lesquels l'Université de Grenoble a décerné à M. l'abbé Alfred Berthier, du diocèse de Chambéry, le titre de docteur ès lettres.

Ces deux thèses, d'une telle ampleur l'une et l'autre, que l'on ne saurait laquelle appeler « secondaire », ont été brillamment soutenues par le nouveau docteur. La Savoie a été justement à l'honneur, les lecteurs de la *Croix* le savent déjà.

Personne mieux que M. Berthier ne pouvait retracer la physionomie morale et mettre en parfaite lumière le talent du poète Veyrat. Critique très averti, n'ignorant rien du fond et des alentours de son sujet, M. Berthier a compris combien l'heureuse alliance de la biographie et de la psychologie peuvent servir à la connaissance intime d'un homme et d'une œuvre. Grâce à cette méthode de fine analyse et à une érudition dont il a su rester maître, il a réalisé le vœu que Sainte-Beuve exprimait dans ses *Nouveaux Lundis :* « Veyrat restera une gloire de la Savoie... Il est bien, il est convenable de ne laisser aucune ombre sur cette figure poétique, la plus caractérisée et la plus intéressante que la Savoie ait produite dans ces derniers temps... »

C'est en effet une très curieuse et sympathique figure que celle de ce poète sincère, anarchiste converti, byronien repentant, ennemi de Voltaire et du romantisme révolutionnaire, autour duquel si long-temps, à cause de son catholicisme, la franc-maçonnerie organisa la conspiration du silence.

Biographe et critique consciencieux, M. Berthier ne tronque pas la vérité dans un dessein facile d'apologétique. Les faiblesses de Veyrat, même après sa conversion, sont constatées et notées. L'évolution vers une vie meilleure se fit lentement chez le poète, admirablement aidé en cette ascension par une sainte sœur. Aucune transformation, du reste, ne s'opère d'un seul coup et un homme nouveau ne s'installe jamais dans la demeure du vieil homme sans que ce dernier ne tente souvent des retours offensifs, parfois victorieux. Après avoir abjuré ses premières idées, l'ardent poète revint dans la « patrie de son intelligence », mais il avait été trop longtemps en proie à la fièvre du siècle, pour que son cœur n'ait pas quelque temps encore, ressenti quelques-unes de ses faiblesses. C'est le cas de répéter avec M. Berthier le mot de Leibnitz : « Les hommes sont toujours moins bons que leurs vérités et meilleurs que leurs erreurs ». De ces alternatives dans le bien et le mal, *tout est dit,* avec un tact et une délicatesse qui n'excluent pas, çà et là, une certaine rudesse.

« Nous n'avons écrit ni un panégyrique ni un plaidoyer. Nous avons soigneusement et équitablement établi le bilan des vertus et des faiblesses... Généreux idéalisme, culte de la famille et de la patrie, prodigieuse endurance, sincérité dans le repentir, activité dans la réparation, héroïsme chrétien : c'était d'autant plus notre devoir de mettre en relief les premières, que la colère des partis politiques a cherché à les éteindre. Quant aux secondes, — irréalisme, précipitation de jugement, haines injustes, entraînements passionnels, fanatisme révolutionnaire, — nous n'avions pas à les dissimuler : il était seulement nécessaire, en les dégageant de calomnieuses exagérations, de les réduire aux mesures exactes de la vérité, d'en préciser la nature, les causes et les effets... »

M. Berthier a tenu parole, et son lecteur lui sait gré d'avoir préféré « le document précis et éloquent » aux « vigoureuses affirmations, aux réticences dédaigneuses, aux protestations indignées ou aux vaporeuses circonlocutions analogues à celles que le poète cherchait à jeter comme un voile pudique sur un passé exécré ». Ces faiblesses, si regrettables qu'elles soient, n'enlèvent rien à la haute valeur artistique de l'œuvre.

Lyrique essentiellement, dans les genres même qui ne le sont pas de leur nature, comme l'épopée, l'histoire, le roman, sans cette note d'exception souvent trop accusée chez les lyriques, Veyrat nous livre un « moi » qui vibre à l'unisson de tout cœur humain. S'il s'inspira des poètes de son temps, c'est avec une indépendance telle, que bien loin d'aliéner sa personnalité devant la leur, il se posera souvent comme leur adversaire.

« Sa place est autour et souvent aux côtés des Lamartine, des Hugo, des Musset et des Vigny. Frère ennemi sur des questions importantes, il demeure leur frère et l'on ne saurait nier les liens de parenté qui l'unissent à eux. Frère maltraité par la destinée, et n'ayant eu ni le temps ni les moyens matériels de donner toute sa mesure, altier et conscient de sa valeur, il ne consentirait jamais à être admis dans le cercle de leur famille en qualité de parent pauvre. »

Voilà quelques-unes des raisons qui rendent si attachante la lecture du livre de M. Berthier. Il en est beaucoup d'autres que nous laissons au lecteur le plaisir de trouver et de goûter ; signalons encore cependant les belles pages qui nous montrent en Veyrat le poète du foyer chrétien et le chantre de notre cher Dauphiné. Il l'aimait en effet, passionnément, le poète qu'on appela le *Lamartine des Alpes.*

En faisant connaître une gloire de sa petite patrie, M. Berthier a travaillé aussi à l'accroissement du patrimoine littéraire, artistique et moral de la Grande Patrie. Nous avons goûté plus d'une fois les charmes des sites de la belle Savoie, « reine aux flancs de granit, chaste Vierge des monts », comme disait Veyrat. Nous ne nous refuserons pas la joie d'entrer par la lecture de ce livre dans l'intime connaissance d'un poète de grand talent. Avec ce poète et avec son biographe, nous passerons des heures délicieuses et, grâce à eux, nous pourrons même devenir meilleurs. — A. G.

4° Extrait de l'*Écho de Savoie*, 5 mars 1922.
« *J.-P. Veyrat, Poète Savoyard.* — *Le Différend Raymond-Veyrat.*

L'*Écho de Savoie* a voulu, dès sa naissance, choisir parmi les écrivains savoyards l'un des plus grands, des plus malheureux et des plus méconnus ; il a publié l'étude si attachante que notre ami Henri Lardanchet a consacrée à Jean-Pierre Veyrat dans son livre *Les Enfants perdus du Romantisme*. Nous ne connaissions pas à ce moment l'ouvrage que M. Alfred Berthier vient de consacrer à Veyrat... Nous nous proposions de parler, à l'occasion, de l'œuvre de M. Berthier. Cette occasion nous est offerte par la polémique qui vient de s'élever autour de son livre.

M. Louis Raymond, avocat à Chambéry, s'est institué le défenseur éloquent et irrité d'une mémoire qui lui est chère, la mémoire de Claude-Melchior Raymond (1), Directeur du *Courrier des Alpes*, avec qui Veyrat eut des démêlés qui assombrirent les derniers jours de son existence malheureuse et tourmentée. Mais avant de dire quelques mots de cette brochure, parlons du livre de M. Berthier.

C'est l'étude la plus complète et la plus importante sur la vie et les œuvres de Jean-Pierre Veyrat qui avait, cependant, de son vivant et souvent après sa mort, sollicité l'attention des critiques attirés par la puissance romantique de ce poète qui s'apparentait aux plus grands du siècle. M. Berthier a compulsé d'innombrables notes biographiques et critiques pour dégager la figure du poète et pour l'exposer telle qu'elle fut, avec ses contrastes, ses grandeurs et ses misères. Sans nous arrêter aux détails et aux inexactitudes secondaires qui ont pu se glisser dans un travail de cette importance, nous devons être reconnaissants à M. Berthier d'avoir élevé au plus grand et au plus malheureux des poètes savoyards ce monument de piété nationale.

*
* *

La vie de Jean-Pierre Veyrat se divise en deux périodes : la première, la période révolutionnaire, celle de l'exil et de l'*Homme Rouge*, pendant laquelle Veyrat mettra un romantisme exaspéré au service

(1) Nous avons noté que le genre d'exposition de M. l'avocat Louis Raymond prêtait à la confusion. Après lecture de sa brochure, M. C. Dijoud en arrive à confondre les prénoms, lui aussi.

de ses haines politiques et sociales. C'est la fuite de Chambéry « heure pleine de tristesse, de regrets, de sombres pressentiments » :

> ... Quand il fallut quitter le toit de mes aïeux
> On ne vit point la joie éclater dans mes yeux.

C'est l'existence aventureuse à Paris, à Lyon, où Veyrat et Berthaud — un autre romantique mort jeune et malheureux — jettent l'anathème aux rois, vaticinent sur les temps nouveaux, dans l'*Homme Rouge*, pamphlet sanguinaire qui ne vaut, au point de vue politique, que commé document. Nous ne nous y arrêterons pas, renvoyant nos lecteurs au livre de M. Berthier.

Le pain de l'exil était amer et rare. Frappé d'un mal inexorable, sans ressources et aigri, d'une sensibilité extrême qui lui rendait plus âpres les déceptions qui s'accumulaient, rêvant de la maison natale, de Grésy-sur-Isère, pensant aux siens, exhorté par sa sœur, religieuse à Chambéry, Veyrat reprit, après sept années, le bâton du pèlerin pour le retour dans la patrie bien-aimée. Enfant prodigue, il revenait repentant et non humilié, mais avec la plénitude d'un génie poétique qui allait, d'un coup d'aile, atteindre aux plus hauts sommets.

Son *Épître au Roi*, pour obtenir l'accès dans la Patrie fermée, est une pièce noble et fort belle, selon l'expression de Sainte-Beuve. Le poète implore la clémence royale sans rien sacrifier de sa dignité :

> Sire, vous le pouvez, à mon âme brisée
> Reversez l'espérance et sa douce rosée ;
> Ne me condamnez pas pour l'erreur d'un moment
> A mourir dans l'exil, cet infernal tourment !
>
> . . . .
>
> Sire, voici ma plume : elle vaut une épée.

Si le retour fut joyeux au cœur du poète, les désillusions et les désenchantements s'acharnèrent sur le malheureux Veyrat qui fut accueilli avec méfiance et hostilité par ses compatriotes. Ses anciens amis lui gardaient rancune de sa conversion, et les royalistes et les conservateurs boudaient ce bouillant néophyte dont les sentiments nouveaux leur étaient suspects. Ces derniers « s'étonnaient que les faveurs royales tombassent si drû sur l'ancien *Homme Rouge* », car Charles-Albert, avec une magnanimité qui était dans son caractère, avait pris Veyrat sous sa haute protection.

Avec son tempérament de poète, par conséquent porté aux exagérations, à l'outrance, à l'orgueil, Veyrat n'eut pas toujours conscience de la délicatesse de sa situation et beaucoup des épreuves qui le firent si cruellement souffrir auraient été évitées avec plus de sens pratique et une sensibilité moins exacerbée. Mais c'est là le lot des poètes ; ils ont pour habitude de planer et quand leur esprit quitte les nuages, c'est pour se heurter aux contingences d'une vie dont ils ne saisissent pas l'âpre égoïsme...

La Coupe de l'Exil et la *Station poétique à l'Abbaye de Haute-Combe*, le classent parmi les plus purs romantiques. *La Coupe de l'Exil* eut, dès sa publication, une vogue éclatante. Veyrat fut salué du titre de : Lamartine des Alpes. La postérité a confirmé ce verdict des contemporains de Veyrat.

Si la mort ne l'avait fauché à 34 ans en pleine possession d'un talent qui venait de s'affirmer avec éclat dans la *Station poétique*, la Savoie compterait un poète grand parmi les plus grands. Néanmoins, l'œuvre qu'il laisse permet de classer Veyrat après Lamartine, Hugo et Alfred de Musset.

Les qualités et les défauts de la poésie de Veyrat ont été disséqués par M. Berthier avec la minutie et la sévérité du critique, mais d'un critique qui se penche amoureusement sur son sujet et qui sait, sans rien céler des taches, mettre en valeur les parties lumineuses qui irradient l'œuvre du Lamartine savoyard.

Nous avons fait mention, au début de cet article de la brochure de M. Louis Raymond : *Le différend Raymond-Veyrat*. Nous ne voulons pas prendre parti dans la querelle. Nous avons lu soigneusement le chapitre du livre de M. Berthier qui traite des démêlés de Veyrat avec Claude-Melchior Raymond, et non moins soigneusement la défense présentée avec un grand amour filial et avec une dialectique des plus vives par Me Louis Raymond. C'est une brillante plaidoirie. Nous renverrons ceux que la querelle intéresse aux ouvrages de M. Berthier et de M. Raymond. La gloire de Veyrat est suffisamment établie pour n'avoir rien à redouter de cette polémique.

Que Veyrat fût un piètre journaliste, nous n'en disconvenons pas (1), et la patience de C.-M. Raymond dut être mise à de rudes épreuves par le caractère ombrageux de son principal rédacteur. Quant à faire le partage dans une querelle qui fut fertile en incidents, nous ne nous en chargeons pas. Veyrat, miné par la maladie, dut abandonner la lutte. Il mourut pauvre, entouré d'un cercle restreint d'amis, et les restes de l'auteur de la *Coupe de l'Exil*, du chantre inspiré de Haute-Combe, se confondirent avec les cendres des pauvres dans la fosse commune.

(1) On l'a vu, Me Louis Raymond avait *systématiquement déprécié et défiguré* les articles de J.-P. Veyrat parus dans un journal qui n'était pas *un simple journal de nouvelles*, articles d'une *remarquable opportunité, accueillis avec faveur et admiration par les lecteurs de l'époque*. Le « piètre journaliste », ce fut le rédacteur de *la Feuille sèche*.

La brochure de M. Louis Raymond a le précieux avantage de jeter
un jour curieux sur l'origine du journalisme en Savoie et de rappeler
au souvenir des Savoyards amoureux des gloires de leur passé, le
nom de ces savants aussi modestes qu'érudits, qui joignirent le culte
des lettres et des sciences à celui des plus hautes vertus civiques :
Georges-Marie Raymond, fondateur du *Journal de Savoie* et de l'Académie de Savoie ; de ses fils : Anne-Claude-Melchior Raymond, directeur du *Courrier des Alpes*, et Jacques-Marie Raymond, fondateur du
Courrier des Alpes.

Le temps a fait son œuvre pacificatrice. Nous redirons avec le
poète Bebert, dans son élégie consacrée à la mémoire de Veyrat :

> Paix à lui maintenant ! N'outragez pas sa lyre !
> Laissez vieillir son nom sous la croix du tombeau
> Le génie est enfant des cieux ou du délire,
> Et, pareil à l'étoile et semblable au navire,
> Sur la nue ou l'écueil n'est-il pas toujours beau?

Paix à lui et paix à tous ceux qui furent de bons et loyaux artisans
de la renommée de notre petite Patrie ! — Camille DIJOUD. »

5° Extrait de l'*Echo de Savoie*, 23 avril 1922.

« *A propos de J.-P. Veyrat, Poète Savoyard.*

L'*Écho de Savoie* a, dès sa naissance, fait la place qu'il mérite à
l'un des plus grands et des plus malheureux poètes de notre région,
à J.-P. Veyrat, l'auteur trop peu connu de la *Coupe de l'Exil*.

Notre confrère, M. Tancrède de Visan, nous adresse à ce propos
une communication que nous sommes heureux de publier.

Mon cher ami,

Vous avez eu l'excellente idée d'attirer l'attention de vos nombreux
lecteurs et abonnés sur le poète romantique qui, après Lamartine, honore
le plus notre chère Savoie. Vous avez donné toute la publicité qu'ils méri-
taient aux travaux accomplis et définitifs de MM. Lardanchet et Berthier
sur Jean-Pierre Veyrat. L'ouvrage de M. Berthier, en particulier, me
semble épuiser la question. Sa bibliographie extrèmement complète rendra
les plus grands services aux travailleurs intellectuels que la vie si mouve-
mentée de Veyrat intéresse.

J'ai trouvé dans un exemplaire de la *Coupe de l'Exil* donné par Veyrat
à notre grand-père, le docteur Davat, ancien maire d'Aix-les-Bains et
membre du conseil général de la Savoie, quelques lettres que je m'empresse
de mettre sous les yeux de vos lecteurs. Non pas que celles-ci apportent
des documents bien neufs. Elles jettent cependant un triste jour sur l'ef-

froyable misère où vécut et mourut l'auteur de la *Station poétique à l'Abbaye de Haute-Combe.*

Je n'ai pu savoir exactement ce que fut le docteur Dunoyer, de Belleville-sur-Saône, comment il s'est trouvé en relation très intime d'amitié avec le docteur Davat et par quelle circonstance, cruelle ironie, il était débiteur de Veyrat. Quoi qu'il en soit, voici une lettre datée de novembre 1838, — époque où Veyrat venait de rentrer dans sa petite patrie de Grésy-sur-Isère — après un dur exil que nous connaissons, — par laquelle le docteur Dunoyer supplie son ami Davat de lui venir pécuniairement en aide. J'ai supprimé toute la partie où Dunoyer expose ses propres malheurs à Davat et ne publie que le paragraphe faisant allusion à la misère de Veyrat.

Monsieur,
Monsieur Davat fils, docteur en médecine, Aix-les-Bains.

Recommandée aux soins de sa famille, pour que la lettre lui parvienne immédiatement.

Belleville, le 26 novembre 1838.

... Veyrat, le malheureux Veyrat est sur la paille à Grésy, son pays. Après maintes lettres de demandes réitérées, il m'écrit aujourd'hui que son infortune ne lui permet plus d'attendre, et, pour preuve, il m'envoie une lettre d'un créancier, laquelle vraiment n'est pas une lettre d'homme ; puis, pour s'en débarrasser, le poète lance sur moi un billet à ordre de 118 fr. 50 auquel il *m'est enjoint* de faire *excellent accueil.*

... « De plus, dit Veyrat, *j'ai les pieds dans la boue ; je suis sans pantalon (sauf le pantalon d'été que j'ai aux cuisses), sans feu ni lieu. Et attendite, vos qui transitis et videte si est miseria sicut miseria mea ! Hâtez-vous, je vous en conjure !* »

Je te conjure à mon tour, mon cher Davat, de ne point me laisser. Si Veyrat venait à lancer des billets pour solde de ce que je lui dois, je ne pourrais y faire honneur, je te le proteste... etc...

Dunoyer.

Autre lettre plus pressante encore, datée de janvier 1839, c'est-à-dire deux mois plus tard que la première.

Monsieur Davat fils, docteur en médecine,
Aix-les-Bains (Savoie).

En cas d'absence, expédier cette lettre à sa destination, très pressé.

Belleville, 17 janvier 1839.

... Dans mon désespoir, je demandai trêve, il y a quelque temps à Veyrat, jusqu'à la fin de janvier courant. Ce malheureux garçon y a consenti, mais voici que ce matin, j'ai reçu de lui une nouvelle jérémiade faite pour rompre les fibres charnues du cœur, lettre que, du reste, je t'envoie et que tu apprécieras tout aussi bien que moi...

Dunoyer.

Et voici cette terrible et angoissante lettre de Veyrat, que Dunoyer a jointe à la sienne, et qui, malgré les ordres de Veyrat, n'a heureusement pas été détruite par ses possesseurs. Elle est d'une fine écriture, à l'encre rouge, et montre dans toute sa tragique vérité la misère d'un poète en proie à la faim et déjà condamné par la tuberculose. Il est peu de pages, dans toute notre littérature, plus émouvantes dans leur fière simplicité que cette lettre si tristement lucide :

Grésy, 15 janvier 1839.

Vous croyez bien, n'est-ce pas, mon cher Dunoyer, qu'il me faut toute l'atrocité de ma position pour me décider à vous faire ressouvenir que vous êtes mon débiteur. Quoi que l'on puisse penser de moi, croyez bien cependant que peu d'hommes à ma place pousseraient le dévoûment jusqu'à se laisser manquer *littéralement* de tout plutôt que de faire déplaisir à un ami. Ceci n'est point pour vous faire un reproche, mon ami. Je sais que vous avez bien vos peines aussi, mais est-il donné à tous les hommes de souffrir sans se plaindre.

Écoutez-moi bien : Je compte sur votre promesse pour la fin de janvier comme sur ce qu'il y a de plus inviolable au monde ; car à mon tour je vous écrirai avec toute la force de l'amitié : ne me perdez pas ! et si vous tardez encore quelques moments à me tendre la main, je suis perdu sans ressource. Vous qui êtes médecin, vous ne pouvez vous faire illusion sur la grave affection dont je suis atteint. Vous savez que sur sept atteints de cette redoutable affection il y a à peine chance de salut pour un seul et que le reste est emporté par la phtisie. Ne croyez nullement que je me frappe ; je crains peu de mourir ! Ceux que la vie a durement éprouvés, y tiennent peu, vous le savez. Pourtant, je ne puis pas me suicider et languir plus longtemps sans secours, livré à la cruelle intempérie de la saison, logé dans une chambre glaciale, où tous les aquilons se donnent chaque nuit rendez-vous ; obligé de monter et descendre sans cesse de chez ma mère chez mon frère et vice-versa, qu'il vente, neige ou pleuve, avec quoi un crachement de sang qui récidive presque tous les dix jours, dites-moi si c'est là le régime qui peut me sauver. Moreau est mort dans le lit de Gilbert, il est bien à craindre que je meure dans celui de Malfilâtre. Je suis ici à la charge de ma pauvre mère qui souffre l'inimaginable de me voir dans cette position sans pouvoir me donner tous les soins que réclamerait ma position. Elle-même est dénuée de tout. Jugez si ce sont 200 francs par an qui peuvent faire face à tant d'impérieuses exigences. Enfin je me tais... Car s'il fallait tout vous dire je vous inspirerais un sentiment auquel ma fierté se refuse. Seulement songez bien que ni moi, ni ma mère, nous n'avons plus le *sou* à la lettre, le *sou*, cinq centimes.

Déchirez et brûlez cette lettre et toutes celles du même ton. Il faut faire comme les Espagnols : jeter son manteau de velours pour cacher ses guenilles.
Jean-Pierre Veyrat.

Dans quelle mesure le docteur Davat secourut-il Veyrat? Je l'ignore. Une chose demeure certaine c'est qu'il donna une certaine somme d'argent à l'auteur de l'*Homme Rouge*. Ce dernier s'acquitta de sa reconnaissance en envoyant un exemplaire de sa *Coupe de l'Exil* ainsi dédicacé :

> A Monsieur le Docteur Davat,
> témoignage d'estime et d'affection.
> J.-P. Veyrat.
>
> 13 avril 1841.

J'ajoute que le docteur Davat ne se contenta pas d'aider matériellement ce noble poète, il voulut encore défendre sa mémoire. M. Berthier fait allusion aux faux amis de Veyrat qui ne crurent pas en sa conversion politique et qui l'accablèrent de leur dédain. Le docteur Davat ne fut pas de ceux-là. Veyrat mourut le 9 novembre 1844. Le 26, soit dix-sept jours plus tard, le docteur Davat écrit un long poème intitulé : *Aux contemporains de Veyrat*, où il célèbre fièrement le nom du proscrit aux œuvres immortelles, qui n'eut pas même une vulgaire pierre funéraire sur sa fosse. De ce poème inédit, que Mme de Solms recopia dans son album en septembre 1852 sous ce titre : *Réhabilitation de Veyrat*, je détache les derniers vers :

> Adieu ! toi qui n'es plus, type de la misère,
> Victime du besoin... Qu'une terre légère
> S'exhausse sur ton corps, pour indiquer le lieu
> Où tu reposes en paix. Un sentiment pieux
> Ramènera plus tard jusqu'au pied de ta tombe
> L'éloge qui t'est dû pour tes vers d'Hautecombe.
>
> Peut-être ! un nom ! le tien ! entouré de laurier,
> De la coupe d'exil sortira tout entier,
> Pour être buriné dessus la grande pierre
> Qu'un homme un jour mettra sur ta dépouille amère.
>
> Aix, 26 novembre 1844.

Ce souhait, hélas ! ne s'est pas réalisé. Comme le dit M. Berthier, une simple croix de bois marqua, au cimetière de Chambéry, l'emplacement de cette glorieuse dépouille. « Puis la fosse s'ouvrit et sa cendre fut hospitalière à des hôtes nouveaux, trop pauvres, eux aussi, pour pouvoir s'offrir le luxe d'une concession à perpétuité. »

T. DE VISAN ».